古典文獻研究輯刊

三八編

潘美月・杜潔祥 主編

第 **39** 冊

太玄集義（第三冊）

劉韶軍 整理

國家圖書館出版品預行編目資料

太玄集義（第三冊）／劉韶軍 整理 -- 初版 -- 新北市：花木
蘭文化事業有限公司，2024〔民113〕
目 4+228 面；19×26 公分
（古典文獻研究輯刊 三八編；第 39 冊）
ISBN 978-626-344-742-4（精裝）

1.CST：（漢）楊雄 2.CST：太玄 3.CST：注釋

011.08   112022605

ISBN-978-626-344-742-4

9 786263 447424

古典文獻研究輯刊
三八編　第三九冊　　　　　ISBN：978-626-344-742-4

太玄集義（第三冊）

作　　　者　劉韶軍（整理）
主　　　編　潘美月、杜潔祥
總 編 輯　杜潔祥
副總編輯　楊嘉樂
編輯主任　許郁翎
編　　　輯　潘玟靜、蔡正宣　美術編輯　陳逸婷
出　　　版　花木蘭文化事業有限公司
發 行 人　高小娟
聯絡地址　235 新北市中和區中安街七二號十三樓
　　　　　　電話：02-2923-1455 ／傳真：02-2923-1452
網　　　址　http://www.huamulan.tw 信箱　service@huamulans.com
印　　　刷　普羅文化出版廣告事業
初　　　版　2024 年 3 月
定　　　價　三八編 60 冊（精裝）新台幣 156,000 元　　版權所有 · 請勿翻印

太玄集義（第三冊）

劉韶軍 整理

目

次

太玄集義卷二

更

☰ 更：陽氣既飛，變勢易形，物改其靈。

范望曰：二方一州一部一家，地玄，陽家，一水，下下，象革卦。行屬於水，謂之更者，清明節終於此首之次八，穀雨氣起於此首之次九，斗指辰，姑洗用事。言陽氣上在天中，故言既飛。萬物洪舒，變形易體，改其靈曜，故謂之更。更初一，日入昴宿九度。

司馬光曰：更，居亨切。陰家，水，準革。入更初一二十分九秒，清明氣應，次八日舍天畢。宋曰：在天稱飛。

林希逸曰：準革，變也。

陳仁子曰：更者陽盛而萬物革也，蓋鳥獸希之謂也。天下事以變而新，亦以變而禍，當變不變，與不當變而變，胥失之。凡弊不革不新，《易》曰：革而當，其悔乃亡是也。物不更不成，《玄》曰：物改其靈是也。故桃之始華，木感陽中之氣而新其質也。鷹化為鳩，禽感陽中之氣而易其形也。《易》以離火燃兌水而得革化之道，《玄》以四陽交一水而適更變之宜，曰化更，曰道更，以至更其方，更其御，更其當哉。

葉子奇曰：飛狀陽氣上騰也，至是形勢變易，皆得其美也。更之初一，日入昴宿九度。清明節終此首之次八，穀雨氣起此首之次九。

陳本禮曰：更，居亨切。地玄起，陰家，一，水，下下，日入昴，斗指辰，律中姑洗。穀雨氣應卦準革。傳：更，改也，變也。物不改不靈，不變不化。

飛者凌空御風而行，所以鼓蕩萬物，使各改其蠢頑之性，以造於靈明之域也。是月也，田鼠化駕，烏足變蝶，水薑化蜻蜓，物猶能飛，人事可知，故謂之更。

孫澍曰：更準革，剛得位而履新，君子以赦過宥罪。

鄭維駒曰：革，三月卦，乾自初至九五，有龍飛在天之象，既飛在天，則變其潛見與躍之勢，易其在田在淵之形，物隨陽氣改其精明，而煥然一新矣。乾九五龍飛在天，雲從龍也。革九五大人虎變，風從虎也。龍飛此變，其義相同，故乾之九四將由躍而飛，亦曰乾道乃革也。

鈴木由次郎曰：第二十八首，陰，一水，二方一州一部一家。更，改，變革。陽氣升於于天，萬物動而變形而改性，至於靈明之域。

初一：冥化否貞，若性。

范望曰：水居陽家，故冥。冥者未有所見，故否。水性流行，故言若性，若水之性，故貞也。

司馬光曰：少，詩照切。一為思始而當夜，幼少之時，習於不正，如其天性，不可復改也。賈誼曰：幼成若天性，習貫如自然。少更方者，道變於幼少之時也。

葉子奇曰：若，順也。冥無所見，欲更其化于人初，不能得其正順之性，何能有成乎。言拂人之性不能為化也。

陳本禮曰：水，夜。冥化者，物各有性，如田鼠化駕，獸穴土而化者，烏足變蝶，草被風而化者，其未化之先，固是鼠與草之性，及其既化也，則又變而為駕與蝶之性矣。一以水在水世而屬夜，其靈未改，故曰否貞若性。

鄭維駒曰：否貞非性而若性，化於習而不覺也。

鈴木由次郎曰：四月二十二日，夜，水。幼少之時習慣不正，則成其天性，所謂習慣是第二天性。

測曰：冥化否貞，少更方也。

范望曰：方當發行，必改其常處也。

陳本禮曰：賈誼曰：幼成若天性，習慣成自然。少更方，氣質未變也。

鄭維駒曰：童而發蒙，則養正，少而更方，故否貞。

次二：時七時九，軫轉其道。

范望曰：二與七合，為九金也，金王則火死，道數相害，故軫轉也。家性為更，更而得道，故言時也。

司馬光曰：七者，陽之盛也。九者，陽之衰也。軫，輪也。二為思中而當晝，君子消息盈虛，隨時衰盛，如輪之轉，應變無窮，不失正當也。

林希逸曰：七陽盛，九陽極，極則必衰，宜知通變，如輪軫之轉，則得其道矣。即通變無弊法之意。

葉子奇曰：時七時九，言其應用無定數。時當七則七，當九則九也。二在思中，家性為更，能隨時應變，初不執一而圓轉其道以取中也。

陳本禮曰：火，晝。

鄭維駒曰：革上兌下離，二七為火，離也，九為金，兌也，五土類，為輿，故稱軫。自離至兌，必得中央土而後能相生，故云軫轉。《易》所謂已日乃孚，此革之道也。

鈴木由次郎曰：四月二十三日，晝，火。昴九度。時七時九，《易》之七、八、九、六之數。七為少陽，九為老陽。軫轉，車輪轉動。軫為車後橫木，引申有轉、動之義。君子深知時勢之盛衰，如車輪之轉，應變而無窮。隨機應變而不失正道。

文字校正：更首次二：「時七時九，軫轉其道」。《集注》：「軫，輪也」，又曰：「消息盈虛，隨時盛衰，如輪之轉」，范注無說，按：《集注》訓「軫」為「輪」，非是，《說文》：「軫，車後橫木也」，知非「輪」也，軫轉，即輾轉也，軫，古為章母真韻字，輾，古為端母元韻字，真、元為同類旁轉，音近故可通。軫，亦有轉義，《文選·七發》注引《淮南》許注：「軫，轉也」，是其證。然則軫轉連文猶輾轉也，二字皆有轉動義，連文而為聯綿詞，其義謂轉動而不定也。《後漢書·來歷傳》注：「輾轉，不定也」，是其證。《太玄》此言「時七時九」，即轉動變化不定之意，故曰「軫轉其道」也。

測曰：時七時九，不失當也。

范望曰：金火相避，故不失於當也。

葉子奇曰：言得中也。

鄭維駒曰：革而當，故不失也。

次三：化白于泥，淄。

范望曰：三，春為青木，到秋則白，故言化白。在陰之中，故言淄。淄，黑也。家性為更，展轉其道，故色變也。

司馬光曰：王曰：凡改更之道，貴於變惡從善，今反為泥淄，失更之宜。

光謂：淄，黑也。三為思上而當夜，與不善人居，如以白物涅於泥中，與之皆黑也。

林希逸曰：淄，黑也。黑泥可以化白乎，言不知變而變，則失其道矣。

葉子奇曰：淄，黑也。三在更世逢陰，故其變之不善，猶化白以為黑，是化君子而為小人。之，歸也。

陳本禮曰：木，夜。

鄭維駒曰：互巽為白，三為泚崖，故曰泥。人之昭質本白，而化為淄，蓋自少至壯漸染益深也。

鈴木由次郎曰：四月二十三日，夜，木。泥淄，黑泥。淄，黑。變白色為黑泥，其變革不明於道。

測曰：化白于泥，變不明也。

范望曰：變白為黑，故不明也。

陳本禮曰：不明二字，指當時附莽者言也。

鄭維駒曰：三當夜，故不明。

次四：更之小得，用無不利。

范望曰：四，陰位也。陰稱小，金為利，陰中之利，故小得也。更而小得，故無不利也。

司馬光曰：王本不利字下更有我否非其有恥六字，今從諸家。四為福始而當晝，變更之小得者也。變更小得，合於民望，用無不利。

葉子奇曰：四當變更易代之世，居大臣之位，五既不君，四則陽明，宜為天下之所歸往。論其勢可以得天下，而不取是小得也。存此道以往，何所不利哉。此贊之義，文王以之。

陳本禮曰：金，晝。我否二字，從王本補。四為福始而當晝，故可小得。我否者，不然也。若貪圖奢望，必致有恥辱之事，故曰非其有恥。（陳本用王本「我否非其有恥」。）

鄭維駒曰：金曰從革，四金未成，故更而小得。金之日為庚辛，庚言更，辛言新，能改更自新，善不在大，故用無不利。

鈴木由次郎曰：四月二十四日，晝，金。昴十度。金。變革之而少有所得，用於事而無不宜。變革合乎民意。

文字校正：更首次四：「更之小得，用無不利」，《集注》：「王涯本『不利』

字下更有『我否非其有恥』六字，今從諸家」。陳本禮《太玄闡秘》將此六字補於「用無不利句」下，按：王涯本、《闡秘》本皆誤。斷首次四：「斷我否食，非其有恥」，王涯本更首次四「我否」等六字，即此斷首次四贊辭之訛而錯簡者，《闡秘》本不辨其由，而沿其誤也。《太玄》古本首辭、贊辭、測辭分為三篇，並不連屬，更、斷二首相接，次四之文同位，故易錯簡。

測曰：更之小得，民所望也。

范望曰：改更而利，故百姓之所瞻望也。

陳本禮曰：小得則廉，大得則貪，君子所取，小人所視也。

次五：童牛角馬，不今不古。

范望曰：五為天位，以道化民，馬童牛角，是其常也。家性為更，更而顛倒，蓋非其宜，既不合今，亦不合古，古今不合，宜于之更也。

司馬光曰：王曰：五居盛位而當夜，是改更之道大不得其所。牛反童之，馬反角之，不今不古，無其事也。光謂：無角曰童。小人得位，妄變法度，反易天常，既不適於今，又不合於古，若劉歆、王莽之類是也。

林希逸曰：牛有角而童之，馬無角而欲角之，此古今所無之事，逆天理而求異，非所當變而變也。

葉子奇曰：童，頭童之童，言無角也。牛本有角而今忽童，是猶有位者而今忽喪。馬本無角而今忽有，是猶無位者而今忽得之。此事皆反常，蓋天子失國，匹夫為王之象也。然此等事乃一時之行權，非古今之經見，故曰不今不古。五居君位，當更革之世，逢陰而不君，故發此義。在古則桀紂之事當之。

陳本禮曰：土，夜。牛本有角而今忽無，馬本無角而今忽有者，皆反常之事。史稱莽每有所興造，動輒慕古引周官王制，改置卒正連率大尹州牧，分六卿六尉六隊六郊六服，各在其方為稱，所謂不今不古也。

孫澍曰：注：不適今合古，夫子有為言之也。按：荊舒學術賊害世道人心，尤于王莽，莽丁漢家厄運，不過備白水之驅除，而宋遂南渡矣。噫，童牛角馬，何代無之，特有用有不用耳。

鄭維駒曰：離為牝牛，互乾為馬，牛而童，非所損而損也。馬而角，非所益而益也。不今不古，失革之時義也。五為土在離火兌金之中，不能相生以善其革，是失其黃中之德，非己日乃孚者矣。

鈴木由次郎曰：四月二十四日，夜，土。童牛，無角之牛。角馬，有角之馬。無角的牛，有角的馬，無論過去和現在都不會有。沒有變革綱常之例。

測曰：童牛角馬，變天常也。

范望曰：更物之性，而為治術，非天常道也。

陳本禮曰：常，綱常也。五為君而逢陰，是君不君也。臣弒君而賊主，是臣不臣也。牛童馬角，蓋天子失國，匹夫為王之象，故曰變天常也。

鄭維駒曰：不順乎天，則不應乎人，可知。

次六：入水載車，出水載杭，宜于王之更。

范望曰：六為宗廟，重陰所在，下之所奉，唯謹唯敬，家道變改，車杭易位，宜在更世以求正，故言宜于王之更也。

司馬光曰：諸家皆無王字，今從范本。杭與航同，舟也。水舟陸車，理之常也。如履雖新，必施於足，冠雖敝，必冠於首。然湯、武達節，應天順人，君臣易位，其道當然，則不得不變也。

葉子奇曰：杭，船也。六居福隆而在尊位，當更革之時，是古之聖賢能行權以濟天下。入水載車，出水載杭，反其所用，喻行權也。蓋其時之使然，不得不然。宜其利王者之更革也。此贊之義，湯武以之。

焦袁熹曰：入水載車，若子產以乘輿濟人出水，載杭，若丹朱罔水行舟，更之則各得其用矣。

陳本禮曰：水，畫。車不能行水，舟不能行陸，莽自踐阼後盡改漢家制度，變亂典章，如井田封建類，皆不利於民者，而莽皆行之。宜於王之更者，王指其姓，宜者謂其變亂天常，適合於亂臣賊子之所為也。

劉按：陳說非是。此贊謂載車載杭事，宜於由王來更之，即對不正常之事，祗能由王來更改之。或者說這是在位之王，他應對此類不正常之事進行改革。

鄭維駒曰：六為水，故曰入水出水。互乾下有伏坤，故稱車。《易》中乾卦稱大車大輿，皆以伏坤，故互巽木故稱杭。互乾在上，是出水載車也。互巽在下，是入水載杭也。更得其宜，王道也，故宜於王之更。

鈴木由次郎曰：四月二十五日，畫，昴十一度。水。杭通航，舟。入水而乘車，登陸而乘舟，皆反常道。王宜變革之而復常道。

測曰：車杭出入，其道更也。

范望曰：水車途舡，宜更道也。

陳本禮曰：時有獻奇術技藝於莽者，言能渡水不用舟楫，可濟百萬師，或言不持升斗糧能令三軍不飢，或言能飛，一日千里，皆所謂車杭出入，其道更也。

次七：更不更，以作病。

范望曰：火焚宿菜，以殖嘉穀，更之道也。宜更而不更，嘉穀之病也。

司馬光曰：諸家本皆作能自臧也，今從王本。七為禍始而當夜，俗化之敝，失於當更而不更故也。董仲舒曰：為政而不行，甚者必變而更化之，乃可理也。

葉子奇曰：七居陰而不能以有為，是以當更而不更，反以為時之病也。此贊之義，季札當之。拘讓國之常，致爭國之亂，是當更不更，以作病也。能獨善其身而已。

陳本禮曰：火，夜。

鄭維駒曰：去其病之謂更，更其所不當更，是無病而作病也。

鈴木由次郎曰：四月二十五日，夜，火。宜變革而不變革，此謂身之病。

測曰：更不更，不能自臧也。

范望曰：而自否臧，《玄》之道也。

鄭維駒曰：自臧者，自以為能也。

文字校正：更首次七測辭：「更不更，能自臧也」（范注本），《集注》本「能」上有「不」字，按：《集注》本是，更首次七，陰首陽贊，時當夜，辭例當咎，能自臧，為休辭，不合玄例。贊辭：「更不更，以作病」，謂當更而不更，猶拘泥不化，故將生病也，意與測辭「不能自臧」相應，若作「能自臧」，則與贊辭不合。范注贊辭注：「宜更而不更，嘉穀之病也」，而於測辭注則曰：「而自否臧，玄之道也」，前後所言不一，蓋測辭之注，范沿宋、陸，故有所牴牾。盧校：「測注『而自否臧』，『而』古通『能』」，是盧校猶以「能自臧也」為是，未知此有脫文也。《集注》：「諸家本皆作『能自臧也』，今從王本」，是其脫誤甚早，宋衷、陸績之時已據誤本作注，范氏沿之，故有贊測注說牴牾之事。

次八：駟馬趻趻，而更其御。

范望曰：八為東方，其宿值房，房為天駟，故曰駟馬也。趻趻，不調也。馬而不調，故更御也。

司馬光曰：范本作而更其御，今從宋、陸、王本。趻，才與切。范曰：趻趻，不調也。王曰：得位當晝，更之以道，駟馬趻趻，行不進也。更以良御，乃得其宜。光謂：八為禍中，〔故曰駟馬趻趻，以象國家不安也。然當日之晝，〕故曰更其御也。更御以象改任賢人，使修其政治也。

葉子奇曰：跙跙，不調貌。馬不調而更其御，是猶職不治而更其人也，得更之善者也。八得中而當陽，故能之。

陳本禮曰：木，晝。

鄭維駒曰：乾馬良馬也。馬之不進，非馬也，其人也，故不更馬而更御。

鈴木由次郎曰：四月二十六日，晝，畢一度，木。跙跙，四馬步調不一。御，駕車，又指駕車者。四馬並駕而步調不一，應更換御者。

文字校正：更首次八：「駟馬跙跙，能更其御」（《集注》本從宋、陸、王本），范注本「能」作「而」，按：古「而」「能」通，此字當從宋、陸本作「能」，義當讀「能」為「而」。

測曰：駟馬跙跙，更御乃良也。

范望曰：更以得善，故良也。

陳本禮曰：良御謂賢臣也。當時如孔光，王舜，甄豐，劉歆等，豈得謂之為良御耶。

上九：不終其德，二歲見代。

范望曰：九在更家，而為之終，終始以得，則不代也。三者數終，九亦為極，極上反下，宜于之更，故曰見代也。

司馬光曰：范本無久字，今從宋、陸、王本。九為禍極而當夜，小人不終其德，驕淫失位，人將代之也。

鄭氏曰：二歲，范本作三歲，注云：終始以德則不代。三歲見代者，終更也。二歲見代者，中廢也。中廢乃更之醜也。以上九當夜，不終其德，故二歲見代，不終而更也。

葉子奇曰：九居變極之地，是不終其德，寧保其久而不黜代乎。按邵子云：天道之變，王道之權也。故揚子于此首之贊，多言用權之事。

陳本禮曰：金，夜。三歲者，王莽之地皇三年也。是年漢宗室劉縯及弟秀起兵舂陵，興復漢室，明年二月，新市平林兵共立更始為皇帝，大赦改元，此所謂三歲見代也。

鄭維駒曰：九以從革代興，然其德不能終孚於人，則代之者不旋踵矣。

鈴木由次郎曰：四月二十六日，夜，金。驕淫而其德不全。三年失位，有人代之。

文字校正：更首上九：「不終其德，二歲見代」，測辭：「不終之代，不可長也」（范注本），《集注》本「二」作「三」，「可」下有「久」字，按：「二」

當作「三」，范注：「三者數終」，是范本原文亦作「三」也，「可」下當有「久」字，更首次七、次八、上九之測辭，皆為五字句，次七：「不能自臧也」，次八：「更御乃良也」，上九：「不可久長也」，文例一律，范本次七測辭脫「不」字，上九測辭脫「久」字。

測曰：不終之代，不可久長也。

范望曰：不終其德，何可長也。

斷

☰ 斷：陽氣彊內而剛外，動而能有斷決。

范望曰：二方一州一部二家，地玄，陰家，二火，下中，象夬卦。行屬於火，謂之斷者，陽氣上在五位之上，內外剛壯，能（所）斷決於萬物，故謂之斷。斷之初一，日入畢宿三度。

司馬光曰：陽家，火準夬。范本作動而能有斷決，王本作動而斷決，今從宋、陸本。

鄭氏曰：斷，都玩切，斷決之義用此音。斷除之義，丁管切。斷絕之義，徒亂切。

陳仁子曰：斷者陽盛而果於裁物者也。蓋五陽為夬之時也。天下事以果斷立決而得以優游。不決而失者何限，以剛去欲，以善去惡，以君子去小人，含忍無斷，始也以稔惡，終也以自禍。陽之於物，亦惟本心之以健，行之以斷，足以能生物也。夬以五陽比一陰，而快其能決，斷以地二爻陰家而勉其即決，一之斷以心，五之斷以腹，七之斷以甲，果能是，何至當斷不斷也。

葉子奇曰：彊內弱外為羭，內外俱彊為斷。斷之初一，日入畢宿三度。

陳本禮曰：陽家，二，火，下中，卦準夬。《傳》：斷，決斷也。此時陽氣始充，故內強外剛，內強則能鼓其氣以飛，外剛則能決去其陰私而不為外物所撓，《易》曰：剛健篤實，光輝日新其德，蓋能斷也。

孫澍曰：斷準夬，《太玄》以剛德主大計，定大謀。

鈴木由次郎曰：第二十九首，陽，二方一州一部二家。二火。斷，決斷。陽氣充實而內強外剛，鼓舞其氣，決去陰氣，使萬物不撓於陰。

文字校正：斷首首辭：「陽氣彊內而剛外，動而能有斷決」（范注本），《集注》本從宋、陸本作「動能有斷決」，「動」下無「而」字，王涯本作「動而能斷決」，按：當依宋、陸本作「動能有斷決」，古「能」「而」通，此「能」即

讀作「而」，猶更首次八「能更其御」之「能」讀作「而」也，意謂動而有斷決也，然則不當復有「而」字，宋、陸本去楊雄時代不遠，猶存《太玄》原貌，至范氏則以「能」為「能」，而誤衍「而」字矣，不知「能」即「而」也，王涯以宋、陸與范本有異，未知去從，乃臆刪「有」字，亦非《太玄》之舊。

初一：**斷心滅斧，冥其繩矩。**

范望曰：水以平施，在內為心，陽位火世，故以斧論。斧以治木，繩以正曲，矩以為方，墨模一正，道化大行，德正剛毅，盛壯之治，可以斷疑也。

司馬光曰：一為思始而當晝，能以法度內斷於心，而人不見其跡者也。

林希逸曰：斷決於心，而不見其用斷之迹，曰滅斧。冥者，隱而不可見也。繩矩，法則也。法度在心，不見於外也。

葉子奇曰：一當斷之初而遇剛陽，能斷者也。斷而至于滅沒其斧，斷之甚者也。斷而冥合于法度，斷之善者也。能斷而善，美孰大焉。

陳本禮曰：水，晝。斧斤所以斷物，繩矩所以正物，斷心者謂斧斤繩矩在心，能神明自治，則私欲去而純粹精。滅斧而冥繩矩，謂人不見其跡也。

鄭維駒曰：乾兌為金，故曰斧，火為繩，金為矩，皆施於木者也。水生於一，繩矩之施於木者皆未見，故曰滅曰冥也。

鈴木由次郎曰：四月二十七日，晝，畢二度，鳴鳩拂羽，水。繩矩，準繩與規矩，正物之器。冥冥之中斷決私欲，其心純粹，用以斷決的斧與繩矩，不現形於外。

文字校正：斷首初一：「斷心滅斧，宜其繩矩」（《道藏》本），范本、嘉慶本「宜」皆作「冥」，按：當作「冥」，「宜」乃「冥」之形訛。《太玄·玄文》：「有形則復於無形，故曰冥」，冥者明之藏也，冥反其奧，幽冥足以隱塞，知《太玄》之「冥」，蓋謂深奧隱藏無形也。斷首初一之「冥」，亦是此義，斷之於心，不見其跡，故曰「滅斧」，故曰「冥其繩矩」，故曰「內自治也」（測辭）。心在體內，旁人不得見，是心亦冥也。斧即繩矩，斷之所賴，「滅斧」之意與「冥其繩矩」同，皆謂斷於心，內自治也。必當作「冥其繩矩」，始得與「斷心滅斧」、「內自治也」文意貫通。若作「宜其繩矩」，則與內、心、滅諸字不合，是可證當作「冥」也。《集注》：「能以法度，內斷於心，而人不見其跡者也」，此亦冥滅之意，與「宜」字無涉，亦可證也。且《集注》於此字無校語，知《集注》本原與范注本不異，皆作「冥」也。

測曰：斷心滅斧，內自治也。

范望曰：修內表（外），君子所以為德也。

陳本禮曰：能自斷其妄干希冀之心，必能免於將來斧鉞之誅也。

次二：冥斷否，在塞耳。

范望曰：二，陰也，亦為目，目在陰中，故冥。家性為斷，當明目聰聽，以定眾疑，今目既不明，而塞耳掩聰，不採風聲，故曰否也。

司馬光曰：二為思中而當夜，心識蒙闇，不能決斷，雖有嘉謀，不知適從，聽之不聰，故曰塞耳。

葉子奇曰：無所知而妄斷，則事之失也多矣，能無否乎。然其所以然者，在乎自掩其聰而不加察也。苟能達聰，又豈至于失哉。

陳本禮曰：火，夜。

鄭維駒曰：乾為言，夬九二坎爻了。坎為耳，塞耳者不受剛直之言，所謂聞言不信者也。冥斷之否，其故在此耳。

鈴木由次郎曰：四月二十七日，夜，火。心昏暗而不能決斷。人之意見皆塞耳不聽。

測曰：冥斷否，中心疑也。

范望曰：耳目不明，故心疑也。

葉子奇曰：明不至則疑生。

陳本禮曰：疑則不能斷，而又自掩其聰，則事之失也，能無否乎。

次三：決其聾聰，利以治穢。

范望曰：三為巽，巽為風，風，喘息之象也，故為鼻。斷決之事，宜當明目聰耳，依乎八議，廣采風俗，以求比據，而耳目塗塞，香臭不聞，非所以為斷也。三而決之，除治穢疾，議獄緩死，不失其法，故以利也。

司馬光曰：聰，丁計切。王曰：聰，鼻疾也。光謂：三為成意而當晝，能決去蔽塞，通納善謀者也。

鄭氏曰：聰，《集韻》：都計切，鼻疾也。引《太玄》決其聾聰，蓋耳不聞聲曰聾，鼻不聞臭曰聰。害於聽察，理當決去，乃利有謀，以治穢也。舊說為噴氣，按：《說文》：嚏，悟解氣也。引《詩》願言則嚏，所謂噴氣乃此字也。字異訓殊，與經旨別，不足取也。

葉子奇曰：聰，都計切，聰，鼻病不聞香也。聾聰，喻人之有蔽塞不通，

苟能決而治之，則利于治其穢惡矣。蓋非聰無以察理，非正無以督姦。然必自治而後可以治人也。

陳本禮曰：木，晝。齂，丁計切。聾，耳不聞。齂，鼻不知香臭。決者，抉而通之也。鼻不知香臭，則芬芳無以別耳。不聞聲音，則好惡無以辨。三為成意而當晝，故能自治其疾，而後可以治人也。

孫澍曰：決其聾，則聰達，反其齂，則臭辨。

鄭維駒曰：乾為龍，龍聽在角，故聾。三八為鼻，故曰齂。耳鼻有欲，穢也。決以治之，則思而能斷矣。

鈴木由次郎曰：四月二十八日，晝，畢三度，木。齂，鼻不通。耳不聞，鼻不通，決而治之，使之皆通。宜除污治病，納以善謀。

測曰：決其聾齂，利有謀也。

范望曰：除穢治疾，所以謀利也。

陳本禮曰：有謀，謂蔽壅既通，則能崇善去惡，親君子而遠小人也。

鄭維駒曰：乾為大謀，有謀則有斷，故利也。

文字校正：斷首次三測辭：「決其聾齂，利謀也」（《道藏》本），范本、嘉慶本「利謀」作「利有謀」，按：當作「利有謀」，《集注》本無校語，然則《集注》本當同范注作「利有謀也」，《道藏》本屬《集注》本，知有脫文。贊辭：「決其聾齂，利以治穢」，聾齂者耳鼻之病，人而聾齂，不得聰明，是為穢也，決而治之，然後可得聰明，既除其穢疾，則可決斷於心，故曰「利有謀也」。所以言「利有謀」者，正蒙「決其聾齂，利以治穢」而言。若僅謂「利謀」，則於文意有所缺失，知其誤也。

次四：斷我否，食非其有，恥。

范望曰：四，金也，在斷之家，宜以治人，既在火行，陰家之陰，故欲否也。民治法明，臨事有績，故可食祿以居官位。今四公侯也，斷而不當，見譏素餐，故有恥也。

司馬光曰：四為下祿而當夜，處非其位，食非其祿，不能自斷而去，誠可恥也。

葉子奇曰：四近君，居大臣之位，然資牲陰暗，其斷治之道既非矣，曾不知瘝官曠職，惟知食祿而已，豈非其恥乎。此無德而當大任，無功而享萬鍾，惟知患失之憂，不顧素餐之恥，有臣如此，國其殆哉。

陳本禮曰：金，夜。金能斷獄，然在火世，身先受克，斷我否食者，法既不明，臨中無決，猶復貪位食祿，貽譏素餐，故可恥也。

鄭維駒曰：否於治事而決事，否於治獄而決獄，是為斷我否。以此臨民，而食君祿，恥何如之。四為下祿，兌口為食。

鈴木由次郎曰：四月二十八日，夜，金。食其祿，在其位，而決斷不正當，是為可恥。

文字校正：斷首次四：「斷我否，食非其有，恥」，測辭：「斷我否，食可恥也」，陳本禮讀作「斷我否食，非其有恥」，其讀誤。此當於「否」字逗，「恥」一字為句，否、有、恥古皆之部字，正相協韻，食乃職部字，於韻不協，是其證也。測辭亦當以「否」字為逗，與贊辭同，范注：「斷而不事，見譏素餐」，斷而不當，即謂「斷我否」也，見譏素餐，即謂「食非其有」也，《集注》：「處非其位，食非其祿」，亦「食非其有」之意，二家注皆得其意也。

測曰：斷我否，食可恥也。

范望曰：恥無功者也。

次五：大腹決，其骨脫，君子有斷，小人以活。

范望曰：五為天位，故稱君子。腹諭合藏，股以諭臣，臣而有脫，君當決正，正以其理，故民活也。

司馬光曰：王本股作服，今從諸家。五為著明而當晝，斷之盛者也。大腹決，不容姦也。其股脫，所存大也。

葉子奇曰：腹居中，喻君，股居下，喻臣。君子小人以位言。大腹決，是君能斷也。其股脫，是臣亦承君而能斷也。君臣上下既各能斷，則在下之人烏有不保其生息者乎。五居中當陽，所以善也。

陳本禮曰：土，晝。五為天位，大腹者，大人之腹也。決，斷也。其股脫者，謂能脫小人股上之桎梏也。君子斷獄得理，小人冤白無枉，是以活也。

鄭維駒曰：五為土為腹，忌巽木，巽為股，木不可勝於土，股不可大於腹，故須脫其股。事決於君，而不受制於臣，則陰慝消而億兆蒙福矣。

鈴木由次郎曰：四月二十九日，晝，畢四度，土。大腹，大人之腹。股脫，小人之股脫於桎梏。君子之腹有決斷，解脫小人股上之桎梏，以明其無罪。正是君子如此斷獄，小人才能活。

測曰：大腹決脫，斷得理也。

范望曰：決，理也。決理臣姦，言得其道理也。

文字校正：斷首次五測辭：「太腹決脫，斷得理也」（范注本），按：「太腹」當作「大腹」，范本贊辭作「大腹」，《集注》本贊辭測辭皆作「大腹」，是其證也。

次六：決不決，爾仇不闊，乃後有鉞。

范望曰：仇，怨也。闊，遠也。鉞，斧也。仇謂七也，鉞謂九也，六為上祿，五之所尊，廟勝受斧，以征不廷，而所決不決，故仇近也。所當不斷，戰伐將興，故後鉞也。

司馬光曰：六過中而當夜，當斷不斷，仇讎不遠，必將受其戮辱者也。

林希逸曰：仇敵在近，初不闊遠，當斷不斷，必有斧鉞之事在後來也。

葉子奇曰：六以陰柔，遲疑猶豫，當斷而不斷，則將反受其亂，故曰汝之仇讎日思報復，當不闊遠，後必為其所誅戮也。如唐五王張柬之等置武三思而不誅，卒貽後日之禍是也。

焦袁熹曰：決不決，猶言當斷不斷也。

陳本禮曰：水，夜。

孫澍曰：《爾雅‧釋詁》：闊，遠也。

鄭維駒曰：六水懦，優游寡斷，故決不決。乾兌皆金，故稱鉞。

鈴木由次郎曰：四月二十九日，夜，水。闊，遠。鉞，斧。爾仇，指次七。有鉞，指上九。正宜決斷而不決斷，仇敵已近，不久即受斧鉞之禍。

文字校正：斷首次六：「決不決，爾仇不闊，乃後有钺」（《道藏》本），按：「钺」當作「鉞」，形訛也。范本、嘉慶本皆作「鉞」，可證。「乃後有鉞」，指上九「斧刃蛾蛾」，上九《集注》：「九為兵鉞」，《道藏》本、嘉慶本皆作「鉞」，此乃引用《玄數》：「四、九為金，為兵，為鉞」，《集注》本《玄數》亦作「鉞」，皆可證也。范注本《玄數》作「為钺」，誤同《道藏》本，皆抄手之筆誤也。

測曰：決不決，辜及身也。

范望曰：所決不決，身之累也。

鄭維駒曰：晉獻公佩太子金玦而申生不終，斷不得理也。亞父舉玦而項羽不決，辜乃及身也。

次七：庚斷甲，我心孔碩，乃後有鑠。

范望曰：庚，義也。甲，仁也。孔，甚也。碩，大也。鑠，美也。七在斷世，失志之人，猶能以義斷於仁，故甚大也。先失後得，故美在後也。

司馬光曰：范曰：庚，義也。甲，仁也。孔，甚也。碩，大也。鑠，美也。光謂：庚金主義，甲木主仁。七為刀，有用刑之象。君子以義斷仁，捨小取大，然後有治平之美也。《夏書》曰：威克厥愛，允濟。

林希逸曰：庚，義也。甲，仁也。以義斷恩也。碩，大也。我心所見者大，其後乃有鑠美也。

葉子奇曰：鑠，光也。庚屬金為義，甲屬木為仁，今言庚斷甲，是以義斷仁，謂割恩正法也。當世之君類多以恩掩義，今能如此，則其心之甚大可知也。非獨正法于當日，抑亦貽謀于將來，其後豈不有光哉？

陳本禮曰：火，晝。

鄭維駒曰：庚金屬兌，乾納甲故稱庚斷甲，七為火，故有爍。

鈴木由次郎曰：四月三十日，晝，畢五度，火。庚于五行配金，于五常配義，甲于五行配木，于五常配仁。孔，甚。碩，大。鑠，美，光明。以義斷仁，捨小取大。我心甚大，且後能得太平之美。

測曰：庚斷甲，義斷仁也。

范望曰：以義斷於仁者也。

鄭維駒曰：義斷仁，以義成仁也。

文字校正：斷首次七測辭：「庚斷甲，義斷仕也」（范本、《道藏》本），嘉慶本「義」作「宜」，按：「義」、「誼」古通，然《太玄》此文當作「誼」，次七之語，乃用《玄數》之意，《玄數》：「三、八為木，曰甲乙，性仁，四、九為金，曰庚辛，性誼」。庚謂金，甲謂木，「庚斷甲」，即金斷木也，金性誼，木性仁，庚斷甲，金斷木，故曰「誼斷仁」也。《玄數》：「性誼」，各本皆作「誼」，並無異文，然則斷首次七亦當作「誼」也。嘉慶本存《集注》本之舊，《道藏》本作「義」，或亦後之抄手所改。

次八：勇侏之倄，盜蒙決夬。

范望曰：無道為侏，反義為倄，八為火母，恃在子家，陰位之陰，故為盜也。無道反義，眾惡所歸，故宜決也。

司馬光曰：小宋本倄作傤，音移，今從諸家。王本無夬字，今從二宋、陸本、范本。侏，音株。倄，音伐。范曰：無道為侏，反義為倄。

葉子奇曰：偒音代，與懟同。侏，短小之人也。蒙，昧也。八以陰柔，昧于斷刑之道，今乃勇于侏之，是懟而真盜，乃反昧于決斷，是其淩弱避強，舍貴施賤，失政刑之中也。

陳本禮曰：木，夜。偒，責罰也。侏，小人之無知者。八以陰柔，昧於決刑之道，捨真盜而縱之，反嚴於無知之小人，而重罰之，所以謂之妄也。

孫澍曰：八為狂，過於動盪，無道反義，眾惡所歸，雖有決斷，實為妄斷。

鄭維駒曰：勇侏之偒，太史公所謂此盜跖居民間者也。蓋又任俠之不若，是義之賊而決之盜也。

鈴木由次郎曰：四月三十日，夜，木。侏，小人無知者。偒，責罰。勇於嚴罰無知小人和小盜，卻捨棄大盜而不顧。喻決斷有誤。

文字校正：斷首次八：「勇侏之偒，盜蒙決夬」，測辭：「盜蒙之夬，妄斷也」（范本），《集注》本「侏」作「侏」，范本《釋文》：「侏，音賣，偒，音代，一作鷹，又力之切」，《集注》：「侏音株，偒音伐，小宋本『偒』作『歈』（嘉慶本作獄，此從《道藏》本），音移」。范注：「無道為侏，反義為偒」，按：字當作「侏」、「偒」。侏，《廣韻》：「莫話切」，《集韻》：「東夷樂名」，義與《太玄》此贊無涉，《集注》於此字無校語，且其所引范注亦作「侏」，知二本原無異文，皆作「侏」也。范注：「無道為侏」，是，偒，《集韻》：「伐，或作偒」，知「偒」乃「伐」字異體。偒、伐，房越切，古奉母月部字，正與決夬之「夬」（見母月韻）協韻，亦證當作「偒」也。《集注》：「偒音伐」，是，范本《釋文》：「偒音代」，「代」當即「伐」之訛文，字書無「歈」字，小宋作「歈」者，或亦「偒」之訛文，「偒」之義，仍當為「伐」，范注：「反義為偒」，似有不當，蓋楊雄以「偒」為「伐」也，上九：「斧刃蛾蛾」，測辭：「蛾蛾之斧，利征亂也」，八言伐，九言征，義正相貫，亦可證也。勇者決斷之辭，《國語‧晉語》：「其勇不疚于刑名」，韋注：「勇，能斷決也」，《禮記‧禮運》注：「勇者之斷」，《正義》：「勇謂果敢決斷」，《太玄‧玄摛》：「斷而決之者勇也」，是其義也。「勇侏之偒」，「盜蒙決夬」，意謂勇而無道之伐，猶盜蒙之決斷也。盜者，邪惡之義，蒙者，昏闇之人，所決皆妄，此以喻勇侏之偒，測辭：「盜蒙之決，妄斷也」，亦此義也。

測曰：盜蒙之決，妄斷也。

范望曰：斷不以義，故妄也。

上九：斧刃蛾蛾，利匠人之貞。

范望曰：貞，正也。九為金，故為斧，巧匠之利利斧，猶明君之利利賢也，匠非斧無以展其巧，君非賢臣無與共其治，故利匠人之正也。

司馬光曰：九為兵，為鉞，又為禍極，故曰斧刃蛾蛾。匠人執斧以伐木，君子秉義以征亂。

林希逸曰：蛾蛾，眾多之貌。匠人用此以制木，此用兵制敵之喻也。

葉子奇曰：蛾蛾，刃白貌。匠人用斧刃者也。九居斷之極，是用刑之至者。用刑之至，莫大于征伐，故于此贊發之。然斧刃之蛾蛾，惟匠人之利用，是猶人之當誅，惟士師乃可以殺之。國之當伐，惟天吏乃可以伐之也。如此始得為貞。

陳本禮曰：金，晝。

孫瀜曰：蛾，蠶蛾也，蠶蛾眉狀斧刃，或曰蛾蛾當作峨峨，壯盛也，亦通。匠人，眾工，任斤削者也，孟子匠人斲而小之。

鄭維駒曰：斧刃金器，匠人金工，匠人以斷為利，以當斷而斷為貞，王者之兵猶是而已。

鈴木由次郎曰：五月一日，晝，畢六度，金。蛾蛾，刃利貌。斧刃鋒利，宜於木工以伐木。以喻宜執正義而討伐無道之國。

文字校正：斷首上九：「斧刃蛾蛾，利匠人之貞」，測辭：「蛾蛾之斧，利征亂也」，眾首次七：「干戈蛾蛾」（《集注》本「干戈」作「干鉞」），《集注》：「干鉞蛾蛾，敗亂之貌也」，范注無說，按：蛾蛾訓敗亂之貌，經籍中無例證，未知《集注》何所據也。此「斧刃蛾蛾」與「干戈蛾蛾」，其義當同，此言「利匠人之貞」，又曰：「利征亂也」，皆斧鉞當用之意，若訓為敗亂，豈不矛盾？知《集注》非也。「蛾蛾」當讀作「峨峨」，謂高峻盛壯也。《文選·上林賦》：「南山峨峨」，注：「峨峨，高峻貌」，《詩·大雅·棫樸》：「奉璋峨峨」，毛《傳》：「峨峨，盛壯也」。峨峨，原為狀山之辭，《太玄》用以喻干戈斧鉞威嚴雄壯之勢也。斷首上九：「斧刃蛾蛾，利匠人之貞」，言斧鉞之用，眾首次七：「旌旗絓羅，干戈蛾蛾」，言干戈之盛壯。斷首上九之「斧鉞」，得用之宜，故曰「利征亂也」，眾首次七之「干戈」，用之過度，故曰「師孕唁之，哭且瞯」，又曰：「大恨民也」，同是干戈之用，而休咎有所不同，《集注》：「蛾蛾敗亂之貌」之說，未得其怡也。

測曰：蛾蛾之斧，利征亂也。

范望曰：斧刃蛾蛾，故可以征亂者也。

陳本禮曰：蛾蛾，刃白貌。蛾蛾之斧，宜於匠人之用，至於伐國征無道，則宜於天吏乃可用斧刃以伐之，始得為正也。

鄭維駒曰：未亂故不利，即戎已亂，故利用征伐也。

毅

☰☰☰ 毅：陽氣方良，毅然敢行，物信其志。

范望曰：二方一州一部三家。地玄，陽家，三木，下上，亦象夬卦。行屬於木，謂之毅者，陽氣已盛，方周六位，上下良而毅，毅然便行於事，無所拘忌，故萬物信其所志長大，故謂之毅。毅之初一，日入畢宿七度。

章詧曰：準夬，陰家。果敢為毅，蓋陽氣陰銳，一無凝滯，毅然必行，物被其氣，以壯志也。

司馬光曰：陰家，木，準夬。致果為毅，夬揚於王庭，故毅兼有言語之象。信與伸同。宋曰：善而不撓為良。

陳仁子曰：毅者陽盛而勇於自治也。亦夬也。特斷交地二之陰，則勉其早決，毅本天三之陽，則本其自任。斷者遇物而裁者也，毅者守真而固者也。斷以見於事者言，毅以本於心者言，故毅存於中則斷形於外，毅而不斷者有矣夫，未有斷而不由毅者也。故毅於棟祿，毅於棟柱，直有擔當之氣象，皆毅也，故士不可以不弘毅。

葉子奇曰：毅然，陽氣盛而果于進之貌。信伸同。毅之初一，日入畢宿七度。

陳本禮曰：陰家，三，木，下上，卦準夬。傳：毅，果敢也。是時陽已強內剛外矣，而此復曰毅者，《易》之夬曰：揚於王庭，是以遇事毅然敢行，故云方良。又曰：澤上於天，君子以施祿及下，萬物稟受，陽剛乾德，以五陽決一陰，故亦各努其力以強其志，過此則純乾矣。

孫澍曰：毅亦準夬，《太玄》以任重致遠，不為利國。

鄭維駒曰：乾為良。

鈴木由次郎曰：第三十首，二方一州一部三家，陰，三木。毅，果敢，剛毅。陽氣已強於內而剛於外，遇事毅然而敢行。萬物受陽剛之氣而伸其志。

初一：懷威滿虛。

范望曰：一，木〔水〕也。冬則成冰，故謂之威。《易》曰：履霜堅冰，此之謂也。虛，空也。雖威而消，故言滿虛也。

章詧曰：一居夜，小人也。當毅之始，以小人之道而欲果毅，先懷其威而自滿，故其道卑虛而無取，測曰道德者，謂其無德，故虛也。

司馬光曰：一為思始而當夜，小人懷威滿心，恃力滅義者也。

葉子奇曰：威，威刑也。滿虛，充塞宇宙也。蓋德陽而刑陰，初在陰家之陰，其治不任德，惟一任威刑，充塞宇宙之間，無所不至，如古之秦始皇是也。

陳本禮曰：水，夜。威暴虐也。滿虛謂虛空中無處非此嚴威暴虐之氣所充塞也。一為陰家之陰，陰性慘酷，其治不任德而任刑，且毅然敢行，不恤天下蒼生之命，故曰道德亡也。

孫澍曰：《易》曰：天道虧盈而益謙，《書》曰：滿招損，謙受益，小人當思始而遂懷威滿虛，其道德之亡也必矣。

俞樾曰：懷威滿虛。樾謹按：范注曰：虛，空也。雖威而消，故曰滿虛。然次三戴威滿頭，句法與此同。若訓虛為空，則與滿成兩義，以次三之文例之，殆非然也。《淮南子·淑真》篇：虛室生白，高注曰：虛，心也。蓋虛訓空，故亦訓孔竅。《淮南子·氾論》篇：若循虛而出入，注曰：虛，孔竅也。訓孔竅，故亦訓心矣。《史記·吳起傳》：批亢擣虛，猶言批其亢，擣其心也。《管子·心術》篇：心者智之舍也，《淮南子·詮言》篇：虛者道之舍也，是虛與心義相近。更以本經證之：斷初一曰：斷心滅斧，失初一曰：刺虛滅刃，滅刃與滅斧同，則刺虛與斷心同矣。此云懷威滿虛，猶云懷威滿心，與戴威滿頭一律，盛次三懷利滿胸，次五何福滿肩，末一字皆屬形體，更可證矣。

鄭維駒曰：乾為威為盈為道為德，威本於道德，則威非虛威。今初陰而虛，其懷之而滿盈者，特陰氣之凝，非乾之威也。

鈴木由次郎曰：五月一日，夜，水。虛，心。嚴威暴虐之氣，充滿於心。欲行暴虐而不行道德。

文字校正：毅首初一：「懷威滿虛」，范注：「虛，空也」，俞樾以為「虛」當訓心，其說是，詳見《諸子平議》。今《太玄》屬辭亦可證之，毅首初一：「懷威滿虛」，次三：「戴威滿頭」，盛首次三：「懷利滿胸」，次五：「何福肩」，頭，故曰戴，肩，故曰何（通「荷」），胸，故曰懷，心猶胸，故亦曰懷，僅此「懷」字，足證「虛」當訓心，若訓「空」，則與「懷」字不合。

測曰：懷威滿虛，道德亡也。

範望曰：以威自務，非道德之謂也。

次二：毅于心腹，貞。

範望曰：貞，正也。火性炎上，因其父母，又在毅家，益其壯大也。雖則嚴毅，懷在心腹，終不宣揚，以從善道，故正也。

司馬光曰：二為思中而當晝，君子守正，堅剛不可奪也。

葉子奇曰：剛德最人所難，以二陽明居中，故能毅于心腹，言其剛毅之德由中而出，初非色厲而內荏者也。其德實矣，能無正乎。

陳本禮曰：火，晝。

鄭維駒曰：二思中故云心，火屬離，離為腹，故曰心腹。毅於心腹，則其毅足以有執，即可以幹事，故曰貞。

鈴木由次郎曰：五月二日，晝，畢七度，戴勝降桑。剛毅之氣發自中心，正。次二得陽剛之正。

測曰：毅于心腹，內堅剛也。

範望曰：守道貞正，故乃堅剛也。

次三：戴威滿頭，君子不足，小人有餘。

範望曰：二木重生，將上刺天，天氣尊高，不可得及，適足自見在於頭上〔瞑己〕，故戴威也。君子之威，威而不猛，小人務威，終則奢僭，行過於惡，故有餘也。

司馬光曰：三者意成而剛毅外露，故曰戴威滿頭。君子居之，則自以為不足，小人居之，則自以為有餘。

葉子奇曰：戴威滿頭，言以任刑為首也。導民當以德而輔之以刑，則不失先後本末之序，今惟以刑為首，則其為治也末矣。非不暫齊于一時，終將致敗于後日，由無化民之實也。蓋君子尚德，為此而不足，小人尚刑，為此而有餘，此古之刑名刻薄之學果于誅斷而無恩，如申商之徒則優為也。

陳本禮曰：木，夜。小人無德化民，惟尚嚴刑峻法，大以聲色凌人，使民望而生畏，故曰戴威滿頭，畫出小人形狀。範望：君子之威至故有餘也。

孫瀜曰：戴威滿頭，色厲也，君子志念深，常有以自下，故不足。

鄭維駒曰：乾為首，君子不為物先，故天德無首。小人好居人上，故戴威滿頭也。

鈴木由次郎曰：五月二日，夜。木。尚嚴刑峻法，聲大而色厲，使人畏己。君子有威而不猛，猶如不足，小人濫用威猛而張大聲勢。

測曰：戴威滿頭，小人所長也。

范望曰：自務大也。

次四：君子說器，其言柔且毅。

范望曰：金為口舌，故稱言，金性剛彊，今在陽家，陽家之陰，故柔且毅也。剛柔相戴，故稱君子。君子之人，故能申說器用於人也。柔失乎剛，剛失乎柔，四能兼之，故言柔且毅也。

章詧曰：四居晝，君子也。為金，故稱器。器者濟時之用也。君子之人居毅之世，能敷說濟時之道，果決眾人之蔽塞，以破疑惑，故曰柔且毅。測曰言有方者，法也。

司馬光曰：范本言作人，今從宋、陸、王本。四為下祿而當晝，君子之言皆有法度，適用如器，柔而不懦，毅而不愎者也。

葉子奇曰：器，物之有成法者。君子之言必舉成法，觀其言足以知其人，有中和之懿德，柔而且毅也。四以陽明，故備其德。

陳本禮曰：金，晝。禮不妄說人，物必成器，而後可以說於人，人必學而後能成其為器也，器者有用之成材。子貢瑚璉之許，器之貴重者也，故君子說之。凡人性剛者多不能柔，性柔者多不能剛，四以陽明而備其德，其人固足重也。

鄭維駒曰：形而上者謂之道，下者謂之器，君子說器而道寓焉。乾為言，兌為朋友講習，兌上乾下，故柔且毅。兌外柔內剛，亦柔且毅也。

鈴木由次郎曰：五月三日，晝，畢八度，金。器具適於實用，君子喜之。君子之言柔和，有所剛毅，亦適於用。其言有道理。

文字校正：毅首次四：「君子說器，其人柔且毅」，范本作「其人」，《集注》本「其人」作「其言」，按：當作「其言」，《集注》本是，范注：「金為口舌」，故稱言，然則此處當作「言」字，不當作「人」，是范本原文亦作「言」。言又與測辭「言有方也」相應，可為互證。范注：「君子之人，故能申說器用於人」，亦訓「說」為申說，是亦與「言」相應，知次四意謂言說之出。《玄數》：「四、九為口」，故有言語之義。《集注》：「范本『言』作『人』，今從宋、陸、王本」，是宋時范本「言」已訛為「人」矣。

測曰：君子說器，言有方也。

范望曰：方，道也。有君子之美道也。

陳本禮曰：有方，謂不妄說人。

次五：不田而穀，毅於揀祿。

范望曰：五為天子，家性為毅，毅然自抗，處高食祿，故不田也。處高祿貴，故稱揀也。

司馬光曰：宋、陸、王本揀作棟，今從范本。五當日之夜，無德而享盛祿，剛果所施，施於擇祿而已，故曰不田而穀，毅於揀祿。《詩》云：不稼不穡，胡取禾三百廛兮。

葉子奇曰：不田而穀，謂不勤其事而食其食者也。五以陰而居尊，猶人不德而處高位，無功而食厚祿，猶且靦然無恥，不知其己之不稱，但果于擇美祿而享之。

陳本禮曰：土，夜。

俞樾曰：毅于揀祿，樾謹按：宋、陸王揀作棟，溫公從范本作揀，言剛果所施，施于擇祿而已。然揀祿之文義殊未安。范望注云：五為天子，家性毅毅然自亢，處高食祿，故不田也。是范氏並無揀擇之說。尋繹其意，所謂自亢者，正釋棟字之義，《周書·作雒》篇孔晁注曰：重亢，重棟也。是棟與亢同。范氏所據本必亦作棟，故以亢字釋棟字，又以處高申明之，見經文所謂毅于棟祿者，棟則高亢之意，祿則但知食祿之謂也。若是揀字，則注何以不及。而所謂自亢與處高者何指乎。次五毅于棟柱，即承此贊而言，毅于棟祿處高食祿而已，毅于棟柱，則處高而有楷柱之功，不徒食祿也。兩贊意本相承，後人不達，因棟祿連文他書罕見，遂妄改為揀字，非范本之舊，溫公從之誤也。

劉按：俞說非是。棟與揀形近易誤，揀，選擇。棟釋為高，無例證，孔晁注重亢重棟，是為名物，不可證棟即有亢義。次五位高，此言無德之人處於高位，毅於選擇受取厚祿。次六毅於棟柱，棟柱為名詞，與揀祿不同，言毅於為國家棟柱，故言利安大主。次五言小人為己，次六言君子為國。不田而穀，言小人無能而毅然選取享受次五之祿，猶農人不事耕作，而厚顏享受豐厚穀物。

鄭維駒曰：五為中田、為稼，無養人之德而為天下養，是不田而穀也。王者之祿以供祭祀，以養賢及萬民，今乃穀於揀祿，四方之珍罔敢不供，雖玉食愧維辟矣。

鈴木由次郎曰：五月三日，夜，土。田，耕田。揀，擇。不從事農耕而收穫穀物，自以為高，而選取高祿。謂食高祿而不當者。

測曰：不田而穀，食不當也。

范望曰：但自抗舉，無德於民，故不當也。

次六：毅于棟柱，利安大主。

范望曰：棟以諭君，柱以諭臣，嚴（言）能毅然不違於法，故利也。君臣正大，主安也。

司馬光曰：六為上祿而當晝，國之大臣，忠力彊毅，能勝其任，以安社稷者也。

葉子奇曰：六以剛陽之才，能勝其任，是毅于棟柱也。然既勝其任，則足以尊主芘民，豈不為大君之利哉？

陳本禮曰：水，晝。

孫瀜曰：《易》曰：棟隆吉，利大安主，伊霍足以當之。

鄭維駒曰：在木行以水生木，大壯上棟下宇，夬又毅焉，故毅於棟柱，大臣毅於當國，故以安大主為利也。

鈴木由次郎曰：五月四日，晝，畢九度。水。可與棟與柱相比，重臣剛毅，保君平安。

文字校正：毅首次六：「毅于棟柱，利安大主」。范注：「棟以喻君，柱以喻臣」，按：范說非是。棟柱皆謂臣也，此贊承次五「揀祿」而言，揀祿謂處高而但知食祿不務其事，棟柱則謂處高而有樑柱之功之臣（參見俞樾《諸子平議》），大主者，君也，正與棟柱喻臣相對為文，亦可證棟柱非喻君與臣也。測辭：「毅于棟柱，國任彊也」，彊指強力之臣，即所謂「利安大主」之棟柱重臣。《集注》：「國之大臣，忠力彊毅，能勝其任」，于「任彊」二字，未得其義。

測曰：毅于棟柱，國任彊也。

范望曰：君臣得位，故彊也。

次七：觤羊之毅，鳴不類。

范望曰：類，法也。觤羊，大羊也。七主〔辛〕未，未為羊，大羊在毅家，故鳴不法也。

司馬光曰：范曰：觥羊，大羊也。光謂：羊，很物也。類，善也。七為禍階而當夜，小人剛很，言無所擇，不顧法度也。

葉子奇曰：范望曰：觥羊，大羊也。類，法也。羊性狠躁，七在上而陰狠，如大羊之果躁，其所為豈復有善哉？徒鳴其不法耳。

焦袁熹曰：觥羊之毅，觥，大也，《國語》：觥飯不及壺餐，是觥為大也。

陳本禮曰：火，夜。觥，大羊也。

孫澍曰：觥，《說文》本作觵。

鄭維駒曰：兌為羊為口，羊性剛很，而觥羊又剛很之甚者，毅而不柔，故鳴不善。

鈴木由次郎曰：五月四日，夜。火。觥羊，大羊。羊性狠。類，法。大羊其性剛毅，其鳴聲不合法度。剛毅而心曲，其言不合法度。

文字校正：毅首次七：「觥羊之毅，鳴不類」，范注：「類，法也」。《集注》：「類，善也」。按：二說皆非。類者似也，象也，謂觥羊之鳴不類常羊也。觥羊，范注：「大羊也」，是，觥又有剛直之義，《後漢書・郭憲傳》注：「觥觥，剛直之貌」，羊為柔物，觥羊者，毅然敢行，有剛直之性，故曰「觥羊之毅」，羊既觥毅，則其鳴已非和柔之聲，故曰「鳴不類」，謂不似常羊也。測辭：「觥羊之毅，言不法也」，《爾雅・釋詁》：「法，常也」，《漢書・張釋之傳》《集注》：「法謂常法」，《廣雅・釋詁》二：「法，合也」，然則言不法者，謂凶人之言不合常法也，猶觥羊之鳴不似常羊之聲也。范氏或據測辭而訓「類」為法，實不足為據。《太玄》以羊鳴不類喻人言不法，其意相通，然並非字字義同，「類」不訓法，猶「鳴」不訓言也。《論語》：「鳥之將死，其鳴也哀，人之將死，其言也善」，以鳥鳴、人言對文為喻，鳴為鳴，言為言，哀為哀，善為善，諸字雖對照而言，然各字之義並不相同，《太玄》羊鳴人言對文，鳴為鳴，言為言，類為類，法為法，與《論語》用例相同，不可將《論語》之鳥鳴與言善完全等同視之，亦不可將《太玄》鳴、類與言、法完全等同視之。

測曰：觥羊之毅，言不法也。

范望曰：羊雖觥大，非鳴聲之法物也。

陳本禮曰：建國二年，莽廢孺子嬰，班符命四十二篇於天下，告以漢祚已絕，新室當興，又策告群司曰：歲星司肅東嶽，太師典，致時雨。熒惑司南嶽，太傅典，致時燠。太白司艾西嶽，國師典，致時暘。辰星司謀北嶽，國將典，致時寒。諸不經語，徒為大言，此所謂觥羊之鳴也。

次八：毅于禍貞，君子攸名。

范望曰：八，木也，以毅近金，故禍也。在禍而正，故貞。終當免難，故君子之所名也。

司馬光曰：宋、陸本蔀作都，王作卻，今從范本。蔀，蒲口切。王曰：八居禍中，故毅於禍。而當位當晝，不失其貞，是君子之所名也。光謂：君子守正遇禍，剛毅不撓，身雖可殺，而名不可掩也。蔀，覆也。

葉子奇曰：八在禍而得中，禍雖不免，乃果于趨禍而不避之，此君子見危授命，殺身成仁之事，所以成其名也。言其潛德幽光，不可蔽障，終將顯揚于萬世，其龍逢、比干之徒與。

陳本禮曰：木，晝。

鄭維駒曰：八為禍中，毅於福，不毅於禍，不可以為貞。名者，君子之福也。而名於禍，則君子禍而非禍也。

鈴木由次郎曰：五月五日，晝，畢十度，木。端午節。遇禍而不屈，不失正。君子之名所以傳之後世。

測曰：毅於禍貞，不可幽蔀也。

范望曰：背己之禍，故不幽隱，正言之也。

陳本禮曰：蔀蒲可切。蔀，覆也。引葉注君子見危至蔽障也。

鄭維駒曰：真陽不可蝕，真毅不可沒，君子之禍，君子之光也。

文字校正：毅首次八測辭：「毅於禍貞，不可幽蔀也」。按：「蔀」字訛，當作「都」。次七測辭：「言不法也」，上九測辭：「吏所獵也」，法、獵，古皆葉部字，蔀屬之部，於韻不協，知「蔀」非《太玄》原文。宋、陸本「蔀」作「都」，都，魚部字，魚葉通轉可協，知當作「都」也。《廣雅·釋詁》四：「都，藏也」，「幽都」猶言幽掩蔽藏，贊辭：「毅于禍貞，君子攸名，不可幽都」，謂君子之名不可幽掩也。都、部形近易訛，或以「幽部」不辭，而加草頭為「蔀」，以順文意，然已非《太玄》原文，意雖可通，亦當據宋、陸本改正。

上九：豨毅其牙，發以張弧。

范望曰：九為金，故稱牙。金為弧，弧矢飛兵，以威不法，而有大豨以牙為害，故以弧矢諭也。

司馬光曰：豨，音喜。王曰：居毅之極，位且當夜，若野豕之毅其爪牙，必有張弧之斃也。光謂：豨，大豕也。言小人極毅以取禍，如豕毅其牙，適足自招射獵而已。

林希逸曰：測辭人一作吏，非。毅其牙者，勇用其牙，欲以噬人，人必張弧矢以取之。發，起也。小人用勢，正以起兵而自禍也。

葉子奇曰：豨，豕也。上居毅之極，剛之過者也。如豕之剛于其牙以害人，終將致其喪身之禍，是發以張弧也。此言小人肆惡以害人，終將為人所害也。

陳本禮曰：金，夜。豨，野豕也。剛其牙以噬人，而不虞獵者張其弧以待之也。小人肆惡害人，終必為人所害。

鄭維駒曰：金類為毛為猛，故稱豨。為齒，故毅其牙。為角，故張弧。封豨寄物，非負塗者比，故有張弧而無脫也。

鈴木由次郎曰：五月五日，夜，金。豨，野豕。弧，弓。野豬以其牙噬人，張弓狙射野豬。小人縱其意而行惡，必被人害。

測曰：豨毅其牙，吏所獵也。

范望曰：獵，捕也。七為九吏，九雖欲動，七以大角捕治之也。

司馬光曰：王本吏作人，今從諸家。

陳本禮曰：野豕齧人，必遭虞獵，大奸噬國，必受天誅。吏，天吏也。

裝

三 裝：陽氣雖大用事，微陰據下，裝而欲去。

范望曰：二方一州二部一家。地玄，陰家，四金，中下，象旅卦。行屬於金，謂之裝者，穀雨氣終於此首之次一，立夏起於此首之次二，太陽用事，微陰當升，陽氣方裝束而消去，故謂之裝。裝之初一，日入鬼〔畢〕宿十一度。

章詧曰：準旅，陽家，金行。

司馬光曰：陽家，金，準旅。入裝次四三十八分三十二秒，日次實沈，立夏氣應，斗建巳位，律中仲呂。裝，治行也。陸曰：陰氣據下，故陽裝束，志在去也。

林希逸曰：準旅，立夏氣應。陽雖大用事，而一陰已生，據於在下，陽則束裝將去矣。

陳仁子曰：裝者陽盛而將有行也。未陽方盛而遽疑其行，何也。日中則昃，月盈則缺，滿者損之始，盛者衰之端，易於臨曰：八月有凶，而況五陽乎？故旅自否來也。陽五而反居乎下，則有羈旅之象，裝自夬生也，地四而家性以陰，則有將行之兆。夫夬之前，乾之後，陽盛皆客氣而反為旅寓，曰幽裝，曰裝無儷，玄雖喜而懼也。

葉子奇曰：裝言陰生而陽欲去也。裝之初一。日入畢宿十一度、穀雨氣終此首之次一，立夏節起此首之次二。

陳本禮曰：陽家，四，金，中下，日入畢，斗建巳，律中中呂，立夏氣應，卦準旅。《傳》：裝，行裝也。行者將欲他往，故先治囊，囊以備啟行也。是月也太陽用事，陽極陰生，微陰已據於下，此小人潛萌之兆，陽能見幾於微，先欲束裝而去，故曰裝。

孫澍曰：準旅，《太玄》以見幾而作，絜義立命。

鄭維駒曰：五月姤卦一陰生，旅內卦三月中，外卦四月節，據舊《卦氣圖》，何以言微陰據下也？不知十月純坤而乾位焉，不待十一月而有陽也。四月純乾而巽位焉，陰已巽乎陽，不待三月而有陰也。巽為近，利市三倍，故《虞氏易》巽為商，皆與旅義相合，蓋以旅之卦氣兼巽之卦位，合二者而言之也。

鈴木由次郎曰：第三十一首，陽，四金，二方一州二部一家。裝，收拾行裝準備外出旅行。陽氣大大發揮其力，微陰已萌於下，進行準備，趁其尚微而除去之。

初一：幽裝，莫見之行。

范望曰：行，首〔道〕也。一為裝始，始當幽隱，裝束而徙，故莫見之。道，路也。陽氣升上，乃復遁下，故先自隱也。

司馬光曰：一為思始而當晝，君子見微，潛有去志，而人莫知之也。

葉子奇曰：一在裝初，言幽隱裝束，人所不知，曾莫見其有行之跡，然其去意已次矣。身雖留而心已外矣。

陳本禮曰：水，晝。幽裝，謂幽隱在心，莫見其裝之跡，而去志已決，故莫見之行也。

鄭維駒曰：幽裝之時，人所必不行之時也。子房辟穀之心，鄒侯衡岳之志，從龍時已預定之矣。

鈴木由次郎曰：五月六日，晝，畢十一度，立夏，水。決心除去剛剛萌生之陰，但其準備之跡隱而不現于外。

測曰：幽裝莫見，心已外也。

范望曰：雖尚在位，當徙之心已外去也。

文字校正：裝首初一測辭：「幽裝難見，心巳外也」（范注本），《集注》本「巳」作「己」，按：字當作「已」，二家皆誤，范注本「已」多作「巳」，並當改正。

次二：鸕鵝慘於冰，翼彼南風，內懷其乘。

范望曰：二，南方也，為朱鳥，鳥而近水，故稱鸕鵝。鸕鵝，水鳥，過〔遇〕冰則困，故慘也。南風陽氣，鳥之所利，故懷其乘正也。

章詧曰：二為夜，小人也。時之可去而不去，若鸕鵝之處冰而慘瘁，翼飛南風，薰和之氣也。鸕鵝據水而不去，蓋懷其無偶也。《方言》云：自關而東謂鵝曰鴡鵝，南之外或曰鵝，方言謂凡無偶於物，鳥曰隻，鴈曰乘，今鵝亦水禽，鴈之類也。以喻小人懷侶，不能釋時而決去也，故測曰憂於決也。

司馬光曰：宋、陸本慘作摻，今從范、王本。鸕，音哥，又音加，字或作鴚。乘，時證切，又食陵切。王曰：鸕鵝，鴈也。失侶後時，慘于寒冰，然後翼風之南，內懷其侶，憂而無快。乘者，四鴈也。光謂：《方言》：飛鳥曰雙，鴈曰乘。乘，匹也。鴈避寒就溫，自北徂南，猶人之去危就安也。二為思中而當夜，小人懷寵耽祿，不能避患於微，如鴈之內懷其乘而不能遠游也。《易》曰：係遯有疾，厲。

林希逸曰：鸕音哥，又音加，鴈也。慘冰，怕寒也。翼，飛也。向南而飛，去寒就溫，鴈所宜也。今懷愛其乘匹而未決去，喻人之當退而不退也。乘，時證切。

葉子奇曰：鸕鵝，水鳥，陰類，取以喻陰氣也。慘于冰，極寒也。翼彼南風，起自南方也。陰氣始于午中，極于子中，故陰雖盛于北而生之始則自南也。內懷其乘，志在乘陽也。然其尚微，已有乘陽之志矣。此與姤卦羸豕孚蹢躅義同。

焦袁熹曰：鸕鵝慘於冰，獨棲無匹也。南風則冰可融，故懷其乘欲從之，乘居匹處，鳥所樂。

陳本禮曰：火，夜。鸕鵝，駕鵝也。水鳥畏寒，陽絕於巳，陰生於午，履霜堅冰至，故鸕鵝先慘於冰，欲翼風之南以就暖也。乘，匹也。內懷其乘者，恐己去而家室受堅冰之慘也。此亦子雲自寫照，欲去則心不忍，欲往則勢不能，此所以懷憂無快也。

鄭維駒曰：鸕鵝、鶉雞、鴻，皆離為鳥象，離在南，故稱南風。《大戴禮·夏小正》：時有俊風，注：合水必放南風，故鸕鵝當南風而憂離其匹也。

鈴木由次郎曰：五月六日，夜，火。鸕鵝，水鳥，避寒而就暖，自北而南行。乘，匹，同行之鳥。小人思寵耽祿，不能避患于微細之中，正如鵝鳥思其同伴而不能飛行遠去。鸕鵝因寒冰而痛苦，欲乘南風飛向溫暖之方，但思同伴而不能遠行。心中有憂，整日不快。

測曰：鵬鵝之慘，懷憂無快也。

范望曰：慘然懷憂，故不快也。

陳本禮曰：禽鳥得氣最先，此時寒氣尚早，而鵬鵝已憂之如此，此亦見君子之知幾早也。

次三：往其志，或承之喜。

范望曰：三居陽樂進，亦為進人，進德及時，故往其志也。志意一進，故有喜而承之也。

司馬光曰：三為思上而當畫，雖為羈旅，往得其志，故或承之喜也。

葉子奇曰：三為進人，家牲為裝，宜其往也。往得其時，寧不有進之之喜乎。

陳本禮曰：木，畫。三為進人，往而及時，得遂其志也。進而得四，遇同志有人，故或承之喜也。

鄭維駒曰：三為木，於情為喜，疏太傅燕飲，故里陶貞曰：怡悅山中，喜何如矣。

鈴木由次郎曰：五月七日，畫，畢十二度，螻蟈鳴。木。往而及時，得遂其志。遇于喜。

測曰：往其志，遇所快也。

范望曰：福善所承，故遇快也。

次四：鶤雞朝飛蹲于北，嚶嚶相和不輟食。

范望曰：四為西方，酉，雞也，朝飛而鳴，故鶤雞也。言相和者，飛蹲於北，南則鵬鵝，南北交通，故相和也。鶤雞，水鳥，北方，水行，蹲得其所，故食不止也。

司馬光曰：宋、陸本蹲作吁，虞作悚，王作跨，今從范本。鶤與鵾同，古魂切。蹲與萃同，又慈恤切。王曰：大鳥朝飛，宜就陽以自安，反之於北，失其所向，雖相和嚶嚶，然終不輟其求食之意，既失其道，亦何利之有。

葉子奇曰：蹲，秦醉切。鶤雞，三足雞，陽鳥，取以喻陽氣也。蹲，集也。四已在陰，如鶤雞方當朝向陽而飛，不久而復集于北，此喻陰生而陽消，不久將再至于北而復生。故嚶然相和，自求其類，初不輟食，所以期于生息而復進也。

陳本禮曰：金，夜。雞為積陽，鶤為三尺雞也。朝飛宜踔於南以就陽方，可為鶤鵝同志之人，今乃反而之北，已失其所望，且呼朋引類，惟嚶嚶朝食是求，則何用此友為也。

孫澍曰：鶤音昆，鶤雞，鳳凰別名也。踔，集也。

鄭維駒曰：踔與《詩》有鶯萃止之萃音義並同，旅互巽為雞，為高，《爾雅》：雞三尺曰鶤雞。互兌口食象。四為下祿，踔北而背陽，貪於食祿故也。

鈴木由次郎曰：五月七日，夜，金。鶤雞，雞之大者。《爾雅・釋詁》：「雞三尺為鶤。」踔同萃。嚶嚶，鳥鳴聲。大雞應向南方即陽方飛行，反而朝飛集北方陰地，呼其朋而交相鳴，求食不止。所行方向錯誤。

測曰：鶤雞朝飛，何足賴也。

范望曰：羣鳥相遇，所賴微也。

次五：鴻裝於淄，飲食頤頤。

范望曰：淄，水也。齊有臨淄縣，因水為名也。五為天位，故稱鴻鳥。六亦為水，水是鴻利，故飲食乃頤頤也。

章詧曰：五居晝，鴻，北土之禽，淄，東方之水，鴻志遠大，處裝之時，一舉於里，裝義叶時，故飲食頤頤然自養，故測曰大得志也。

林希逸曰：淄，水名也。鴈自北來，宿於水濱，得其所也。頤頤，自得之貌。

葉子奇曰：鴻，雁之大者，向陽之鳥也。秋南春北，今當陽極陰生之時，裝于淄水之旁，飲食頤順，然俟時而去也。五以陽明，故能以時進退。

陳本禮曰：土，晝。淄，水名。

孫澍曰：淄，水名，一屬泰山濟南，《正韻》通作菑。《周禮・夏官・職方氏》：幽州其侵菑，其穀宜黍稷稻。裝立夏氣應，斗建巳位，五位陽雖盛而微陰據下，幽州地早寒，故此時鴻雁飲啄頤頤，裝而欲去。古詩：草木黃落雁南飛，陰氣大時也。得志言遂所往。

鄭維駒曰：淄，黑也。北方之色。裝於淄，將由北而南也。離正南，故南向。飲食頤頤，頤養以待時也。

鈴木由次郎曰：五月八日，晝，畢十三度，土。鴻，雁之大者。向陽之鳥，秋則飛往南方，春則飛向北方。淄，河名。頤頤，頤，下顎，轉指飲食咀嚼，引申有養之義。鴻在淄水旁飲水食餌，俟時而飛，已做好準備。

測曰：鴻裝于淄，大將得志也。

范望曰：水鳥得其水，是其志矣。

陳本禮曰：鴻知向陽，達天德也。非若鶄雞小人，惟知朝飛踔北，樂與群小求食者比。

鄭維駒曰：將向明，故得志。

次六：經六衢，周九路，不限其行賈。

范望曰：水性流行，而在裝束之世，處六衢之地，注〔浸〕衍流通，無所拘制，商賈之索利，無有限止也。

司馬光曰：王曰：六衢九路，無所不歷，勞而求利者，小人之事也。光謂：六為盛多而當夜，小人周流天下，不限其行，非為行道也，其志徇利而已，與商賈無異。

葉子奇曰：言四通八達無不可往也，曾何限哉。

陳本禮曰：水，夜。水性流行，而在裝世，六衢九路，無不熟習，此商賈覓利者之所往也。不限其行，則南北東西隨所欲往，不能限其行止也。

鄭維駒曰：大臣當輔君當道，而乃逐逐於利，權算四方，國敝民窮，猶不知止，漢之桑、孔，宋之安石似之。限，艮止象。

鈴木由次郎曰：五月八日，夜，水。六衢九路，很多的道路。行過許多道路，東西南北，無處不行，是為商賈之事。其志在於求利。

文字校正：裝首次六：「經六衢，周九路，不限其行賈」（《集注》本），范本「經」下無「六」字，按：當有「六」字，測辭引作：「經六衢，商旅事也」，各本無異文，可證贊辭當有「六」字。范注：「處六衢之地」，是范氏所見原文當有「六」字，今本誤脫也。又「經六衢」與下文「周九路」對文，亦可證當有「六」字，《集注》於此無校語，知宋時范本尚未脫文。

測曰：經六衢，商旅事也。

范望曰：商旅之人，以遠遊為榮也。

次七：裝無離，利征咎。

范望曰：七為失志，而在裝家，故利征也。升則傷母，退則畏水，故咎。無與兩處，故無離也。

司馬光曰：宋、陸、王本儷作離，今從范、小宋本。儷與儷同，音麗。

鄭氏曰：儷，舊說儷同，呂詣、呂夷二切。按：儷，耦也，義猶伉儷，然

當音離，謂相附離也。兩處昇與木處則傷焉，退與水處則畏之，故無與兩處，是裝無儷之說也。

葉子奇曰：儷儷同，偶伴也。行雖利征，無偶則咎也。此贊逢晝當吉，措辭卻凶，與前後凡例不同，疑與次六互差此一贊。

陳本禮曰：火，晝。

孫潚曰：無儷而裝，則不可行遠，無學而動，則不能有成，猶負乘致寇禍至也。

鄭維駒曰：離為火，明過則無徒，剛過則不親，故無儷。

鈴木由次郎曰：五月九日，晝，畢十四度，火。儷同儷，配偶，同伴。將出行而準備，沒有同伴。當可往之時，但卻遇災難。

文字校正：裝首次七：「裝無儷，利征咎」，范本、《集注》本同，宋、陸本「儷」作「離」，范注：「無與兩處，故無離也」。是讀為離別之離，知范本原文亦作「儷」。至司馬光《集注》時，范本「離」已作「儷」，故司馬光從之。按：儷、離音義同，「儷」乃「離」之後起異體字，《廣雅·釋言》：「儷，扶也」，《說文》：「扶，並行也，讀若伴侶之伴」。並行者即伴也，是儷、扶、伴義皆可通也，儷之與離，猶儷之與麗。「離」通「麗」，亦通「儷」，「儷」亦通「儷」，離、儷、麗、儷，音同義通，皆謂偶也，與替、伴之義通，古以聲為主，作儷、離、儷、麗皆可，不必非彼是此，「裝無儷」，蓋行無伴偶之意也。

測曰：裝無離，禍且至也。

范望曰：行而遇咎，故禍至也。

鄭維駒曰：七為禍始。

次八：季仲播軌，泣于之道，用送厥往。

范望曰：八，木也，車之所用，故為軌。七火九金，恐見焚克，故言播也。泣，憂也。七以上稱季，八在其中，故言季仲。車播其軌，於季仲憂也。

司馬光曰：范、王本泣于道作泣于之道，今從宋、陸本。

何光膠言錄：余謂裝卦準旅，旅之行不得其吉，則季仲泣送之，季仲，兄弟，播軌，逐其車也。泣於道，以為死別也。固出臆見，思之亦頗有理。

葉子奇曰：季仲，幼少以次之人也。播軌，奔播車轍之跡，而行以幼少，而播奔車後，泣于道而送往，送喪象也。八在禍中陰極之地，去而莫返，故發此卦。

陳本禮曰：木，夜。此亦裝也。裝而就窆所也。七火九金，八木居中，上下遇克，木被焚害，故季仲播軌奔而送之。用送厥往者，送木就金，死之原也。

孫澍曰：八為季仲、為疾瘀、為禍中。播，《增韻》：遷也。泣者哀其不可往而送，故涕出也。秦穆用三帥伐晉，蹇叔送師東門，哭曰：孟子，吾見師之出而不見師之入也。是曰送死。

鄭維駒曰：離仲女，互兌季女，山上之火，有播遷不留之象。離死棄兌，毀折死象也。八為木死而播遷，其軌則輻車之軌也。離目出涕，故泣。泣而送之者，互巽長女，在下送之也。

鈴木由次郎曰：五月九日，夜，木。軌，車軸之端，此指車。播，棄。季仲，九贊之中，次七以上為季，故次八為季仲。次八在五行為木，夾在次七之火與上九之金中間，受次七之火燒而受害，季仲棄車而泣于路，茫然目送過往的次七之火。

文字校正：裝首次八：「季仲播軌，泣於之道，用送其往」，盧校：「『軌』，疑當作『軓』，車軾前也」。此說非。各本皆作「軌」，並無異文，且古軌、道皆屬幽部字，正相協韻，皆可證當作「軌」。「軓」字屬談部，與「道」不協，知盧說非是。《集注》本「泣于大道」從宋、陸本作「泣于道」，蓋以「泣於之道」不辭而不從，然「之道」可謂之「是道」、「此道」，亦可通，或疑「於之」二字倒，當作「泣之於道」，然此與上文「播軌」（謂將行）、下文「送往」之意不合，泣者乃送往者之事，非行者也，若作「泣之」，則謂使之泣，意有不合，知非是也。「播軌」之義費解，《太玄》將首有「丈人播船」句，播船當即搖船，閑首有「赤臭播關」句，赤臭謂惡人，播關或謂燔關，或謂越關，尚無定論，此「季仲播軌」句式與將首、閑首二句同，播軌猶播船，軌者車之代名，則播軌猶言駕車也。駕車喻將行，故下文曰泣於之道，用送其往也。

測曰：季仲播軌，送其死也。

范望曰：送水就金，死之原也。

上九：裝於昏。

范望曰：昏，日入也。九在裝家，而為之終，終竟於事，從一至九，若日之入，故以昏諭也。

司馬光曰：王曰：處裝之道，宜處於先。今居極位，頗失違難之道。然得位當晝，如整裝避禍於昏昧之時，雖云太晚，猶可避也。光謂：九為禍終而當晝，君子遇禍之窮，裝而去之，雖於時已晚，猶愈於宴安不去者也。

葉子奇曰：九居裝極，是時已晚矣，故曰裝于昏。雖其欲去之遲，不如三之見幾而作，猶愈于終不去者乎。雖後時尚可及也。

陳本禮曰：金，晝。束裝宜早，方可遄行，今裝於昏暮，為時已遲。九為禍極而當晝，雖不如三見幾之早，猶愈於終不去者之被禍也。

孫澍曰：政亂國危，賢者潔身遠引，歸於農圃，《詩》：十畝桑者閑閑之作，是裝於昏也。

鄭維駒曰：離盡故昏。

鈴木由次郎曰：五月十日，晝，畢十五度，金。出行的準備早朝已做好，準備暮時出行，雖說時已遲，猶能避禍。

測曰：裝于昏，尚可避也。

范望曰：昏忘之事也（《大典》又有尚可避也四字）。

鄭維駒曰：昏無可避禍則可也。

眾

☷ 眾：陽氣信高懷齊，萬物宜明，嫭大眾多。

范望曰：二方一州二部二家。地玄，陽家，五土，中中，象師卦。行屬於土，謂之眾者，謂是時陽氣徧於六位，純剛思齊，萬物宜明開大，族類眾多，故謂之眾。眾之初一，日入畢宿十二度。

章詧曰：準師，陰家，土行。

司馬光曰：二方一州二部二家。陰家，土，準師。入眾次四，日舍觜觿，次八日舍參。信與伸同。嫭，音護。陸曰：嫭，美貌。

鄭氏曰：嫭，舊音護，美也。按：經云：嫭大，注云：開大，則訓為開，然未見以嫭訓開者，蓋嫭亦作嫭，而嫭與墲其形相似。嫭，坲也，虛訏切，范本作墲，故訓開也。聞之師曰：依寧訓美，義理自通，嫭大者，形體之盛也，眾多者，族類之蕃也。萬物之生宣布明顯，是以如此，不須改字為墲也。

陳仁子曰：眾者陽盛而類多也，旅有二義，以雜卦之親寡者言，則為羈旅之人而病於孤，以爻之得童僕者言，則為旅眾之資而喜於援，是故裝為地四之陰也，眾為天五之陽也，以陽交陰，則旅寓而如寄，以陽交陽，則旅眾而得助。曰虎鳩、曰雷霆，皆以眾言也。此《玄》前懼而後喜也。

葉子奇曰：玄以此首配四月，氣屬乾卦，方屬巽方。信高，高于乾也。懷齊，齊于巽也。嫭，大也。眾之初一，日入畢十二度。

陳本禮曰：陰家，五，土，中中，卦準師。《傳》：三人為眾，眾有師之象，故準師。此時陽氣滿盈，信高懷齊者，欲高齊於天也。高則危，滿則覆，其不至於顛覆者，猶賴萬物宣明護持者眾，不致有損，然陰謀小人亦不無有乘間而起者矣。

孫澍曰：眾準師，萬物盛昌，《太玄》以貞師刑衛萬邦。

鄭維駒曰：師四月卦巽東南也，於時為四月，巽為高，來者信也。陽之信極於純乾，而至於巽位，是為信高。坤含萬物，懷之而齊乎？巽是為懷齊。坤為眾，故曰眾多也。

鈴木由次郎曰：第三十二首，陰，二方一州二部二家，五土。眾，三人為眾。眾有師之象，師指軍隊。嫭，好。陽氣充滿而伸展，高而欲與天齊。高則顛覆，則為常理。然萬物發揚而光明，多有卓越之物，故無顛覆。

文字校正：眾首首辭：「萬物宣明，（左女右為上雨下孚）大眾多」（范注本），《集注》本此字作「嫭」，范本《釋文》出「嫮」字，曰：「音護，美貌」。《集注》：「嫭，胡故切，好貌」，（左缶右為上雨下孚）或作「嫮」，知嫮、嫭乃一字異體，而「（左缶右為上雨下孚）」字則為「嫮」之訛。密首次五：「密密不罅」（《集注》本），范注本《釋文》「罅」作「鏬」，密首正文則訛作（左缶右為上雨下孚）字，與此同例，並當改正，又，范注：「無有釁鏬」，亦可證當作「鏬」，不作（左缶右為上雨下孚）字。

初一：冥兵始，火入耳，農輟穀，尸將班于田。

范望曰：輟，止也。班，布也。尸，主也。火以諭急，兵眾之世，故農止馬穀，主布田畆以相嫭也。

司馬光曰：王本穀作轂，今從諸家。王曰：班，布也。光謂：一以幽微，在兵之初，兵端已萌而未著者也，故曰冥兵始。夫兵者不祥之器，人聞之遽驚，故曰火入耳。農輟其耕，為給餽餉，食馬以穀，為將用之。尸布于田，言死者之多也。

葉子奇曰：冥兵，謂無名之兵也。火入耳，謂急于所聞也。一以陰躁而居師始，故興無名之師，急于所聞，易于發動，是以有妨于農，故農功輟。奪民之食，故馬食穀。其玩兵妨民也如是，則必致敗尸骸，將見其班布于田野之間也。

陳本禮曰：水，夜。一以陰躁而興無名之師，猶家人弄兵潢池，猝不及防，故曰冥兵。火入耳者，兵猶火也，故火之兵聲先入於耳。農輟馬穀者，兵猝起

於田間，農驚奔跑，故輟其耕，奪民之穀以飼馬，故馬食穀。然幸家行屬土，土眾水寡，水不能克土，水為土涸，故尸皆班於田也。

鄭維駒曰：初一水，師內坎為耳，伏離為火，為戈兵，兵端始於冥中，是離之火交戰於坎耳中也。互震為大作則農也，坎震皆為馬，震為百穀，坤為屍為田，兵端既始，則農輟作馬食穀，屍分布於田，皆由於此。《記》曰：兵戎不起，不可從我始。《易》曰：不利為寇，利禦寇。故禍莫大於兵始。

鈴木由次郎曰：五月十日，夜，水。火指兵。班，布。戰爭之兆已動，然尚未明現。兵聲入耳，農夫受驚，止其農耕而奔逃，馬食人之穀物。于今死骸已橫於田間了。意念之動已經不善。

文字校正：眾首初一：「屍將班于田」，范注：「屍，主也」，《集注》：「屍布于田，言死者之多也」，按：《集注》是。眾首次八：「不見輿屍」，此亦謂死屍。次八之「屍」蓋承初一之「屍」而言，可為互證。又，眾首言軍師戰爭之事，故曰班屍、輿屍，又多言兵刃、干戈、軍陣之語，其意相通，亦可證也。初一：「冥兵始，火入耳，農輟馬穀，屍將班于田」，蓋謂將有戰爭，故輟農穀馬，戰事必有死傷，故曰「屍將班（班，布也）于田」，言死屍遍野，兵事將取代農事也。若訓「屍」為主，則為行禮之事，與贊辭及全首之意俱為不合矣。

測曰：冥兵之始，始則不臧也。

范望曰：眾兵之世，故不善也。

陳本禮曰：以烏合之眾，思欲犯順，究屬水難克上，其造意之初，已為不善矣。

次二：兵無刃，師無陳，麟或賓之，溫。

范望曰：二為戈，在軍眾之家，而畏於水，故言無刃而不陳也。麟者仁獸，有角不觸，故以賓論溫，溫顏而已也。

司馬光曰：王本麟作鄰，今從諸家。陳，直刃切。范曰：麟獸有角不觸。王曰：二居下體之中，而又得位當晝，得眾之宜，故能兵不交刃，師不置陳，而強鄰敵國皆或賓之。光謂：二為思中而當晝，君子修德於心，而四海率服，兵無所用，故曰兵無刃，師無陳。賓者，自外來者也。麟或賓之，象有武而不用也。溫者，不威暴之謂。

葉子奇曰：麟，仁獸。賓，服也。兵無刃，師無陳，言其不尚武也，惟以仁德化民，而或賓服之。和無暴厲之意也。

陳本禮曰：火，晝。麟，仁獸，賓，服也。兵無刃，師無陣，言不尚武也。二得位當晝，惟以麟趾之德化民，不利其土地人民，故強鄰敵國皆服其他而無暴慢之心也。

孫澍曰：舜誕敷文德而有苗格，故有是象。

鄭維駒曰：兵主於肅，無刃無陳則不肅而溫，二為火，於性為禮，《詩》毛傳：麟信而應禮，鄭箋云：麟角末有肉，示有武不用，故不尚兵之世，麟或賓之也。

鈴木由次郎曰：五月十一日，晝，畢十六度，火。麟，騏麟，仁獸。《詩經集注》：「麟足不踐生草，不履生蟲。」賓，賓服。溫，無暴慢之心。兵不交刃，師不設陣。如騏麟（仁獸）一樣，施仁德而化民。強鄰敵國也賓服而無暴慢之心。化于其德，自東西南北而來賓服。

測曰：兵無刃，德服無方也。

范望曰：德之所服，無常方也。

次三：軍或纍車，丈人摧孥，內蹈之瑕。

范望曰：軍眾之家，故稱纍車。三無家號，故言丈人也。摧，趣也。瑕，過也。孥，子弟也。軍事尚疾，子弟相趣，不責以禮，故言內瑕也。

司馬光曰：宋、陸本丈作大，孥作弩，王本摧作推，弩作奴，今皆從范本。三為思終，未戰而先謀於內者也。車被纍絓，覆所載也。丈人，家之長也。孥，妻子也。謀之不臧，如丈人而自摧毀其家也。夫敗豈外來哉，由在內之時已踐瑕釁，故敵人得而乘之。《孫子》曰：未戰而廟算不勝者，得算者少也。

葉子奇曰：纍，俘纍也。丈人喻主將，孥喻士卒。三以暗弱而為師，是以致其俘纍之敗。由于主將內行之缺也。內行之缺，謂不善謀也，善謀寧有敗乎。

陳本禮曰：木，夜。

鄭維駒曰：坎為車多眚，故纍。《玉藻》：喪容纍纍，鄭注：羸憊貌。《易》大壯：羸其角，疏：羸拘纍纏繞也。是纍、羸字通。纍車者，軍政不修也。摧孥者，家教不肅也。內蹈之瑕者，禍起蕭牆也。

鈴木由次郎曰：五月十一日，夜，木。纍車，以車運囚犯。纍本指以索所繫的囚犯。丈人，長者，此喻主將。孥，仆役，此指士卒。瑕，玉之疵，此指過錯。軍敗而成俘虜，以車運送。主將虐待其士卒，內有過錯，故有此敗。

　　文字校正：眾首次三：「軍或纍車，丈人摧孥，內蹈之瑕」，此贊各本異文甚多，宋衷、陸績本「丈」作「大」，「孥」作「弩」，王涯本「摧」作「推」，「弩」作「奴」，《集注》本從范本作「丈人摧孥」，又，范本《釋文》出「堆」字，吐回切，又出「瑶」字，曰：「音滔，玉名」，似范本本身亦有異文，盧校：「丈人推帑，『推』訛『摧』，《釋文》『吐回反』，段玉裁云當作『推』，『帑』訛『孥』，何焯云：古無『孥』字，是晉人所改」。又曰：「內瑶，《釋文》音滔，玉也，郝梁依司馬本作『蹈』，是字既頗有異同，義亦多歧」。范注：「摧，趣也，瑕，過也，孥，子弟也」。《集注》：「丈人，家之長也，孥，妻子也，丈人而自摧毀其家也，已踐瑕釁」。按：字當作「丈人摧孥，內蹈之瑕」，范注：「摧，趣也」，蓋讀「摧」為「催」，趣者促也、趨也，摧、催、趨、趣、促，一聲之轉，義故可通，知范本原作「摧」也。《釋文》：「堆，吐加反」，「堆」乃「推」之形訛，「推」又「摧」之形訛，作「推」者唯王涯本一家，此非范本原貌。孥、帑古常通用，《說文》：「帑，金幣所藏也」，《左》文六年傳之《正義》曰：「字書『帑』從子，經傳『妻帑』亦從巾」，知「帑」乃「孥」之假字也。《說文》未收「孥」字，然古籍已多有用之者，《國語・晉語》：「以其孥適西山」，《鄭語》：「寄孥與賄焉」，《楚語》：「見藍尹亹載其孥」，《孟子・梁惠王》下：「罪人不孥」，《書・甘誓》：「予則孥戮汝」，《湯誓》：「予則孥戮汝」，然則不可謂古無「孥」字也。丈人摧孥，蓋謂丈人催促其子弟也，子弟猶謂其族人也，古之宗族社會以族人為兵，《左》宣十二年：「楚熊貞羈囚知罃，知莊子以其族反之」，杜注：「族，家兵，反，還戰」，是其例也。內蹈之瑕，即《集注》所謂「在內之時，已踐瑕釁也」。纍，系也，軍或系車，謂軍士系車而不欲戰也。丈人催孥，謂丈人欲戰，而催促驅使其族人子弟以往戰也。一不欲戰，一尚欲戰，是即「內之瑕釁」，故曰「內蹈之瑕」。測辭：「軍或纍車，廟戰內傷也」，廟謂宗廟，《孫子》曰：「未戰而廟算」，《後漢書・班勇傳》注：「古者謀事必就祖，故言廟策也」。未戰而謀於廟，意向不合而生紛爭，故曰「廟戰」，內部不一，意見分歧，故曰「內傷」。范注謂「內傷」為「心傷」，非是。廟戰、內傷，正與「內蹈之瑕」相應，可互證其意。若作「內瑶」，則與贊辭測辭之意不合，知其非也。

測曰：軍或累車，廟戰內傷也。

　　范望曰：廟勝而退，故心傷也。

　　葉子奇曰：謂廟算不勝也。

次四：虎虓振廞，豹勝其私（原作祕），否。

范望曰：四，西方也。故稱虎。虓，怒聲也。陰稱之水者，故稱豹。祕，閉也。騰而見閉，故振廞也。振廞，盛怒貌也。

司馬光曰：王本勝作騰，今從宋、陸、范本。二宋、陸、范本私作祕，今從王本。虓，許交切。廞，許金切。否，方九切。范曰：虓，怒聲也。振廞，盛怒貌。王曰：處眾而近尊位，將帥之任。得位當晝，善用其眾，如虎之虓，振起廞興也。光謂：四為下祿，得位用眾者也。虎豹皆武猛之象，用兵者雖闞如虓虎，時惟鷹揚，然不以之爭利決忿，能自勝其私心，故可用而不用也。《法言》曰：或問武，曰：克，能勝其私曰克。

葉子奇曰：虓，呼交切。祕，兵媚切。振廞，怒貌。祕，勞也。四當盛大之時，如虎之振怒，豹為之敵，又孰勝其勞哉。言必非所當也，故否。

陳本禮曰：金，晝。祕，戈也。《詩》：闞如虓虎、時維鷹揚者，頌主帥之英武，能不戰而屈人之兵。豹不如虎，惟恃騰其祕以為戰勝之具，是匹夫之勇也，故否。

鄭維駒曰：四兌方也，革上兌九五曰：虎變，君也。上六曰：豹變，臣也。豹小於虎，故豹侯豹飾皆臣下所用也。四得金氣，虎振其威，百獸俱廢，豹不自量，乃欲以韜略自勝，知必不能矣，故曰否。

鈴木由次郎曰：五月十二日，晝，觜一度，蚯蚓出。金。虎虓，虎怒貌。虓，虎鳴。振廞，盛怒貌。虎豹怒號，善勝其私心，不以爪牙殺害獵物。主將英武，不戰而屈敵，發揚其武威。否，衍文。

文字校正：眾首次四：「虎虓振廞，豹勝其祕，否」，王涯本「勝」作「騰」，《集注》本：「今從宋、陸、范本作『勝』，宋、陸、范本『私』作『祕』，從王涯本作『私』」。按：范注：「祕，閉也，騰而見閉，故振廞也」。是范注本原文作「騰」，《集注》時范本正文已誤為「勝」，《集注》：「《法言》曰：『或問武，曰：『克，能勝其私曰克』」，《太玄》意同《法言》，當作「豹勝其私」，言雖如虎震怒，然能勝其私心，不以一時之怒而濫施淫威，此乃真正之武。眾首次四辭例當休，若作「豹騰其祕」，「虎怒豹騰」，則未知其休咎也。辭即當休，則不當言「否」，格首次八：「格彼礐堅，君子得時，小人瞅憂，否」，同此，亦不當言「否」，《太玄》之例，休辭言「貞」，咎辭言「否」、言「厲」、言「否貞」，絕無咎辭言「貞」，休辭言「否」、「厲」、「否貞」者，據此知眾首次四、格首次八之「否」，皆非玄例，當屬錯簡。眾首次四之「否」，當在眾首次五「躇

戰啮啮，若熊若蠣」之下，格首次八之「否」，當在格首次七「格其珍類，龜
綱屬」之下。

測曰：虎虓振廄，如鷹之揚也。

范望曰：四稱公侯，在師之中，而始〔如〕鷹揚，有似太公之於周武也。

陳本禮曰：贊虎所以抑豹。

鄭維駒曰：鷹乃祭鳥，用始行戮，順金氣也。四金在土行，得五之任，故
如鷹之揚。

次五：蹻戰啮啮，若熊若蠣。

范望曰：五為天子，聚眾之世，交戰中原，故啮啮也。軍事（尚）勇，故
稱熊蠣也。

司馬光曰：蹻與踞同，當作劇。劇，甚也。五居盛位而當夜，恃力取勝，
不足以服天下也。

鄭氏曰：蹻，舊居預切，蹻猶據也。

葉子奇曰：蹻，居預切。蹻，急猝也。五陰險不君，專尚威武，急于戰鬥，
若熊蠣之猛也，古如項羽之徒是也。

陳本禮曰：土，夜。蹻，甚也。五陰險不君，惟尚威武，急於戰鬥，以嗜
殺人，非湯武仁義之師也。

孫澍曰：啮啮，聲也，《詩》：鼓鐘啮啮是也。居上位不以德服人而以力，
則服非心服，力不贍也。

俞樾曰：蹻戰啮啮，若熊若蠣。樾謹按：蹻即虘字，《說文》豸部：虘，
鬥相丮不解也，從豸虍，豸虎之鬥不相捨，是虘之本義為兩獸相鬥。《老子》
曰：猛獸不據，《鹽鐵論》曰：虎兕相據，並即虘字也。彼從手作據，此從足
作蹻，皆古文借字耳。蹻戰即以熊蠣言，溫公謂蹻當作劇，非是。

鄭維駒曰：熊猛獸，四宜若之，蠣，麟屬，三宜若之，五有土而據之以戰，
其聲啮啮，非熊若熊，非蠣若蠣，然不似人君矣。

鈴木由次郎曰：五月十二日，夜，土。蹻同虘，兩獸相鬥。啮啮，鐘鼓聲。
蠣，獸名，似龍而黃色。激戰開始，鐘鼓聲噪，若熊似蠣，極為獰猛。恃力而
服天下。

測曰：蹻戰啮啮，恃力作王也。

范望曰：武威之家，以力王於世也。

陳本禮曰：此項羽之所以終敗也。

次六：大兵雷霆，震其耳，維用詘腹。

范望曰：六為大水，《易》曰：地中有水，師。故六為大兵也。六亦為耳，兵大故雷震也。耳以明聽，軍以密成，口與心計，故腹屈也。

司馬光曰：王本維作候，今從諸家。詘與屈同，屈腹猶言服其心也。六為極大而當晝，王者之兵非務殺傷，憚之而已，故如雷如震，以威聲震之，使其心服也。《詩》云：震驚徐方，如雷如霆，徐方震驚。《白虎通》曰：戰者憚也。

葉子奇曰：屈腹即揚子言漢屈羣策之意也。蓋羣策所以屈羣力也。六以剛陽之才，故其用兵神速，人不及備，猶迅雷之不及掩耳也。其師之善如此者，由其屈于謀策故也。

陳本禮曰：水，晝。

鄭維駒曰：如雷如霆，王曰震驚此方，叔召虎之師也。互震為雷，腹坤象。

鈴木由次郎曰：五月十三日，晝，觜二度，水。詘腹，通屈服。用兵之速，迅雷不及掩耳，敵不能有備，于是屈服。無限發揚其威武。

測曰：大兵雷霆，威震無彊也。

范望曰：雷霆之震，故無彊限也。

文字校正：眾首次六測辭：「大兵雷霆，威震無彊也」（《道藏》本），嘉慶本「彊」作「疆」，范本同。按：「疆」乃「彊」之形訛，范注：「雷霆之震，故無彊限也」。是范本作「彊」之證，《集注》無校語，知《集注》本原文與范本無異，然則《道藏》本字誤可知也，且「無疆」不辭，亦證其非是。

次七：旌旗絓羅，干戈蛾蛾，師孕唁（原作言）之，哭且矊。

范望曰：師，盲者也。孕，重身也。弔生曰唁，竊視稱矊。七為目，為六所見，故盲也。師眾之事，干戈為務，盲孕相唁，故哭且矊。

司馬光曰：范、王本鉞作戈，今從宋陸本。絓，戶卦切。唁，音彥。矊，莫佳切。范曰：弔生曰唁，竊視稱矊。光謂：七為禍始而當夜，師之覆敗者也。旌旗絓羅，乾鉞蛾蛾，敗亂之貌也。師，眾也。夫死婦孕，民之愁苦尤劇者也。眾孕相唁，既哭且矊，竊視其上，怨恨之也。

林希逸曰：絓，戶挂切。唁音咳。矊，莫佳切。絓羅，惹絆也。蛾蛾，眾多散亂之貌。師敗，孕婦相弔唁也。矊，竊視之貌，言百姓皆恨其上也。

葉子奇曰：言音唁，義同。矊，莫佳切。絓羅，言其如織也。孕，出也。

唁，弔亡國也。瞷，哭而目肓也。七在陰禍，在師之世，言其黷武窮征，旌旗如織，干戈如雪之多也。夫兵凶器，戰危事，好用凶器，樂危事，能無不戢自焚之災乎。故見其師之出而唁之，哭而至于失明也。此如秦蹇叔送師而哭，期其必敗之類是也。

陳本禮曰：火，夜。絓羅，旌旗破碎零散貌。蛾蛾，狀兵卒之撲火亂飛貌。弔生曰唁，竊視曰瞷，此夫死於軍，群女哭之之詞。

鄭維駒曰：七火屬離，離為大腹，故曰孕。師孕，兵士之婦也。夫征不復，婦孕亦將不育，哭而竊視，欲方言而不敢方言也。據范注，師，樂師也，故訓盲。

鈴木由次郎曰：五月十三日，夜，火。絓羅，旌旗破碎貌。蛾蛾，干鉞亂飛貌。師孕，夫戰死，懷孕的婦人們。師，眾。唁，弔唁。瞷，竊視。戰而敗，旌旗破碎，干戈亂飛，許多已經亡夫的孕婦們，相互弔唁，哭而竊視其上，怨恨之。

文字校正：眾首次七贊辭：「旌旗絓羅，干戈蛾蛾，師孕唁之，哭且瞷」。司馬光《集注》本「干戈」作「干鉞」（《道藏》本、嘉慶五柳居本「鉞」誤「钺」），范望《解贊》本、王涯本作「干戈」。通常以「干戈」連言，「斧鉞」連言，此似亦作「干戈」。然《太玄》他無作「干戈」者，亦無作「干鉞」者，是無本證。「蛾蛾」一語，《太玄》兩見：斷首上九贊辭：「斧刃蛾蛾」及此句。司馬光《集注》：「干鉞蛾蛾，敗亂之貌也」，而范注無說。按：蛾蛾訓敗亂之貌，經籍中無有例證，未知《集注》何所據。此二「蛾蛾」，其義當同。斷上九又曰：「利匠人之貞，利征亂也」，皆斧鉞當用之意，若訓為敗亂，豈不矛盾？知《集注》非是。「蛾蛾」當讀作「峨峨」，高峻盛壯也。《詩·大雅·棫樸》：「奉璋峨峨」，毛《傳》：「峨峨，盛壯也」，《文選·上林賦》：「南山峨峨」，注：「峨峨，高峻貌」，峨峨原為壯山之辭，《太玄》用以喻干戈斧鉞威嚴雄壯之勢。斷上九：「斧刃蛾蛾，利匠人之貞」，言斧鉞之用，眾次七：「旌旗絓羅，干戈蛾蛾」，言干戈之盛壯。斷首上九之斧鉞，得用之宜，故曰「利征亂也」，眾首次七之干戈，用之過度，故曰「師孕唁之，哭且瞷」，故曰「大恨民也」（測辭）。同是干戈斧鉞之用，而有當有不當，故其休咎有所不同，《集注》：「蛾蛾敗亂之貌」，未得其旨。「師孕唁之」一句，范氏《解贊》：「師，盲者也」，司馬光《集注》：「師，眾也」。下言「哭且瞷」，《說文》：「瞷，小視也」，范注亦曰：「竊視稱瞷」，師若謂盲者，則何以得視？知不可訓盲者也。或曰是句乃謂師

哭之，孕曠之，故師訓盲者無妨。此亦非是。師孕既皆唁之，則必皆哭之。哭者既為師孕二者，則曠者亦不可止為孕者矣。《國語·魯語》：「天子作師，元侯作師」，韋注：「師謂六軍之眾也」，「師，三軍之眾也」，知「師」之訓眾，蓋謂眾也。且眾首通言軍戰之事，則師眾之眾，亦當指軍眾而言。然此贊旌旗、干戈諸語，已謂軍旅之眾，則唁之哭之曠之者必非軍眾可知也。則此師當訓為長，謂長者也。《書·益稷》：「州十有二師」，鄭注：「師，長也」，《周禮·地官·序官》：「鄉師」，鄭注：「師，長也」，《禮記·檀弓》：「師人扶右」，《釋文》：「師，長也」，《左》昭元年傳：「為元冥師」服注：「師，長也」，《國語·晉語》：「官師之所材也」，韋注：「師，長也」，是皆師訓長之例。然則「師孕」言者，乃謂長者孕者。長者蓋謂老者，老者孕者不得從軍，故往唁之。以其子弟丈夫從軍，將遠行征戰，凶多吉少也。「唁」，范氏《解贊》本誤作「言」，而范注：「唁生曰唁，盲孕相唁」，范本《釋文》亦出「唁」字，是皆范本文當作「唁」之證。「旌旗絓羅，干戈蛾蛾」，言出師之盛，而有老者孕者唁而哭之，是謂民眾不欲師旅之出也。其測辭曰：「旌旗絓羅，大恨民也」，亦承此意而言，可為互證。此猶蹇叔之哭秦軍千里奔襲鄭國也。軍旅未出而知其將敗，故以「唁」字言之。

測曰：旌旗絓羅，大恨民也。

范望曰：旌旗絓羅，故大恨也。

次八：兵衰衰，見其病，不見輿尸。

范望曰：衰衰，瘦瘠之貌也。兵病於外，眾之所見，言不見輿尸者，兵已勞疾，何能有所克，故無尸俘以榮軍也。

司馬光曰：衰衰，罷弊貌。八為疾瘀為耗為剝落為禍中而當晝，能罷弊敵國，不戰而屈人之兵者也。

葉子奇曰：衰衰，病瘦貌。八以陽明，故能知其師之勞悴，必能改過自悔，所以不見其至于輿尸之敗也。

陳本禮曰：木，晝。八在禍中，此敗陣之兵，主將收恤敗殘，故衰衰也。見其病者，士卒敗衂之後，氣既不揚，人皆困憊，有傷於戈矛者，有傷於疾病者，然不見有輿尸者，主將休養士卒，不急圖報復，是以不見輿尸也。

鄭維駒曰：見其病，示弱而非弱也。在土行，不以相克，故不見輿屍，所謂左次無咎者，與病，坎象，輿屍，坤象。

鈴木由次郎曰：五月十四日，晝，參一度。木。衰衰，疲弱貌。輿尸，戰死之後，用車運其遺體而歸。戰敗之後，將士疲弊，有負傷者，主將善加收容治療，但卻沒有用車送死骸歸返。

文字校正：眾首次八：「兵衰衰，見其病，不見輿屍」，《集注》：「能罷弊敵國，不戰而屈人兵者也」，按：此說非，眾首言軍眾兵戰之事，其初一至上九，皆謂己國，何獨次八言敵國之兵耶？范注：「兵病於外，眾之所見，兵已勞疾，何所能克敵，故無屍俘以榮軍也」。此說得之。測辭：「兵衰衰，不血刃也」。謂罷弊之軍不能復出血刃奮戰也，言軍力已極而盡也。次四至次六言軍力強盛，故曰虎虓振廞、如鷹之揚、蹺戰啙啙、若熊若蠪、恃力作王、大兵雷霆、威震無疆，然用之無度，必至罷竭，故而民眾怨恨，兵衰衰而不復能血刃奮戰矣，次七、次八承次四、次五、次六而言，故曰「師孕唱之，大恨民也」，曰「兵衰衰，見其病也」，文意一脈相承，知皆謂己國，非謂敵國也。

測曰：兵衰衰，不血刃也。

范望曰：兵馬勞病，故不血刃也。

葉子奇曰：悔而自止，故不至血刃。

陳本禮曰：養銳以俟時，留為後舉之地也。

鄭維駒曰：坎為血，不陷於險，故不血刃也。

上九：斧刃缺，其柯折，可以止，不可以伐，往血。

范望曰：金故稱斧，斧柯者，征伐之柄也。或折或缺，非所以御敵也，故可以止。而欲伐人，則有敗也。

司馬光曰：王曰：往必見血而自傷也。光謂：九為用兵之極，逢禍之窮，窮兵而不知止者也。

葉子奇曰：九居師之極，是極于兵者也。至于刃缺柯折，兵之弊也可知矣。可以止而不止，吾知其有敗亡而已。往血謂敗。

陳本禮曰：金，夜。此言復讎之兵。八受金克，敗殘已極，正思報復，未得其釁，適逢上九以無名之師，恃斧刃之利，欲以窮兵黷武，而不知物極則反，木能生火，火發克金，先鎔其斧則刃缺，後焚其柄則柯折，刃缺柯折，兵無御敵之器，故往必見血也。

孫澍曰：漢武之於四夷，窮兵黷武，可以止而不止，終致大衂，是往血也。焉有仁人在位，往血而可為也。

鄭維駒曰：鍾惺曰：與東征破斧缺折反矣。補：金為斧，八木在金下，故曰柯。敗可止，勝亦可止，敗而不止，如梁惠王糜爛其民。又徇以子弟，血其骨肉也。勝而不止，則如燕以騎劫代樂毅，且血其全勝之軍也。

鈴木由次郎曰：五月十四日，夜，金。柯，斧之柄。斧缺刃，其柄折，沒有武器。可以止兵，不能攻伐。往則必傷。

文字校正：眾首上九：「斧刃缺，其柯折，可以止，不可以伐，往血」（范注本），嘉慶本「缺」作「欮」，乃「缺」之訛體，缺、折、伐、血為韻，可為證。

測曰：刃缺柯折，將不足往也。

范望曰：斧缺柯折，故不足往也。

陳本禮曰：利器已折，將雖勇往，無益也。

密

密：陽乞親天，萬物丸蘭，咸密無間。

范望曰：二方一州二部三家。地玄，陰家，六水，中上，象比卦。行屬於水，謂之密者，言陽氣布於六位，純剛用事，萬物完茂丸蘭，然稚密無有間隙，故謂之密。密之初一，日入參宿三度。

章詧曰：準比，陽家，水行。

司馬光曰：二方一州二三家。陽家，水，準比。密者，比近也，周密也。王本咸作盛，今從諸家。王曰：丸蘭，盛大貌。萬物乘陽氣，皆盛大周密而無間隙也。光謂：陽氣上而親天，高之極也。

陳仁子曰：密者陽盛而無間也，人不可亢而孤也，一介之士，必有密友，況陽不獨立，陰不獨見，而可太甚乎。凡亢而孤者不能生，密者能生生，亢而孤者不能化，而密者能化化，萍之始生，陰物為陽所生也，田鼠化鴽，陰物為陽所化也，皆密而然也。比以一陽比上下之五陰，密以五陽密地六之微陰，皆以陽腳印也。一之無間，五之不镈，非彼不疏我，亦我不疏彼也。

葉子奇曰：丸蘭，茂密貌。密之初一，日入參宿三度。

陳本禮曰：陽家，六，水，中上，卦準比。《傳》：天為眾陽之宗，陽氣自信高懷齊以來，至此而與天為親矣。親則與天合德，二而一之也。丸蘭，茂密貌。此時萬物藉陽之力，得以滋生蔓長，亦咸各親其親，各長其長，茂密無間，無纖毫之镈隙也，故曰密。

孫澍曰：密準比，《太玄》以慎慄觀化。

鄭維駒曰：陽至於純乾，比為之卿，故曰親天。

鈴木由次郎曰：第三十三首，陽，六水，二方一州二部三家。密，周密，親密，秘密。丸蘭，茂盛貌。陽氣高升而與天相親，萬物因陽氣之力而生長茂盛，相互緊密相連，其間密無毫隙。

初一：窺之無間，大幽之門。

范望曰：一位在下，故稱大幽。水性密稚，故無間也。雖幽當開，故以門諭也。

司馬光曰：宋曰：事事皆密，故以無方言之。光謂：一為思始而當夜，君子潛心於密，以立事定功，人莫能窺者也。《易》曰：幾事不密則害成。

葉子奇曰：間，去聲。一當密之初，是密之至，泯然而無跡也。故窺之曾無間隙之可言，周密渾全，豈不為大妙之門乎！

陳本禮曰：水，晝。一在水世，水與水合，泯然無跡。大幽者，君子緝熙宥密定命，人莫能窺，故曰大幽之門。

鈴木由次郎曰：五月十五日，晝，參二度，水。君子其心秘密，以成事功，故人不能窺其心。非常靜謐而幽深之門。

測曰：窺之無間，密無方也。

范望曰：密稚如水，故無方隅也。

葉子奇曰：密無方，言不可測。

陳本禮曰：無方，言不可測。

次二：不密不比，我心即次。

范望曰：我，我民也。即，就也。比，比次而上也。君不密則失臣，火在水行，共成五味，猶君臣相須以濟治也。若不相密，則民就次而去之也。

章詧曰：二居夜，為火而在水家，居親密之世，不得比密，蓋水火相害也。故民之心漸次而進也。故測曰違厥鄉也。謂離其所向也。

司馬光曰：比，頻寐切，下同。君子愛近以懷遠，小人反是。二為思中而當夜，不能懷近而勞心於遠。即，就也。次，旅舍也。違去其鄉，而欲就次於旅舍，舍近而圖遠者也。《詩》云：無田甫田，維莠驕驕，無思遠人，勞心忉忉。

葉子奇曰：比，親也。次，次舍。露，居也。二逢陰在密，而不能密其心，豈能保其不露哉？

陳本禮曰：火，夜。比，親也。次旅，次野處也。即，就也。二以火值水世，上下之情本不親密，不比者，上之恩澤既不能逮下，下之輿情亦不能達上，民無可戀之土，故相率而去，我心即次者，即於旅次野處，亦所願也。

鄭維駒曰：二為火，旅六二曰：旅即次，今心如旅之即次，火不常止也。不常止則不能比之自內矣。坎為心，互艮為止，故即次。

鈴木由次郎曰：五月十五日，夜，火。比，親。次，旅舍。即，就。上下之情不親密，民不能親在上之人，違而去之，前往旅舍，以求休息。

文字校正：密首次二：「不密不比，我心即次」，范注：「若不相密則民就次而去之也」，就次蓋謂接續而去也。《集注》：「次，旅舍也」。《易·旅》：「旅而次」，注：「次者可以安行旅之地也」，《集注》蓋即據此而言。按：此二說皆非，密首在親首之前，皆準《易》之比卦，知密謂親密親近也，「不密不比」者，不親不近也，然則我心將他屬，逝將去汝矣，測辭：「不密不比，違厥鄉也」，心既他屬，故違離其鄉，猶《詩》所謂「適彼樂土」、「適彼樂國」也，《儀禮·特牲饋食禮》：「亞獻屍」，鄭注：「亞，次也」，次猶貳，《說文》：「次，不前不精也」，前者精者為一，則次之者為亞為貳也。故「次」可訓「貳」也。貳謂不一、二心、兩屬、離異，我心即貳，猶言我有貳心，將懷貳而離異也。故測辭：「違厥鄉也」，此贊意在「我心」之「心」，范注「就次而去」，《集注》：「次，旅舍也」，於離去之意稍近，而不言「心」字，皆未得貳心之恉，故其說似是而非。

測曰：不密不比，違厥鄉也。

范望曰：去其常所居也。

葉子奇曰：違厥鄉，去其常所也。

陳本禮曰：去厥鄉而就他，人民之安土重遷，豈得已耶。

次三：密於親，利以作人。

范望曰：三即水子，故言密其親也。《孝經》曰：不愛其親，而愛他人，德之悖也。故三密親，以利作人之道也。

司馬光曰：三為思上而當晝，君子愛其親，則知愛人之親，推其心以及他人，故曰利以作人。

葉子奇曰：三逢陽而成思，故能親密于其所當親。夫人各親其親，然後不獨親其親，故利以作興于人也。夫子曰：舉爾所知，知爾所不知，人其舍諸，作人之謂也。

陳本禮曰：木，晝。

鄭維駒曰：比坤為母，故云親。木親於土，故密於親木。以土為財，故云利。何以聚人？曰財，故利以作人。

鈴木由次郎曰：五月十六日，晝，參三度，木。愛親族，推其心以及他人之親族。

測曰：密于親，為利臧也。

范望曰：臧，善也。利善人之道。

次四：密于腥臊，三日不覺，殽。

范望曰：殽，效也。三，終也。四為金，在水之行，子在其母，故密也。三欲親之，懼見克害，故言腥臊也。言相克害，故終日不效也。

司馬光曰：王曰：密于腥臊，親惡德也。光謂：四為外他而當夜，與不善人相親者也。與不善人相親，久則化之矣。孔子曰：與不善人居，如入鮑魚之肆，久而不知其臭，則與之為一矣。小惡通者，始於小惡弗去，久則與之通而為一也。殽，混殽也。

葉子奇曰：腥臊，殽肉之臭腐氣也。言人密近于腥臊之臭氣，至于三日之久，而不覺其為殽也，是久而不聞其臭，亦與之化矣。此言人之近小人久，而心與之化，殊不覺其非。如唐德宗之信盧杞終身不悟是也。四以陰邪，親非其類，迷而不覺如此哉。

陳本禮曰：金，夜。

鄭維駒曰：四九為金，其臭腥，故密於腥臊，腥臊而以為殽，其視芳馨必腥臊矣。世有嗜痂之癖，逐臭之夫，其比之謂乎。

吳汝綸曰：殽、淆同字，此即入鮑魚之肆與之俱化之旨。

鈴木由次郎曰：五月十六日，夜，金。腥臊，肉之腥膻之氣味。《孔子家語》：「與不善人居，如入錢包魚之肆，久而不聞其臭，亦化之。」殽，混，混殽。腥膻之肉其味臭，過了三日就能習慣，而不聞其臭。始有小惡而不去，久則馴之而不覺。

測曰：密于腥臊，小惡通也。

范望曰：更相覺〔見〕克，故通惡也。

葉子奇曰：通，心與之一也。

陳本禮曰：小惡不謹，則大惡至矣。

次五：密密不罅，嬪于天。

范望曰：五處密家，而在中央，上下密附，無有釁罅，故可以嬪於天矣。

司馬光曰：罅，呼嫁切。嬪，音頻。王曰：居中體正，得位當晝，為時明君，親於可親，故曰密密不罅，謂無間隙也。如此則能功配於天矣。光謂：密密不罅者，君臣百姓靡不親密，無有間隙也。

葉子奇曰：罅，呼嫁切。罅，隙也。嬪，配也。五君位當陽，故其道渾渾然純一不雜，曾無罅隙之可議，則其德可以配天矣。

陳本禮曰：土，晝。

鄭維駒曰：比坤為地，即五土也。密密不罅者，萬物資生之謂，嬪於天者，乃順承天之謂也。坤為密。

鈴木由次郎曰：五月十七日，晝，參四度，王瓜生。土。嬪，婦。嬪天，配天。君臣親密，沒有絲毫間隙。其功可以配天。

測曰：密密不罅，並天功也。

范望曰：並，匹也。功，事也。作天之合，嬪妃於上，故並天功也。

陳本禮曰：五在水世，水土附麗於地，密密無罅，萬物載焉。故功可以配天。人君養育萬物，飢為之教稼穡，寒為之勸蠶桑，教以人倫，明於庶物，使民父子有親，君臣有義，夫婦有別，長幼有序，朋友有信，則其德亦可以配天也。

次六：大惡之比，或益之恤。

范望曰：恤，憂也。六為大水，水克於火，大人為惡，故曰大惡也。近比於七，故益之憂也。

章詧曰：六居夜，為水，處比密之世，而以比七，為水比火，益其憂，比而克，惡之大者也，故曰大惡。以火親水，故測曰匹異同也。

司馬光曰：六為福終而近於禍，故比于大惡，而或益之憂也。非我族類，其心必異，異類相匹，適足自累也。《易》曰：比之匪人。

葉子奇曰：恤，憂也。六已過中，是以不能得比之正，而反大惡是親，豈能望其有濟于時哉。徒足增其憂耳。

陳本禮曰：水，夜。

鄭維駒曰：坤為積惡，六屬坎，坎為欲為淫，故大惡之比。坎為恤，故或益之恤。

鈴木由次郎曰：五月十七日，夜，水。恤，憂。親于大惡，心益憂。

測曰：大惡之比，匹異同也。

范望曰：水與火異，而或為妃。《春秋傳》曰：水火妃，故匹異同也。

葉子奇曰：異其所同之人，是行偽而堅，反是獨立之人也。

陳本禮曰：以異為同，乃行僻而堅者也。

鄭維駒曰：惡與善異，然能異而不能同，猶非大惡。大惡能同大善，能心異而跡同，若秦檜之於趙鼎，蔡京之於溫公，皆二於異同者也。賢者猶不之察，況其他乎。

次七：密有口，小鰓。大君在，無後。

范望曰：君子之化，密如清風，火性炎上，燄飛流布，口語之放，誰而止之。鰓，難也。大君為六也，子王於五，故六為大君也。大君居之，能制口訟，雖其小難，無有後言。七為口語，六水七火，水滅於火，故止口語也。

司馬光曰：王本無無字，小宋無字作其，今從宋、陸、范本。范、小宋本達作逢，今從宋、陸、王本。鰓，蘇來切。

葉子奇曰：鰓，想里切，有口能諫說者也。鰓，有難不安也。無毋通，禁止辭也。七以陽明之臣，親必得其君，得君而致其諫說，雖不免小有譴責之難，終不可以小有譴責而遂已其責難陳善之情，宜盡謇謇之忠，不可面從，而退有後言也。此蓋以直諫為親君之道也。

陳本禮曰：火，晝。鰓，魚梗也，喻直言。小鰓，謂職位卑小，遇事敢言也。大君，長君也。能納言受諫之君。無後，謂不可面從而退有後言也。

孫澍曰：鰓音葸，慎貌，小鰓，疑即小心。《漢書·刑法志》：鰓鰓然恐密幾密，《易》曰：君不密則失臣，臣不密則失身，幾事不密則害成，故不徒有口。言人臣事君，咸密無間，而猶葸然畏懼無有後言，則誠意達君心，君亦信之。測曰君達，《泰誓》所謂宣聰明也。賴君達，如云先帝知臣謹慎。密準比，吉也，輔也，下順從也，揚子取義蓋如此。

鄭維駒曰：坎為耳，比於耳者，為出言之口。七陽剛，其言鯁直，如魚頰之骨，小而刺人，然以大君在，能受正言，無作後夫可也。坎為水，魚與水比在水行，故取象於魚。

鈴木由次郎曰：五月十八日，晝，參五度，火。小鰓，喻位卑者遇事而直言。依賴其君，言談周密，率而直言。幸而大君善能從諫，而納我言。當面言，退後則不可言。

測曰：密口小鰓，賴君達（原作逢）也。

范望曰：賴於大君彌縫之也。

陳本禮曰：密口，謹言也。《易》曰：君不密則失臣，臣不密則失身，幾事不密，則害成。逢謂得君也。（陳作逢）

鄭維駒曰：七火生五土，故能進達於君。

文字校正：密首次七測辭：「密口小鰓，賴君逢也」（范注本），《集注》有校語，謂范、小宋本「達」作「逢」，《集注》從宋、陸、王本作「逢」，此字當作「逢」還是「達」？需要考證，范注：「賴於大君，彌縫之也」，據此似當作「逢」（逢與縫通），然此處實當作「達」，不當作「逢」，范本作「逢」，為「達」之形訛，范注所謂「彌縫之也」亦誤。密首九贊之測辭初一、次二、次三為韻（方、鄉、臧）皆陽韻字，次四、次五、次六為韻（通、功、同）皆東部字，次七、次八、上九為韻（達、拔、奪）皆月部字，若次七測辭作「逢」，則與次八、上九之「拔」、「奪」不協，可證當作「達」也。《儀禮·士昏禮》：「下達」，注：「達，通達也」，《素問·寶命全形論》：「能達虛實之數者」，注：「達謂明達」，《太玄·玄錯》：「達思通」，是達謂通達明達也。「賴君達」者，謂依賴君主通達明智也，雖有密口小鰓（形容小人頻繁在君主周圍說別人的壞話），亦不為讒言飛語所動，故無後難也，所以贊辭說「大君在，無後」，測辭說「賴君達也」。今《集注》本作「達」，是。

次八：琢齒依齫，三歲無君。

范望曰：三，終也。陽成於三，故為終也。密比之家，脣齒相附，脣亡齒寒，故依齫。齫，哂〔齦〕也。八木九金，金克於木，下不密上，猶民不依君，故終歲無君也。

司馬光曰：齫，語斤切。王曰：齒之與齫，相親者也。或琢其齒而依其齫，則失其所親矣。

葉子奇曰：齒，已長之齒也，喻大人。齫，初出之齒也，喻童幼。八在禍中而遇陰，是以親非其道，猶琢喪其已長之齒，而依其初出之齫，謂其耆德之遠而頑童之比乎，豈不馴致亂階，終至于無君也。自古近小人之君，未有不反為小人所圖者。

陳本禮曰：木，夜。齫，齒根肉也。此刺太皇太后也。捨長立幼，捨諸侯王而立孺子嬰，遂致三年被廢也。

鄭維駒曰：九為齒，八承其下，故為齗。齗為齒輔而以之琢齒，是無輔也。無輔則君不能自立，故無君。

鈴木由次郎曰：五月十八日，夜，木。齗同齗，齒根之肉。拔齒而依賴其齗，三年之後，當失君主之位。此喻君主除去年長有德之臣。

文字校正：密首次八：「琢齒令齗，三歲無君」，測辭：「琢齒依齗，君自拔也」（范注本），范本《釋文》出「瑑」字，按：字當作「琢」，《說文》：「琢，治玉也，瑑，圭璧上起兆瑑也」，知「琢」與「瑑」為二字，不可混一。琢，端母，瑑，定母，皆為舌音，古聲近，可以通假，字形亦近，古籍中常為混用，如《禮記・禮器》：「大圭不琢」，《釋文》：「琢，本亦作瑑」，《爾雅・釋訓》：「如琢如磨」，《釋文》：「本或作瑑」，《列子・黃帝》：「雕瑑復樸」，《釋文》：「瑑，本作琢」，皆其例也。琢本義為治玉，引申而有雕、刻之義，《爾雅・釋器》：「雕謂之琢」，《漢書・司馬遷傳》《集注》：「瑑，刻也」，《楊雄傳》下：「除雕瑑之巧」，注：「瑑，刻鏤也」（此二例之瑑，皆當為琢），是其證。「琢齒」之「琢」，引申為刻、削、毀壞也，《說文》：「齗，齒本也」，（范注：「齗，哂也」，非是），齒齗相附而生，密切而不可分，今毀齒而依齗，則猶唇亡齒寒之禍矣。故下文曰：「三歲無君，君自拔也」，拔謂拔齒，蒙上「琢齒」而言，此亦證「琢齒」即毀齒之義也。《太玄》以齒喻君，以齗喻民，民為君本，齗為齒本，故有是喻。「琢齒」故曰「無君」，「君自拔」謂無齒，齒自拔，則齒既拔而曰無君，其意一也。范注：「自拔出於惡也」，未得《玄》意。依例此贊辭意當咎，若依范注則為休辭，與「琢齒」、「無君」不合，知其非是。吳汝綸：「自拔，猶云自取滅亡」，稍稍近之。

測曰：琢齒依齗，君自拔也。

范望曰：自拔出於惡也。

孫澍曰：輔車相依，唇亡齒寒，君而自拔，不密甚矣。

吳汝綸曰：自拔猶云自取滅亡。

上九：密禍之比，先下後得其死。

范望曰：九極反下，火行當見，故言密禍。君先下民，民忘其死，故後得其死力也。

司馬光曰：九為禍極而當晝，君子同志相比，堅不可奪，先自謙下，則其志益親，故雖遇大禍，而終得其死力也。

葉子奇曰：上居密之極禍之終，是禍之比也。始則下情以諫君，終則因諫

而獲死，然忠臣所以諫止其君，果何罪哉，是亦親愛其君而已矣。君而殺之，果何道哉。

陳本禮曰：金，晝。密禍者，因密告而得禍也。先下者事幾未見而預言之也。九居密之極，是臣下急欲盡忠言事，以圖報其君，無如所言不納，反因諫而殺身。後得其死者，見君子明知逆麟之禍，必遭不測，而不肯緘默以貪生，其志已定矣。

鈴木由次郎曰：五月十九日，晝，參六度，金。親密於其君而遭禍。始而謙遜而仕，後為君之大難而拋棄自己生命。君主有禍，己仍節義不變。

測曰：密禍之比，終不可奪也。

范望曰：死義盡忠，志不可割奪也。

陳本禮曰：較七之告密，同為親愛其君，而此則死得其所，可謂臨大節而不可奪者歟。

鄭維駒曰：說以先民在未遇禍之先，先下之道也。比無首，故無終，上九為穎，首先下，故得死而有終矣。

親

⚏ 親：陽方仁愛，全真敦篤，物咸親睦。

范望曰：二方一州三部一家。地玄，陽家，七火，上下，亦象比卦。行屬於火，謂之親者，立夏節終於此首之次六，小滿氣起於此首次七，斗指巳，中呂用事。陰氣已消，陽道得專，全真敦厚，萬物親睦，故謂之親。親之初一，日入參宿七度。

章詧曰：準比，陰家，火行。

司馬光曰：陰家，火，準比。入親次八，日舍東井八〔一〕十六分七秒，小滿氣應。親者，相愛厚也。陽氣純粹，故曰全真。

陳仁子曰：親者陽盛而愈無間也。夫密者陽交於陰，二氣相比猶有跡也，親者陽交於陽，一家相與，愈無跡也。故密以二，親以一，密以異為同，親以同為同，密以其人合，親以其天合，以親交密，情又深矣。曰其膚，曰其肉，親之道妙矣哉。

葉子奇曰：地玄，陰家，七火，上下，亦象比卦。陰盡消，故全真。陽正盛，故敦篤。親之初一，日入參宿七度。立夏節終此首之次六，小滿氣起此首次七。斗指巳，中呂用事。

陳本禮曰：陰家，七，火，上下，日入參，斗指巳，律中中呂，小滿氣應，卦準比。傳：此申上首陽氣親天之意，以見其仁民愛物也。敦，致力也。篤，厚也。全其真則純粹以精矣，敦其厚則旁薄而大矣。物咸親睦則無往而非全真敦篤之人也。

孫瀜曰：亦準比。先王以任賢得眾。

鄭維駒曰：真，誠也。誠者天道，四月純乾，則全真矣。比內坤為厚，互艮為篤實，故敦篤也。

鈴木由次郎曰：第三十四首，陰，七火，二方一州三部一家。陽氣有仁愛之心，純粹而真實，萬物皆受此陽氣而親睦。

初一：親非其膚，其志齟齬。

范望曰：水之於火，氣志交通，然相克害，不可共器，隔以釜鼎，故言非其膚，非其肌膚之愛也。齟齬，相惡也。力同性異，行數相克，故相惡也。

司馬光曰：王本無親字，今從諸家。王曰：居親之初，而失位當夜，失其親道。非其膚，謂疎遠之人非其肌膚之親，而或親之，則其志齟齬不相入矣。心相防閑，失其親道。光謂：一為思始而當夜，親非其親者也。外雖相親，內志不合，終必乖離。閑者，隔礙不通之謂，故曰中心閑也。

葉子奇曰：齟齬，齒不相入貌。膚喻切近。一在親初逢陰，是親非其所當親，其心豈復有相入之道哉。

陳本禮曰：水，夜。

鄭維駒曰：膚之不屬，遄問其志，比互艮為膚，坎為志。

鈴木由次郎曰：五月十九日，夜，水。其膚，我身最親近的肌膚。齟齬，牴牾不合。親而不親我身最親近之肌膚，而去親愛疏遠之人，是其志與其行相違錯。

測曰：親非其膚，中心閑也。

范望曰：雖性通交，宜分限也。閑，限也。

葉子奇曰：閑，限隔也。

次二：孚其肉，其志資戚。

范望曰：孚，信也。肉，骨肉也。資，用也。二為平人，未仕於世，志在親戚骨肉而已也。

　　章詧曰：二居晝，為火而在火行，在親之時，以火親火，親信甚近，故曰孚其肉。戚，戚屬也。親比戚屬，故測曰人莫間也。

　　司馬光曰：范本內作肉，間作閭，王本內作肉，間作閑，今從宋、陸本。王曰：資，取也。戚，親也。其志惟取於相親附也。光謂：二為思中而當晝，君子以誠信相親之深者也，故曰孚其內。

　　葉子奇曰：戚，親也。肉尤切外，二在思中，是能信其至親，其心豈不愈相資以親比乎？

　　陳本禮曰：火，晝。

　　俞樾曰：其志資戚，樾謹按：范注曰：資，用也。二為平人，未仕於世，志在親戚骨肉。王曰：資，取也，戚，親也，其志惟取於相親附也。此二說並非經義。初一曰：其志齟齬，此曰其志資戚，文法正同。資戚與齟齬並雙聲字也。資讀為咨，《周易略例》：不諮于闇，《釋文》：諮本作資，是其例也。資戚猶咨戚，訓用訓取，分資戚為二義，胥失之矣。

　　鄭維駒曰：資即齎嗟涕洟之齎，謂同其憂患，相與嗟歡悲戚也。二在火行，故孚其內。坎為惕為恤，故資戚。

　　吳汝綸曰：資戚二字成義，與齟齬為對。

　　鈴木由次郎曰：五月二十日，晝，參七度，火。戚，親戚。資，取。家中之人，以誠信相接，心常親于親戚。和親戚固相接，他人則不能疏隔之。

　　文字校正：親首次二：「孚其內，其志資戚」（《集注》本），范注本「內」作「肉」，按：當作「肉」，范注：「肉，骨肉也」，肉謂骨肉之親，正與初一「親非其膚」之「膚」互文見義，肉親即膚親也。親首言親密仁愛之義，故以肌膚、骨肉、螟蛉、蜾蠃、賓至、肺附（腑）諸事喻之（詳見親首諸贊贊辭），此若作「內」，則與親首之義不合。又，肉，古屬覺部，戚屬屋部，此乃同類之鄰韻，可以對轉為韻（參見王力《同源字典》），而「內」屬物部，則與屋部之「戚」不可通協矣。以此亦證當作「肉」也。「肉」「內」形近，故有是訛。《詩・楚茨》傳：「謂內羞」，《釋文》：「內，或作肉」，《禮記・樂記》注：「內敗曰殨」，《釋文》：「內，或作肉」，是其例也。俞樾以為資戚當為雙聲連綿字，范注、王涯注皆分為二義，非是。其說是。又謂資讀為諮，資戚猶諮戚，然未言諮戚之義。按：資即諮者，何焯已言之，見盧校。何又曰：「戚音促，資戚猶頻蹙也」。《易・巽》：「頻巽」，注：「頻蹙不樂而窮不得已之謂也」，《正義》：「頻者，頻蹙，憂戚之容也」，是知頻蹙乃謂憂戚不樂無可奈何之意，親首次二言「孚

其肉」，測辭：「孚其肉，人莫間也」，謂孚信骨肉之親，親密無間也。然則「頻蹙」之意不合乎次二之辭意，知何說非是。親首初一：「親非其膚，其志齟齬」，謂非親人，相惡而不合也。初一辭咎，次二辭休，意正相反，故言「孚其肉，其志資戚」，故曰「人莫間也」，以此亦知「資戚」絕非「頻蹙」之意也。資戚似當讀作恣睢，資與恣，古皆屬精母脂部字，戚、睢，古皆清母字，聲近可通。《莊子・大宗師》：「遙蕩恣睢」，《釋文》引李、王注曰：「恣睢，自得貌」，《後漢書・崔駰傳》注：「恣睢，自用之貌也」，自得、自用，其義一也，「其志資戚」，謂既得孚信骨肉之親，故其志意自得自用，言其喜悅之情也。自得於骨肉之宋，融洽和睦，故人莫之間也。

測曰：孚其肉，人莫間也。

范望曰：志用親戚，故人無聞知也。

葉子奇曰：密之至也。

陳本禮曰：二值火世，兩火合體，故曰孚其肉。肌膚合一，誰能間之。

文字校正：親首次二測辭：「孚其肉，人莫聞也」（范注本），《集注》本「聞」作「間」，按：當作「間」，初一測辭：「親非其膚，中心閑也，」間、閑古皆元部字，正相協韻，聞屬文部字，於韻稍遠，可證當作「間」也。《國語・晉語》：「且夫間父之愛」，注：「間，離也」，《管子・權勢》：「上好詐謀間欺」，注：「間，隔也」，《君臣》上：「則百姓之與間」，注：「間謂隔礙不通也」，《荀子・王制》：「無幽間隱僻之國」，注：「間，隔也」，《列子・天瑞》：「間矣」，《釋文》：「間，隔也」。《淮南・俶真》：「則醜美有間矣」，注：「間，遠也」，《漢書・西域傳》下《集注》：「間，隔也」。是間謂隔離間遠隔礙不通之義，《太玄》「孚其肉，人莫間」，即孚信骨肉之親，他人無從離間隔礙之意，亦首辭所謂「仁愛敦篤親睦」之意，若作「聞」，則於文意有所不通。間、聞形近而易訛者也。《左》莊十五年傳：「邾人間之而伐宋」，《釋文》：「間，本作聞」，是其例也。范本作「聞」者，亦此形訛之類。《集注》本作「間」，亦「閒」之訛體，《說文》：「閒，隙也，從門，從月」，後人以日月形近而訛寫作「間」，將門下月寫成門下日，且從閒之字同此，亦多寫作「間」，皆非正體。《說文》：「閑，闌也，從門中有木」，是「閒」「閑」二字也，而古音相近（閒為見母元韻，閑為匣母元韻），故古常假「閒」為「閑」，經籍中其例甚多。《太玄》親首初一測辭：「中心閑也」，此「閑」當從王涯注訓為防閑之義，《集注》：「閑者隔礙不通之謂」，此與《管子・君臣》篇之注同，知司馬光讀「閑」為「閒」

也，是《集注》不如王涯注訓防於義為長，范注：「閑，限也」，此訓亦嫌稍遠，不合《玄》意。

次三：螟蛉不屬，蜾蠃取之，不迓侮。

范望曰：三，火之母也。當相親愛，行母子之恩，反若螟蛉之於桑蟲，本非親屬，義不御侮，故言不迓館〔侮〕也。迓，御也。

司馬光曰：王本不迓侮作（逝字中的折改為所）侮，今從宋、陸、范本。蜾音果。蠃，郎果切。螟，音冥。蛉，音零。屬，之欲切。螟蛉，桑蟲。蜾蠃，蒲盧也。屬，綴也。迓侮，猶言禦侮也。三為思終而當夜，小人不能屬綴其親以禦外侮，而使之乖離，與他人相合，如螟蛉不能自育其子，而為蜾蠃所取也。《詩》云：螟蛉有子，蜾蠃負之，教誨爾子，式穀似之。

林希逸曰：不屬，無類也。不迓侮，不禦侮也。言親非其親，緩急不相為也。迓侮猶迎敵也。

葉子奇曰：迓，迎而取之也。三陰而失中，是親非其同類，如螟蛉之與本體氣脈不屬，蜾蠃乃取之以為子，及其既化，庶或不至于取侮也。

陳本禮曰：木，夜。螟蛉，桑蟲。蜾蠃，蒲盧也。屬，眷屬也。桑蟲與蒲盧本非眷屬，而蒲盧乃取桑蟲入巢，祝之曰：類我類我，久則肖之矣。迓，逆也。侮同忤，謂親生之子不如螟蛉之順其親不逆忤也。

鄭維駒曰：蜾蠃取桑蟲化為其子，常在木空中。三為木，故以為言。迓通衙，《周禮·夏官》：田僕，注：驅禽使前驅，獲逆衙，還之，使不得出圍，衙同禦。不迓侮者，體不相屬，不能為之禦侮也。

鈴木由次郎曰：五月二十日，夜，木。《詩·小雅》：「螟蛉有子，蜾蠃負之。」蜾蠃以螟蛉之子為己子。迓，通禦，防御。《書·牧誓》：「不迓克奔。」螟蛉與蜾蠃本非一族，但蜾蠃取螟蛉之子于己巢而育之，如此者，不能抵禦外侮。

測曰：螟蛉不屬，失其體也。

范望曰：以親為疎，失其本體也。

陳本禮曰：螟蛉非其子而子之，是失其親疏之體也。

次四：賓親于禮，飲食几几。

范望曰：几几，偕也。四為賓，以木為主，親親之義，必以禮合，故有飲食之道也。金克於木，而以為主者，此火行也，木，火之母，是家之長，故為主也。禮會之出〔世〕，以疎為親，況自資奉，以身為賓邪〔親〕也。

章詧曰：四居晝，為金而在火行，火為主，金為客，主以禮接客，故飲食几几然相親也。君子之道，親比以禮，主客相尊，故測曰賓主偕也。

司馬光曰：王曰：几几，有法度也。光謂：四為條暢而當晝，君子以饗宴之禮交通親愛者也。賓所以親親，其有禮不在飲食也。孔子曰：吾食於少施氏而飽，少施氏食我以禮。賓主偕者，言皆有禮也。

葉子奇曰：几几，莊敬貌。四以陽明，能賓敬其親以禮，故其飲食几几然其莊敬也，親親之道，此為至善。

陳本禮曰：金，晝。几几，禮數周備貌。又案：《詩》：或肆之筵，或授之几。四以陽明而能恭敬其所親，以禮宴饗之，故賓主皆得其歡心也。

孫澍曰：《詩》曰：赤舄几几。

鄭維駒曰：金屬兌，兌為口，故飲食几几，與赤舄几几同。四賓於五，所謂利用賓於王也。王以禮親賓，賓以禮親王，歌鹿鳴之呦呦，占鴻漸之衎衎，四有之矣。

鈴木由次郎曰：五月二十一日，晝，參八度，金。几几，有禮儀法度貌。親賓客而敬之，以禮饗宴之，賓客主人相共喜。

文字校正：親首次四：「賓親於禮，飲食幾幾」，范注：「幾幾，偕也」，王涯曰：「幾幾，有法度也」，按：《儀禮·有司徹》：「受宰幾」，鄭注：「幾，所以坐安體」，《覲禮》：「授幾」，鄭注：「幾者，安賓所以崇優厚也」，是幾為安賓以排尊卑者也。幾幾重言，蓋謂賓宴之時，以尊卑高下各就各位，秩序井然，眾皆安然而有禮之貌也。親首之義「仁愛親睦」，次四以賓禮喻之，故曰「幾幾」，以狀親睦有禮之貌。測辭：「賓親於禮，賓主偕也」。范注：「幾幾，偕也」，蓋即涉測辭「偕」字而言，然偕者和也，與「幾」字之義無關，「幾幾」之時，雖可稱賓主偕和，然此乃引申而言，非謂「幾幾」即偕也。王注則讀「幾」為「軌」也，幾、軌皆見母字，一聲之轉，故可通，《周禮·小史》：「以書敘昭穆之俎簋」，司農注：「幾讀為軌」，書亦或為「簋」，古文也。是其例。軌者法也，法度也，故《左》隱五年傳：「講事以度軌量謂之軌」，《賈子·道術》：「緣法循理謂之軌」，故王注謂「幾幾為有法度也」，然《太玄》此贊之「幾幾」，與賓親、飲食連用，「幾」有安賓之義，知此「幾」字非假為「軌」者，然則王汪亦不可據矣。

測曰：賓親于禮，賓主偕也。

范望曰：賓之與主，俱有其禮也。

次五：厚不厚，比人將走。

范望曰：五，土也，故稱厚。土則火子，子而不厚父母，況親比者乎，故將走也。

司馬光曰：比，頻寐切。王曰：五雖居中，而失位當夜，當厚者不厚，則其所比附之人皆將去之。光謂：不能親其所當親，厚其所當厚，使比近之人皆棄之而走，失類孤立，危無日矣。子太叔曰：晉不鄰矣，其誰云之。

葉子奇曰：厚不厚，當厚而薄也。五以陰暗，不明于親親之道，當厚而反薄，則無所不薄矣。以此而比人，人孰比之，莫不趨而避之矣。

陳本禮曰：土，夜。

鈴木由次郎曰：五月二十一日，夜，土。比，親。正應相厚相親之人而不厚之親之，親近之人則將棄之而逃去。失親人而孤立。

測曰：厚不厚，失類無方也。

范望曰：子不厚母，故失類也。

次六：厚厚，君子秉斗。

范望曰：斗處中央，而眾星共之，四時為候，取正於是。六亦為水，雖克其本，能以厚德處中居正，猶君子執中直之心，無欲於人也。

司馬光曰：六為盛多而當晝，能親其所親，厚其所厚者也。夫君子厚近而遠者至，親親而疏者附，如斗居中央而眾星共之也，故曰君子秉斗。

林希逸曰：厚厚，親其所親也。斗居中央而眾星環之，君子得眾之喻也。

葉子奇曰：厚厚，當厚而厚也。斗，七星，斟酌元氣，運平四時之星也。六福盛而逢陽，故得親親之道，于所當厚者則厚之，深得其斟酌隆殺之宜，其所秉執猶斗之平也。

陳本禮曰：水，晝。北斗七星，在天為璇璣，所以齊七政也。君子秉之，所以能親其所親，厚其所厚，而眾星共之，故曰君子秉斗。

鄭維駒曰：比下坤，又互坤，故厚厚。互艮為斗，以艮上值南斗也。《史記・天官書》注：南斗六星，為天廟，丞相大宰之位。坎為酒，剩酒者斗也。六為大臣而能厚其所厚，推恩有序，可以秉國之鈞，故云秉斗。

鈴木由次郎曰：五月二十二日，晝，參九度，小滿，水。半，北斗七星。北斗在天，眾星拱之，《論語・為政》：「為政以德，譬如北辰所居，眾星共之。」秉，取。能厚人親人之君子，人們都會集而親附之。正如北斗居其處，而眾星圍繞之。

測曰：厚厚君子，得人無彊也。

范望曰：君子過〔德〕厚，故得人也。

陳本禮曰：史稱莽漁獵小民，民搖手觸禁，富者不自保，貧者無以自存，於是並起為盜，莽患之。天鳳四年秋，親之南郊，鑄威斗，若北斗狀，以五石銅為之，長二尺五寸，司命負之，出在前，入在旁，欲以厭勝眾兵。君子秉斗，蓋譏莽不能以厚得民也。

鄭維駒曰：民德歸厚，故得人無彊。

文字校正：親首次六測辭：「厚厚君子，得人無彊也」（范注本），《集注》本「彊」作「疆」，是，「得人無疆」，不辭，次五測辭：「厚不厚，失類無方也」，此言「厚厚」「得人無彊」，語句相對，可證。《集注》於此字無校語，知宋時范本猶作「彊」，作「疆」者，乃宋以後寫書刻書者所誤。

次七：高亢其位，庫於從（原作同）事。

范望曰：七為無道之主，在六之上，高而無民，故高亢也。有似平王政遂微弱，勢在諸侯，事故庫也。

司馬光曰：宋、陸本從作周，范作同，今從王本。庫，便是、必至二切，又音卑。王曰：七居過滿之地，失位當夜，位雖高亢，而所行之事則甚庫細也。

葉子奇曰：七已在上，其位已亢，陰幽不明，同事則庫，蓋德薄而位尊，智小而謀大，不能稱也。

陳本禮曰：火，夜。

鄭維駒曰：高亢則不屑比人，高亢而執業痺，則人亦不屑比之矣。

鈴木由次郎曰：五月二十二日，夜，火。亢，高。庫，下，低，下等。其位極高，而所行甚下等。其德不合乎其位。

文字校正：親首次七：「高亢其位，庫于同事」（范注本），宋衷、陸績本「同」作「周」，《集注》本從王涯本作「從」，按：字當從宋、陸本作「周」，范作「同」，乃「周」之形訛（《莊子・讓王》：「乃自投稠水而死」，《釋文》：「本又作『桐』，司馬本作『洞』」，是「周」訛「同」之例），王作「從」，乃示暸同事之義而憑臆改動，實無所據，不可從。「周」當讀作「糾」，《左》襄十五年經：「晉侯周卒」，《史記・晉世家》《集解》作「糾」，《左》哀二十六年傳：「取公孫周之子得與啟」，《史記・宋世家》「周」作「糾」，《晉世家》：「而使人迎公于周」，《集解》引徐廣：「周亦作糾」，周，古為章母幽部字，糾為見母幽部字，是為牙舌通轉，故得通。《說文》：「椆，木也，從木，周聲，讀若

ㄐ」,《周禮・大司徒》:「使之桐膠」,杜子春云:「膠當為糾」,是皆「周」「糾」互通之例也。糾者,察也,舉也,攝也,《荀子・富國》:「則必有貪利糾诉之名」,注:「糾,察也」,《周禮・宮正》:「掌王宮之戒令糾禁」,鄭注:「糾猶察也」,《左》昭六年傳:「糾之以政」,杜注:「糾,舉也」,孔疏:「舉謂舉治也」,《廣雅・釋詁》一:「糾,舉也」,《左》昭二十年傳:「慢則糾之以猛」,杜注:「糾猶攝也」,《家語・正論解》:「慢則紏(「糾」之俗體)于猛」,王肅注:「糾猶攝也」。察事猶言視事,舉事猶言治事,攝事猶言理事,「庫于周事」,蓋謂庫於視事、治事、理事也。其義甚明,范本既訛「周」為「同」,已為不辭,王又臆改為「從」,亦貌是而實非也。

測曰:位高事庫,德不能也。

范望曰:位高德卑,故不能也。

次八:肺附幹餱,其幹已良,君子攸行。

范望曰:削曰肺,柿曰附。八,木也,而在親家,故言肺附,如柿之附木。親在下木,猶支息之附大木也。支生於幹,幹而舉之,故言已良。親有良幹,亦君子之所去而就之也。

司馬光曰:宋、王本肺作脯,幹作乾,行作往,王本附作腑,今從范、小宋本。餱,音侯。范曰:削曰肺。肺附如柿之附木。王曰:有肺腑之親而生乾餱之怨,故君子去之。《詩》云:民之失德,乾餱以愆。光謂:肺附以喻族人附著宗主也。民雖微賤,猶當分乾餱以濟其親也。肺附之親,至薄也,猶當以乾餱收恤之,況良幹而棄之乎。此微子所以歸周也。

葉子奇曰:肺主氣,乾餱,熟食,所以充是氣以肺,而附乾餱,得其所養,已得其所養,則質榦已良,所謂其根茂者,其實良其膏潤者,其光煜豈非君子之所行乎。

陳本禮曰:木,晝。至親至密者,莫如肺腑,次八為木,木屬肝,肺之附肝,如枝之附幹,乃一旦以乾餱之愆遂致被棄,此君子所以攸行也。

鄭維駒曰:肺附,《史記》作肺腑,《前漢・楚元王傳》:臣幸得托肺腑,謂肝肺相附著也。此肺指木術,借用肺肝字耳。乾餱,食之至薄者,肺附無益於幹,然尚得薄祿則附之者將益眾,此固君子之所行也。坎於木為堅多心,故其幹良。

鈴木由次郎曰:五月二十三日,晝,井一度,苦菜生,木。乾餱,乾糧。幹,才能,材幹。肺臟與腑臟極親近,有乾糧則分而與之,關係親密無間。今

有出色之才能，而君主不厚遇之，故君子去而之它處。此言君主不認可我的才能。

　　文字校正：親首次八：「肺附乾䏑，其幹已良，君子攸行」，《集注》：「宋、王本『肺』作『脯』，今從范、小宋本」。按：范本「肺」字于司馬光《集注》之前曾訛作「胏」，范本《釋文》出「胏」字，曰：「阻史切，脯有骨也，乾肉也」，「肺」字《玉篇》芳吠切，《說文》大徐音同，知《釋文》阻史切者實非「肺」字，《說文》：「𣍲，食所遺也，從肉，仕聲，《易》曰：噬乾𣍲，胏，楊雄說𣍲從朿」，大徐音阻史切，《廣韻》：「胏，阻史切，脯有骨曰胏」，可證范本《釋文》原出者為「胏」字，而非「肺」字，以形近故，而誤作「肺」也（「胏」或寫作「胇」，與「肺」字形近易訛，又，肺乃常見字，《釋文》似不當出以釋之，此亦證范本原作「胏」，以其罕見，故於《釋文》出以釋之也）。今本范注：「削曰肺」，又曰：「故言胏附」，此亦范本字曾作「胏」之證，注文「一作肺，一作胏」者，乃後人改之未盡者，《集注》既言從范本，可知宋時范本「胏」又改為「肺」矣，《道藏》本正文注文皆作「胏」，與嘉慶本異，據《集注》所說：「肺附以喻族人附著宗主也」，知《集注》原作「肺」，而非「胏」，《道藏》本作「胏」，則又「肺」之形訛矣，《太玄》此贊字當作「肺」，不當作「胏」，贊辭謂「肺附乾䏑」，「肺附」一語，猶如《史》、《漢》之「肺腑」、「肺附」，《史記‧魏其武安侯傳》：「蚡以肺腑」，《索隱》：「肺腑言如肝肺之相附」，《漢書‧田蚡傳》字作「肺附」，義同《史記》，《漢書‧劉向傳》：「臣得托肺附」，顏注引舊解曰：「肺附謂肺相附著，猶言心膂也」，此為《太玄》親首，故言「肺附」，以喻心腹之親，若作「胏附」，則甚為不辭。范本「肺」字二見，此其一也，《玄數》：「二、七為火，藏肺」，范本「肺」亦作「胏」（注文同），《太玄》九贊配五行五藏，三、八為木，藏為脾，四、九為金，藏為肝，一、六為水，藏為腎，五五為土，藏為心，可知二、七當為「肺」，而絕不可言藏胏也，據此知范本「肺」字皆曾訛作「胏」，後之抄者刻者於《玄數》之文不知其訛，仍存其舊，而於親首次八「胏附」，以其難通而改為「肺」字，無意之中改回《太玄》原文，此又後之抄者所始料不及者也。范本所以曾訛作「胏」者，以宋衷本作「脯」及下文「乾䏑」故也，《說文》：「脯，乾肉也」，《易‧噬嗑》：「噬乾胏」，陸注：「肉有骨謂之胏」，《字林》：「胏，一曰脯也」，《廣雅‧釋器》：「胏，脯也」，《玉篇》：「胏，脯有骨也」，是「胏」之與「脯」，義本相近，物

為一類，統言之同為乾肉，析言之則有有骨無骨之別，或以脯既為乾肉，乾餱又為乾食（《說文》：「餱，乾食也」），其義皆近，故《太玄》連言之，而以「脯」「肺」形近，「肺」「胏」形近，故舍「脯」而用「胏」也。

測曰：胏附之行，不我材也。

范望曰：乾餱之食，非材之致也。

葉子奇曰：不我材，言彼不知我，不以我為材，不見親也。此蓋有才德不用之占。

鄭維駒曰：幹不自材，故眾材輔也。

上九：童親不貞。

范望曰：貞，正也。九在火行，而為之孫，故稱童親。順孫之道，以奉於上，如其不順，為行所克，故不正也。

章詧曰：九居夜，為金，金為火孫，故稱童。童即無知之義也。在夜，故童蒙之小人也。當親之世，以小人之道，而在火行見克，故失其正。失其正之道，本小人所自也，故測曰還自荄，荄，本也。

司馬光曰：荄，古哀切。宋曰：謂自盡其根荄也。王曰：居親之極，而失位當夜，若童昏之人，所親者必不正矣。

葉子奇曰：九居禍終，昧于從者德而反童稚是親，則可以知其不得其正矣。荄，根也。絕于上而復生于下也。

陳本禮曰：金，夜。金在火世，無可親之人，幸金能生水，水乃其子，故可親。然是童稚，親之欲其滅火以援己。不貞者，己既不能自全，乃欲求援於童稚小人之手，亦可恥矣，故不貞。荄，根荄也。金雖受克於火，然火能生土，土反生金，是能於絕處逢生，故曰還自荄也。

鄭維駒曰：九為極，當貞固為事之幹，而乃闇於識，弱於才，惟童是比，所謂借曰未知，亦聿既耄者也，失正甚矣。互艮為童。

鈴木由次郎曰：五月二十三日，夜，金。與童子相近，童子暗於道理，故其親非正。

測曰：童親不貞，還自荄也。

范望曰：荄，根也。從子及孫，故根荄也。

文字校正：親首上九測辭：「童親不貞，還自荄也」，宋衷：「謂自盡其根

荄也」，范注：「從子及孫，故根荄也」，此訓荄為根荄，按：「還自根荄」，不辭，宋、范注非，「荄」當讀作「刻」，二字古皆從亥聲，聲同可通，據今人考定，荄屬古音見母之韻，刻屬溪母職韻，見溪乃牙音旁紐，之職為陰入對轉，其聲韻皆近，故可通。《莊子・刻意》：「刻意尚行」，《釋文》引司馬注：「刻，削也」，《廣雅・釋詁》四：「刻，到也」，《書・微子》：「我舊之刻子」，孔《傳》：「刻，病也」，《正義》：「刻者傷害之義」，可知刻謂鏤雕削到，故引申而有傷害之義，「還自刻也」，猶言還自害也，還自病也，童親不貞，當依王涯注：「童胥之人所親者必不正矣」，故測辭曰：「還自刻也」，范注：「九在火行而為孫，故稱童親」，故其測辭注：「從子及孫，故根荄也」，其說不通，《玄數》：「一為玄孫，九為高祖父」，然則上九不可謂孫也，范注不合《玄》例，不足取。《玄數》又云：「九為極」，親首之極，不辨其人，一味仁愛親睦之，故曰「童親」，親之不當，故曰「不貞」，王涯注得其旨也。童昏之人，所親不正，故還自傷害，言咎由自取，此亦證「自荄」之意，若云孫親，孫者遜也，順也，何以「不貞」言之，牴牾甚矣，亦證范注之非。

斂

䷖ 斂：陽氣大滿於外，微陰小斂於內。

范望曰：二方一州三部二家。地玄，陰家，八木，上中，象小畜卦。行屬於木，謂之斂者，言是時純陽據位，陰在於下，各自儉斂，未相消動，故謂之斂。斂初一，日入井宿三度。

章詧曰：純陽充滿於天下，微陰斂藏而不見也。

司馬光曰：陽家，木，準小畜。陸曰：謂陰小斂萬物之根荄。

陳仁子曰：斂者陽盛而陰縮也。陰陽只是一氣塊然大虛升降飛揚，未嘗止息，但陽氣盛而長，則陰自然斂，陽氣極而消，則陰自然生，故六月陽在上則井泉冷，十月陽伏下則地脈溫，只此氣而已，非別有物以為斂舒也。斂之時何時也，氣交六陽之候也，故《易》之小畜以一陰而畜五陽，是小而不能畜也。《玄》之斂以一陰而避五陽，是小而若能避者也。故贊辭小進不如大退，蓋陽至盛處，陰自斂而不能見也。

葉子奇曰：斂之初一，日入井宿三度。斂首皆取賦斂為義。

陳本禮曰：陽家，八，木，上中，卦準小畜。《傳》：從來物之大於外者，必虛於內，是時陽氣惟知大滿於外，而不虞陰已乘虛而入於內矣。斂者聚而藏

之之謂，小人釁起之端已肇於此，君子當防之於始，慎之於微，不可因其小而忽之也。

孫澍曰：準小畜，《太玄》以惟仁者能外財內德。

鄭維駒曰：天地間孤陰獨陽不長，故位乾於十月之坤，以純陽統陰也。位異於四月之乾，以微陰養陽也。謂之內者，以三畫異而言也。小畜六四得位，以微陰畜乾，亦小斂於內之意。解《易》家皆訓畜為止，如畜君何尤之畜，《玄》以斂象小畜，積象大畜，皆於止義不合，而與多識前言往行以畜其德之義為近，似更可從。

鈴木由次郎曰：第三十五首，陽，八木，二方一州三部二家。斂，收斂，集斂，指苛斂誅求。小斂，賦斂輕。陽氣大滿於外，微陰已趁其稍虛而入內。雖微而不可忽之之時。

初一：小斂不貸，利用安人正國。

范望曰：古者十一而稅，天下之通法也。年荒則薄賦，故稱小斂也。不相伐〔當作代〕勞，謂彊弱各別也。彊不凌弱，故民安國正矣。

司馬光曰：貸，他代切。自一至三，微而未著，故皆有鐵小之象。一當日之晝，君子賦斂薄而有常，不稱貸於民，故利用安人正國。一曰貸當作貣，吐得切。

葉子奇曰：一在初，是小斂也。所斂既小，是不出十一之法，宜其不貸也。安人正國，豈不利用乎？蓋十一，天下之公正，古今之通法也。

陳本禮曰：水，晝。貣，從人求物也。

鄭維駒曰：在初故小斂，巽得坤初爻，坤吝嗇，故巽近利。巽固小而利，然非自小而自利也，蓋以微陰畜乾，葆其盛，故能全盛，留其餘，故嘗有餘。持之於過亢之日，儲之於不竭之源，斂之固則安，斂之貞則正矣。

鈴木由次郎曰：五月二十四日，晝，井二度，水。貸，借。向人求物。君子輕賦稅，不求物於民。而能民安而國正。

文字校正：斂首初一：「小斂不貸，利用安人正國」，《集注》本、范本同，《集注》：「一曰『貸』當作『貣』，吐得切」，盧校：「何焯云：『貸』讀為『貣』，與『國』協。」按：當作「貣」，「貸」「貣」形近而誤，貣、國古皆職部字，於韻正協，《說文》：「貣，從人求物」，《一切經音義》十五引《字林》：「貣，求也」，「小斂不貣」，謂薄賦斂而不多求於民，故曰「利用安人正國」（「人」，恐當作「民」，似唐人避諱所改，范注：「彊不凌弱，故民安國正矣」，可證晉

時「人」猶作「民」，是唐人因避諱而改正文，然尚未及改注文也），《說文》：「貸，施也」，「不貸施」，意與「安民正國」之意不合，且與「小斂」之辭不類（小斂謂薄賦斂，與厚斂重賦相對，非收斂不貸施之意），知非作「貸」也。斂之初一乃陽首陽贊，辭例當休，以此亦當作「賚」而不當作「貸」，方為休辭，合乎《玄》例也。

測曰：小斂不賚，其道富也。

范望曰：安人正國，得道之當也。

陳本禮曰：微陰始出用事，不尚王道，治民乃先言賦斂。曰小斂不賚者，見其尚未敢肆志於貪也。

次二：墨斂鐵鐵，浸我匪貞。

范望曰：貞，正也。二，火也。鐵，少也。匪，不也。為陰中之火，故小斂也。斂積之家，取非其正，故不貞也。

司馬光曰：小宋本鐵作截，王本浸作寢，今從宋、陸、范本。鐵，息廉切。范曰：鐵鐵，小也。光謂：墨，貪也。小人貪於聚斂，喜見小利，漸而入於匪正，非所以為光美者也。

林希逸曰：墨，貪也。鐵鐵，取之盡錙銖也。匪貞，不正也。言取民鐵悉，則我之政道浸失矣。

葉子奇曰：墨，貪墨也。鐵鐵，細悉貌。二在陰中，貪于聚斂，毫末不遺，極于纖悉，無餘利也。然利源既開，則漸至于不正矣。

陳本禮曰：火，夜。曰墨斂則已漸近於貪矣。鐵鐵，細小也。貪於聚斂，毫末不遺，雖非重征培克，然利源既開，則漸進而至於不正矣。

鄭維駒曰：二夜人斂財於暗中，故曰墨斂。貪以敗官曰墨，凡貪者必自鐵鐵，始謂其無傷於貞，而不知已浸於匪貞也。孰浸我，我自浸我也。

鈴木由次郎曰：五月二十四日，夜，火。墨斂，貪痡聚斂。墨，冒、貪、不潔之稱。鐵鐵，細小貌。我，次二自指。貪而徵稅，雖然所徵輕少，但貪利之道既開，則漸至不正。

文字校正：斂首次二：「墨斂鐵鐵，寢我匪貞」，《集注》：「墨，貪也」，《左》昭十四年傳：「貪以敗官為墨」，墨通默，默亦訓貪，《家語・正論》：「貪以略官為默」，王注：「默猶冒，苟貪不畏罪」，「略官」當作「敗官」（「略」「敗」形近），此當據《左傳》而言也，墨、默之訓貪者，皆「冒」之假字也。

《左》襄四年傳：「冒于原獸」，杜注：「冒，貪也」，《左》文十八年傳：「冒于貨賄」，杜注：「冒亦貪也」，《史記·伯夷列傳》：「眾庶馮生」，《索隱》：「鄒誕本作『每生』。每者冒也，即貪冒之義」，《漢書·翟方進傳》：「冒濁苟容」，顏注：「冒，貪蔽也」，冒、默、墨，古皆明母職部字，音同義通，故皆可訓貪也。《集注》所說是。范注：「鐵，少也」，《集注》引作「鐵鐵，小也」，是，當謂小，「鐵」蓋「纖」之假字。《說文》：「纖，細也」，《方言》二：「纖，小也，自關而西秦晉之郊梁益之間，凡物小者，或曰纖」，《廣雅·釋詁》二：「細、纖，小也」，《淮南·墜形》：「沙土人細」，注：「細，小也」，是纖細皆謂小也。「鐵鐵」，亦是小義，「墨斂鐵鐵」，蓋謂貪婪之斂，不遺細小之利也。斂首首辭：「微陰小斂於內」，初一：「小斂」，次二：「墨斂鐵鐵」，次三「見小勿用」，皆謂小斂也。斂首准《易》之《小畜》，義皆在小也，均可證「墨斂鐵鐵」謂貪圖小利也。「竁」字之義，《集注》：「漸而入於匪貞」，訓「竁」為漸，是也。竁與浸、寖為一字異體，《漢書·成帝紀》《集注》：「寖，古浸字」，《禮樂志》、《溝洫志》、《齊悼惠五肥傳》、《董仲舒傳》《集注》同，《五行志》上《集注》：「竁，古浸字」，《地理志》上、《廣陵厲王胥傳》《集注》同，《詩·白華》箋：「浸彼稻田」，《釋文》：「浸本作寖」，《周禮·職方氏》：「其浸五湖」，《釋文》：「浸本作寖」，皆其例也，《說文》：「浸水，從水，壹聲」，是「寖」為本字，以其所省不同而有浸、寖、竁三體，而以「浸」字習見。《漢書》多作「寖」，字本從宀，而多訛作穴，此類甚多，又不止「寖」字也。如《詩·北門》：「終寠且貧」，「寠」字篆文當從宀，而今從穴者，皆其類也。

測曰：墨斂鐵鐵，非所以光也。

范望曰：浸大不正，故不足為光榮。

鄭維駒曰：二為火，故云光。

次三：見小勿用，以我扶踈。

范望曰：三，木也，三小八大，故小不用。到秋八木扶疏而大，故可用也。以論物微可大，如木扶疏之時，可材用也。

司馬光曰：王曰：三得位當晝，得斂之宜。見小勿用，是因我滋息，以至扶疏盛大也。光謂：物方微小，君子養之，以俟其大，而後取之。《禮》：不麛不卵，不殺胎，不殀夭，草木零落，然後入山林。皆此意也。

葉子奇曰：扶疎，盛大貌。言凡見物之尚小，則養而勿用，俟物之既大，則用而有餘。此喻人君足國之道在乎養民，民富而後取之，則民無刻急之憂，國無不足之患也。三以陽明，故其得聚斂之宜也如此。

陳本禮曰：木，畫。我，三自謂也。三雖當畫，然值墨吏用事之始，嫌三之木鐵小不足以飽其所欲。以我扶疎者，欲養之以俟其大而取之，此墨吏之巧於設法徵求也。

鄭維駒曰：孟夏長養之月，見小勿用，養之使大也。巽為木，故云扶疎。

鈴木由次郎曰：五月二十五日，畫，井三度，木。扶疎，枝葉繁茂貌。次三為木，故以扶疎表示盛滿之意。我，次三自稱。我力弱而不足飲其欲，故養之而待其盛大之時，欲大徵賦稅。

文字校正：斂首次三：「見小勿用，以我扶疎」，吳汝綸曰：「『以』字當為『似』字，與『俟』通」，按：「以」「似」古通，以，喻母之韻，似，邪母之韻，喻、邪為舌齒鄰紐，故可通。《易‧明夷》：「文王以之」，《釋文》：「以，荀、向本作『似『」，《詩‧旄丘》：「必有以也」，《儀禮‧特牲饋食禮》注引作「必有似也」，《漢書‧高帝紀》上《集注》引如淳：「以，或作似」，是皆「以」「似」相通之例。似，邪母之韻，俟，崇母之韻，邪、崇乃齒頭正齒之旁紐，聲近義通。扶疎謂盛也，大也，《太玄》𧢲首首辭：「物咸扶𧢲而進乎大」，「𧢲」即「疎」之異體，「俟我扶疎」，亦彼扶𧢲而進乎大之意也，測辭：「見小勿用，俟我大也」，當即贊辭「以我扶疎」之意，亦可證也。

測曰：見小勿用，俟我大也。

范望曰：舍小符〔扶〕大，故相俟也。

陳本禮曰：一我字可憫。小民被其饕餮，含怨在心而不敢發也。

次四：斂利小刑，小進大退。

范望曰：四，金也，金克於木，故小刑也。收斂之家，小進則相侵，以至刑殘，不如大退守正而已也。

司馬光曰：范本政作正，今從宋、陸、王本。

葉子奇曰：斂利小刑，是用刑法廹民以賦也。蓋民者邦之本，財者民之心，今聚財以失民，則其所得者小而所失者大也，豈非小進而大退乎？刑特言小刑者，其失民也小刑且然，況大刑乎，其為戒也深矣。

陳本禮曰：金，夜。小刑，薄懲也。小民急公納賦，固無待於刑，今以刑

迫之，則是民不當納之賦而強欲浮收之，借公斂私，雖小有所進，然一經敗露，其所失多矣，故曰大退。

孫溆曰：小人在位聚斂賦益，政以賄成，則刑罰不中，刑罰不中，則民無所措手足，故曰其政退也。明其所利者小，而所失者大。

鄭維駒曰：物利於秋，四九為秋，又為理刑也。巽為進退，陽大陰小，陽主義，陰主利，斂民之利，小有刑害，言利者進，尚義者退矣。巽小而乾大，乾往而姤來，故云小進大退，巽乾皆為利。

鈴木由次郎曰：五月二十五日，夜，金。貪私利而大徵稅，以小刑逼民。所得小，所失大。

測曰：斂利小刑，其政（原作正）退也。

范望曰：小刑為害，故正退也。

文字校正：斂首次四測辭：「斂利小刑，其正退也」（范注本），《集注》本從宋衷、陸績本「正」作「政」，按：當作「政」，贊辭：「斂利小刑，小進大退」，利、刑、賦、斂，皆為政之事，可證當作「政」也。

次五：畜槃而衍，繭純于田。

范望曰：五為君位。畜，養也。槃，器名也。衍，達也。五又為土，故有田之名。謂自君達民，孟夏之節，以田桑為務，天時之利也。家性為斂，斂利收功，唯田與桑，故言純于田也。

司馬光曰：槃，樂也。純，美也。五為繭，又居盛位而當晝，賦斂不妄，生之有時，用之有節，故六畜蕃衍，蠶桑饒美也。

葉子奇曰：純，白色。五以剛陽之君，能盡其道以養民畜，止其槃樂游衍，使毋奪于農桑之時，使其繭得以成色，民得以于田，則將見布帛穀粟，有不勝其用矣。節已裕民，此君國子民之本歟。

陳本禮曰：土，晝。五為君而當陽，不以聚斂為事，是能藏富於民者。畜，六畜，槃，樂，衍，蕃衍也。是月天子命野虞勞農，勸民無或失時，無大田獵，此畜牧所以槃樂而蕃衍也。純，繭已成絲者。於田，蠶事畢，然後農乃得盡力於南畝也。

鄭維駒曰：槃樂繁衍，畜牧成也。繭純於田，桑田之利若農也，此富家大吉之象。巽為帛，五為繭為田，牲畜字於春，長於夏，《月令》：孟夏獻繭，故下云不奪時也。

吳汝綸曰：畜，六畜。槃，大也。

鈴木由次郎曰：五月二十六日，晝，井四度，土。畜，家畜。牛馬羊犬雞豕謂之六畜。槃，樂。衍，繁盛眾多貌。農業繁忙季節，不讓農民服公役，故家畜樂而繁殖多，繭吐絲，民能盡心農桑。

測曰：畜槃繭純，不奪時也。

范望曰：先天不違，故不奪時也。

次六：閔而緜而，作大元而，小人不戒。

范望曰：六為宗廟，水，木之母，母在宗廟，下之所天，世之政也。水起於一，當漸以進，而便作大，故宜戒也。

司馬光曰：王本閔緜之戒作閔緜不戒，今從宋、陸、范本。閔緜，小貌。元，始也。六在斂家，過中而當夜，斂怨者也。怨始於小而至於大，小人不戒，故怨及之而不自知也。

林希逸曰：閔，憂也。緜，微也。元，首也。其憂雖小，憂之大者自此而始，言當慮微也。

葉子奇曰：閔言民之微而可憐也，緜言民之弱而易虐也。大元言民為元氣之大本也。夫民為邦之大本，小人不知其戒，暴徵橫斂，不復知憐而虐之，則民傷而國命傾，本拔而枝榦瘁矣。為國不以義而以利者，可不戒哉。六以陰柔，故設此戒。

陳本禮曰：水，夜。六為陰水，小人始尚小斂於內，漸則由內作大於外。閔，愍，而，汝也。緜而，指水言也。《語》云：緜緜不絕，將為江河，陰之小斂，人不介意，而不知正為作大之地，遂肆行暴徵橫斂，以至毒流海宇，禍及家國，其始固由於小人不識禍機，而不知戒也。元，始也。

孫澍曰：《書》曰：無若火始燄燄，厥攸灼敘弗其絕，《語》曰：蟻穴潰堤，即此意。閔緜，弗戒也，《詩》曰：殷士膚敏，祼將於京，作大元而也。吁可畏哉，為人上者奈何不敬。

鄭維駒曰：閔緜謂可憂傷之小民也。《太玄》猶稱玄老，小人而在高位不戒故也。

吳汝綸曰：所謂涓涓不絕將為江河。

鈴木由次郎曰：五月二十六日，夜，水。閔，憂。而，汝。緜，長而不絕貌。元，始。憂汝人民，若收斂汝人民而不止，則不久就為大禍之始。而小人不戒懼之。禍微細而不知以為兆。

文字校正：斂首次六：「閔而緜而，作大元而，小人不戒」。《集注》：「閔緜，小貌」，是。《廣雅·釋詁》二：「緜，小也」，《說文》：「緜，聯微也」，《素問·方盛衰論》：「緜緜乎屬不滿目」，王注：「緜緜乎謂動息微也」，《脈要精微論》：「緜緜以去」，王注：「緜緜言微微似有而不甚應乎也」，《左》哀十七年傳：「緜緜生之瓜」，杜注：「緜緜，瓜初生也」。《詩·緜》：「緜緜瓜瓞」，《正義》：「緜緜，微細之辭」，「緜緜」又作「綿綿」，《家語·觀周》：「綿綿不絕」，王注：「綿綿，微細」，古之脣音字，多有微細微小之義，《詩·緜蠻》：「緜蠻黃鳥」，毛《傳》：「緜蠻，小鳥也」。《文選·魏都賦》：「薄戍緜冪」，李注：「緜冪，微貌」，《廣雅·釋詁》二：「微、幼、么、懱、杪、眇、藐、鄙，小也」，諸字皆脣音也。又如《文選·上林賦》張湛注：「靡，細也」，《漢書·敘傳》：「又況么麼」，鄭注：「麼，小也」，《方言》：「江淮陳楚之內謂木細枝為蔑」，郭注：「蔑，小貌也」。《法言·學行》：「視日月而知眾星之蔑也，仰聖人而知眾說之小也」，「蔑」與「小」對言，是「蔑」亦有「小」義也。《說文》：「懱，輕易也」，輕易亦有小義。又如，《廣韻》引《蒼頡》：「絈，細也」，《玉篇》：「䌟，細小也」，《呂覽·審分》：「所知者妙矣」，注：「妙，微」。《老子》王弼注：「妙者微之極也」，等等，此類字例甚多，不能一一列舉。「閔而」之「閔」，亦脣音字，「閔」「緜」一聲之轉，故「閔」亦可訓小，測辭：「閔緜之戒，不識微也」，亦以「微」字言之，亦可證「閔」「緜」皆有小義也。次六蓋言小人不知戒於微細之時之事也。斂首準《易·小畜》卦，謂微陰小斂於內，微陰、小斂，皆謂小也，故通首多言小。

測曰：閔緜之戒，不識微也。

范望曰：小人不戒，故不識別也。

陳本禮曰：貪風不戒，始於小人不識微，然亦由廉恥道喪，天下同風，無有起而振之者。迨禍孽已成，雖欲挽之，而無及矣。《詩》云：殷鑒不遠，在夏后之世。

次七：夫牽于車，妻為剡茶，利于王姑，不利公家，病。

范望曰：火焚於木，故為剡茶。陽稱夫，夫引車於外，妻剡茶於內，此王姑之利也。貨利於私門，故公家病也。

司馬光曰：陸曰：資，財也。夫妻斂財，利家不利國也。王曰：牽車，重役，而其利微。剡茶，苦菜，而其功寡。可以給私室，利於王姑，不足以供公上也。光謂：《爾雅》：王父之姊妹為王姑。

葉子奇曰：茶，苦茶也。王姑，祖母也。此言人之汲汲于經營，夫則牽于車，婦則剝于茶，各勤其任，以營于利，宜于其私家之王姑而已，至于治國則當以義不以利，苟亦汲汲比而同之，則非公家之所宜而為病矣。

陳本禮曰：火，畫。牽車剝茶，利之至微者也。小民不足以糊口，莽皆斂取其資以逢迎太皇太后，太后，莽之姑母也。故隱其辭曰王姑。當莽未知加九錫居攝之時，史稱莽誑耀媚事太后，方故萬端，賂遺以千萬數，皆益徵之於民間者，故曰利於王姑。不利公家者，利入私門，權歸臣下，故公家病也。

孫澍曰：夫之母謂之妓，《內則》曰舅姑。王猶言皇也。夫肇牽車牛，服賈于外，妻剝茶於內，將以致養王姑，而乃惟正之供，不得顧私，《記》曰：苛政猛於虎，病可知已。

鄭維駒曰：乾下伏坤，為大輿，牽車者，酒誥所謂牽牛遠服，賈用孝養厥父母也。七火味苦，故曰茶。剝茶即豳風采茶。利於王姑，不利於公家，不能兼利也。

吳汝綸曰：于車之於，當為牛。

鈴木由次郎曰：五月二十七日，畫，井五度，火。茶，苦菜。王姑，王父（祖父）之姊妹。夫引車，妻摘苦菜，共同勞動。其收益微細，祖父祖母雖喜，而不足供于國之徵稅。此寧為可憂。

文字校正：斂首次七：「夫牽于車，妻為剝茶，利於王姑，不利公家，病」，測辭：「牽車剝茶，斂之資也」（嘉慶本），《道藏》本及范本贊辭測辭「茶」皆作「茶」，吳汝綸曰：「『于車』之『于』當為『牛』」。今按：當作「剝茶」，「于」字不當作「牛」。古無「茶」字，僅有「茶」字，《說文》：「茶，苦茶也，從草，餘聲」。徐鉉等曰：「此即今之『茶』字」。《爾雅·釋草》：「茶，苦菜」。徐鉉以為「茶」即後之「茶」字，恐非。「茶」「茶「二字，形音義皆有不同，實非一字，古人不知用「茶」，故無「茶」字，後之「茶」字當據「茶」字稍加改動而成，既經改動，則非一字，言「茶」字由「茶」字而生可，謂「茶」「茶」一字則非。《太玄》之時恐無「茶」字，其原文當作「茶」也。《集注》引王涯：「剝茶，苦菜，而其功寡」。既言「苦菜」，是《集注》本原文當作「茶」也。《集注》於此字無校語，是范本亦當作「茶」。《道藏》本作「茶」，猶為《集注》本原貌，嘉慶本「茶」已訛作「茶」，今《四部備要》本仍作「茶」，恐是誤沿訛本。又，次七贊辭以車、茶、姑、家為韻，皆魚部字，故可協，可證當作「茶」，若作「茶」則不協矣。且茶可剝，茶不可剝，此於事理亦知何所從

矣。吳氏謂「于」字當作「牛」，實無證據，不可從。《集注》、范注並不言牛車之事，可證原文非牛車也。且既為牛車，何以人牽之耶？亦無是理。吳說非是。范注本測辭「牽車剡荼」作「牽牛剡荼」，亦誤。贊辭作「車」，並無「牛」字，可證測辭不當言「牛」也。然贊辭「夫牽于車」，當作「夫于牽車」，與「妻為剡荼」文例一律。古「于」、「為」通，王引之《經傳釋詞》第一、俞樾《古書疑義舉例》有「上下文異字同義例」，楊樹達《詞詮》均已言之，例證甚多，茲不之載。于、為古皆匣母字，一聲之轉，其韻亦為魚歌通轉（於，魚韻，為，歌韻），音近故可通也。《太玄》此作「夫于牽車」，「于」猶「為」也，夫妻、于為、牽車剡荼，各自相對，文例一律。測辭：「牽車剡荼」，正引贊辭之語，亦可證當作「牽車」也。抄者或不知「于」猶「為」，而倒作「夫牽于車」，復使後之讀者不明其義，而謂「于」當作「牛」，實愈誤而愈遠矣。

測曰：牽車剡荼，斂之資也。

范望曰：斂入私門，王姑之資財也。

陳本禮曰：牽車剡荼，雖不足以當重斂，然使之役於公而不給其值，是亦斂之資也。

次八：大斂大顛（原作巔）。

范望曰：此本木行，今八木也，而在斂世，八月之時，枝枚扶踈，葉落歸本，故大斂也。斂過十一，民財匱訖，故大巔也。

司馬光曰：陸、范、王本顛作巔，今從二宋本。王曰：八居斂極，而失位當夜，大斂者也。處禍之中而求大斂，必有顛隮之患矣。

葉子奇曰：八居禍敗，不明于德，大肆于聚斂，失民甚矣，故亦大至于喪亡也。蓋鉅橋鹿臺之不積，紂不至于自焚，瓊林大盈之不積，德宗豈能以出走。自古殖貨亡身、豐財喪國者，亦可以監哉。

陳本禮曰：木，夜。次三曰見小勿用，俟我大也，八之木扶疏而大矣。正墨吏所俟，欣然欲倍徵其賦者，不知秋木質幹已枯，枝葉敗落，一遇斧斤，大本先顛，而小民之身家亡矣。

鄭維駒曰：巔、顛字通，落實取材，不遺餘力，則木實先拔矣。

鈴木由次郎曰：五月二十七日，夜，木。若大收斂，則必至大顛落。

文字校正：斂首次八：「大斂大巔」（范注本），《集注》本「巔」作「顛」，是，謂顛墜也。測辭：「大斂之顛，所斂非也」，言賦斂過大，斂之不當，所斂非也，故至顛墜矣。《玄》例次八為禍中，故有顛墜之象，若謂巔頂極上，則

與贊意《玄》例不合矣。古惟有「顛」字，無「巔」字，《說文》：「顛，頂也，從頁，真聲」。「顛」又訓倒、僕，又訓隕、墜、下，諸義字皆作「顛」，後人加山於其上，只表顛頂之義，是字繁衍後起字，不能用於「顛」字其他義項。經籍通用「顛」字，《太玄》亦同，全書「顛」字共六見：彊首上九「其人顛且蹶」，疑首次八「顛疑」，堅首次七「堅顛觸冢」，上首次六「顛衣倒裳」，范本皆作「顛」，既有訓顛頂者（堅首），又有訓顛墜、顛倒者（彊首、疑首），可證《太玄》通用「顛」字，不用「巔」字也。此斂首及中首上九（「巔靈氣形反」）兩處作「巔」者，皆後之抄手臆改者。中首上九范注：「巔，下也」，與疑首次八注：「顛，下也」，訓釋相同，可證原文當同疑首次八作「顛」而不作「巔」也。且作「巔」者並無訓下者，是亦可證此非《太玄》原文，亦非范注原文。此斂首之「顛」，亦是顛墜之義，同彊首、疑首之「顛」。且「巔」亦無訓墜隕者，足證字當作「顛」，雖後世分為「顛」「巔」二字，而其義項一定，猶尚不可混用，且其之所以分為二體者，亦為不混用以明其義項故也，則其未分之前猶不可作「巔」也。

測曰：大斂之顛（巔），所斂非也。

范望曰：過於十一，故非也。

葉子奇曰：巔、顛同。

上九：斂于時，利圉極嗇。

范望曰：金在木行，克利於八，故斂于時也。畜積之家，必有儲委，故利圉災也。

司馬光曰：王曰：圉與禦同。光謂：九為禍極而當晝，君子當豐穰之時，重斂而民不以為暴，所以豫備凶歲，禦此極災也。幾當作譏，言斂得其時，雖重無譏也。《孟子》：疾狗彘食人食而不知檢，塗有餓莩而不知發。

葉子奇曰：九居斂道之極，故極言為斂之道。時，得其時制也。古者三年耕，餘一年之食，九年耕，餘三年之食，積三十年之通，以制國用，雖有水旱，民無菜色，蓋畜積多而備先具，所以利圉極嗇也。

陳本禮曰：金，晝。九為陽氣大滿於外之時，國家賦課有定額，不能因豐年而逾額多收。然古者三年耕餘一年食，九年耕餘三年食。斂於時，謂當豐稔大有之年，宜撙節以省經費，調劑以裕民生，則雖遇水旱，國無不足，民無菜色矣。

鄭維駒曰：九為極，為盡弊，故曰極薔。《莊子・繕性》：其來不可圉，注與禦同。《詩》：我有旨蓄，亦以御冬，斂於時之謂也。

鈴木由次郎曰：五月二十八日，晝，井六度，麋草死。金。極薔，最大之災。薔同災。圉，御。當豐年，不貪多斂，則民生豐足，遇有水旱，民亦不困窮。

測曰：斂于時，奚可幾也。

范望曰：幾，近也。重斂之世，不可近習。

葉子奇曰：幾，及也。古道奚可及哉。

鄭維駒曰：斂得其時，非重斂者所及。幾，及也。

吳汝綸曰：圉、禦同字。奚可幾，美詞也。

文字校正：斂首上九測辭：「斂于時，奚可幾也」，范注：「幾，近也」，《集注》：「『幾』當作『譏』」，按：范注非是，《集注》得其意。然「幾」「譏」古通，不煩改字。《儀禮・聘禮》鄭注：「以幾是服」，《釋文》：「『幾』，本作『譏』」，《國語・齊語》：「使關市幾而不征」，韋注：「『幾』通作『譏』」，《周禮・司關》司農注引《孟子》：「關譏而不征」，作「關幾而不征」，《管子・小匡》：「使關市幾而不正」，《五輔》：「幾而不征」，《禮記・王制》作「關譏而不征」，《荀子・王制》：「關市幾而不征」，楊注：「帷幕幾，呵察也」。《禮記・王制》：「關執禁以譏」，鄭注：「譏，呵察也」，《家語・王言》：「關譏市廛，皆不收賦」，王注：「譏，呵察也」，《管子・版法》：「幾行義勝之」，《小匡》：「使關市幾而不征」，《問》上：「必幾之」，《五輔》：「幾而不征」，注皆曰：「幾，察也」。《禮記・玉藻》：「禦瞽幾聲之上下」，注：「幾猶察也」，《史記・李斯傳》：「去其幾也」，《正義》：「幾謂察也」，是皆「譏」、「幾」訓察之例，二字皆可訓「察」，可證其可互通也。幾、譏古音同（見母微韻），故「譏」通作「幾」。《太玄》當以「幾」作「譏」也，上九之「斂得時」，故不可譏之也，范注謂不可近之，則與「斂于時」，「利圉極薔」（贊辭）之意不合，知其非也。依《玄》例斂首上九其辭當休，若用范注，則為咎辭，亦可證其非是。

彊

䷀ 彊：陽氣純（原作統）剛乾乾，萬物莫不彊梁。

范望曰：二方一州三部三家。地玄，陽家，九金，上上，象乾卦。行屬於金，謂之彊者，謂是時陽氣一統，而剛乾在上，萬物彊盛。謂之彊梁者，彊，助也。彊之初一，日入井宿七度。

章誉曰：準乾，陰家。純陽剛健，萬物各抱其氣以彊梁也。

司馬光曰：陰家，金，準乾。范、王本純作統，今從宋、陸本。

陳仁子曰：彊者陽性健而剛也。蓋六陽為乾之候也，夫萃天下之至健者陽也，而萃陽氣之健者天也，故乾首以性情言，強者以體段言，皆健也。故乾之六爻至上九而始曰亢，慮其過也。《玄》之九贊自初一、次三、次七、上九而再四曰凶，亦慮其過也。陽氣至是非不及之志，而無過之患，陽之行健大矣哉。

葉子奇曰：物至是而長極，故彊梁。彊之初一，日入井宿七度。

陳本禮曰：陰家，九，金，上上，卦準乾。《傳》：彊，健也。《易》曰：天行健，君子以自彊不息，陽氣壯健，陰氣潛萌，故欲統領群剛，以禦陰邪，以防小人，而萬物之精壯者，亦莫不養精蓄銳，同備寇盜。彊梁者，剛健不屈之貌。故曰彊。

孫澍曰：準乾，《太玄》以中立不倚，積健乘權。

鄭維駒曰：乾為眾陽之統，故統剛，本《易》統天而言。

吳汝綸曰：彊，當為橿，贊云左右橿橿，準《易》之終日乾乾也。作強者，後人妄改耳。

鈴木由次郎曰：第三十六首，二方一州三部三家，陰，九金。彊，強健。乾乾，同健健。強健而不休，彊梁，剛健不屈。陽氣統群剛，強健而防陰邪。萬物亦仍受陽氣，養精蓄銳，剛健不屈。

文字校正：彊首，各本字皆作「彊」，吳汝綸曰：「『彊』當為『橿』，贊云：『左右橿橿』，《易》之『終日乾乾也』，作『彊』者，後人妄改耳」。按：吳說誤。其僅據彊首中「左右橿橿」一語而徑謂「彊」當作「橿」，不免武斷。橿，當依《集注》本作「攍」，詳見增首上九「群士橿橿」條。彊首首辭：「萬物莫不彊梁」，蓋言陽氣隆盛、萬物彊壯之意，而橿，枋也（《說文》），柄也（《釋名・釋用器》、《廣雅・釋器》），枋柄之義與《玄》意無涉，知字不當作「橿」也。攍攍言扶助之貌（見增首上九「群士橿橿」條），義亦不合。前已言之，斂、彊、睟、盛四首乃《太玄》陽氣鼎盛之時，故以「彊」字命名此首。《戰國策・秦策》：「兵革之強」（「強」「彊」通，以下同），注：「強，盛也」。《春秋考異郵》：「景者強也」，注：「強言強盛也」，《爾雅》《釋文》李注：「言萬物皆剛盛未通，故曰強圍」，皆彊為彊盛之意，然則《太玄》名「彊」，蓋謂強盛也，正與斂、睟、盛諸首文義相貫通。若作「橿」，則其義不合。觀彊首之文，「攍攍」唯一見，而「彊」字十見，如首辭：「萬物莫不彊梁」，初一：「彊中

否貞」，測辭：「彊中否貞」，次五：「君子彊梁以德，小人彊梁以力」，測辭：
「小人彊梁」，次六：「克我彊梁」，測辭：「克我彊梁」，次八：「彊其衰，勉其
弱」，測辭：「彊其衰，勉自彊也」，若依吳說作「橿」，則諸「彊」字無屬，且
吳據此「橿」便謂當作「橿」首，增首上九亦謂「橿橿」，然則增首亦當作「橿」
首乎？吳以「橿橿」一語，不顧十見之「彊」，豈非以偏概全，舍十逐一乎？
彊首「彊梁」諸語足證當作「彊」，吳說無理，不可從。

彊首首辭：「陽氣統剛乾乾，萬物莫不彊梁」（范注本），《集注》本「統」
作「純」，按：當作「純」，「統」與「純」形近而誤。斂、彊、晬、盛四首乃
《太玄》陽氣鼎盛之時，故斂首首辭曰：「陽氣大滿於外」，彊首首辭曰：「陽
氣純剛乾乾」，晬首首辭曰：「陽氣礿晬清明」，盛首首辭曰：「陽氣隆盛充塞」，
大滿、純剛、礿晬（「礿」通「均」，「均」通「純」，「晬」通「粹」，義亦為純）、
隆盛，文意一貫，蓋謂陽氣至此充滿而純粹（謂充滿天地間，不雜含陰氣為純
粹），剛彊隆盛也。范氏之注亦多有純剛之語，斂首首辭范注：「純陽據位」，
密首首辭范注：「純剛用事」，眾首首辭范注：「陽氣徧於六位，純剛思齊萬物」，
而彊首首辭范注：「陽氣一統而剛乾在上」，此據「統剛」而言，已與斂、密、
眾首及注不同，是其前後牴牾也。《易‧說卦傳》：「乾，健也」，《易‧雜卦傳》：
「乾剛坤柔」，《太玄》彊首「陽氣純剛」，故重言「乾乾」，以狀陽氣剛健強盛
之貌。彊、晬二首俱象《易》之《乾》卦，《易》之《乾》卦為純陽之卦，故
《太玄》彊首首辭曰：「陽氣純剛乾乾」，晬首首辭曰：「陽氣礿晬」，純剛、礿
晬，皆純陽之義也。以上足證當作「純」，方與《太玄》諸首文意相合，亦與
《玄》准《易》之例合，而范注曰「陽氣一統」，則據誤本強為之解，實不可
通，亦證此訛誤甚早，晉時已然。

彊首首辭：「萬物莫不彊梁」，次五：「君子彊梁以德，小人彊梁以力」，測
辭：「小人彊梁，得位益尤也」，次六：「克我彊梁，于天無彊」，測辭：「克我
彊梁，大美無基也」，諸「彊梁」之「梁」，皆當從木，《道藏》本首辭及次五
訛作「粱」，從米，范本及嘉慶本皆從木，是，「彊梁」者，迭韻連綿詞也，經
籍中字或作強梁、彊梁、彊陽，並無作「粱」者，《莊子‧山木》：「從其強梁」，
《詩‧蕩》：「曾是彊禦」，毛《傳》：「彊禦，彊梁禦善也」，《正義》：「彊梁，
任威使氣之貌」，《釋名‧釋宮室》：「梁，彊梁也」，《太玄》逃首首辭：「陰氣
章彊」，范注：「彊梁傷敗之貌也」，《漢書‧王莽傳》上：「不畏強圉」，注：「強
圉，強梁圉扞也」，《莊子‧知北遊》：「天地之彊，陽氣也」，《列子‧天瑞》：

「彊陽，氣也」，皆是其例。然「梁」、「粱」形近易訛，《素問‧通評虛實論》：「肥貴人則高梁之疾也」，王注：「梁，粱字也」，《生氣通天論》：「高梁之變」，王注：「梁，粱也」，是王冰混同「梁」與「粱」也。《太玄》此首當通作「彊梁」，《道藏》本既作「梁」，又作「粱」，知乃抄手筆誤而有未盡也。次六：「于天無疆」，《道藏》本「疆」作「彊」，亦非，蓋涉上「彊梁」之「彊」而誤也。范注：「見克思過，故受天福無疆界也」，《集注》：「如是則享有遐福與天無疆矣」，王涯曰：「君道益光，故至於天而無窮也」，皆謂無窮無疆，可證當作「疆」也。測辭：「大美無基也」，宋衷曰：「無基謂無疆界，言廣遠也」，是測辭「無基」，亦證贊辭當作「無疆」也。

初一：彊中否貞，無攸用。

范望曰：攸，所也。水，金子也。子母之道，相扶為彊，故曰彊中。不用文德，故否。正守其性，故貞。彊梁之人，待〔恃〕子為勢，故無所用也。

司馬光曰：否，方九切。一為思初而當夜，強心而不正者也，故無所可用。

葉子奇曰：一在彊初，是彊于中，在陰邪，故否貞。彊于中而不貞，是彊于不義者，宜其無所用也。

陳本禮曰：水，夜。攸，所也。一在彊初而屬水，外剛內柔，陰邪不正，故無所用也。

鈴木由次郎曰：五月二十八日，夜，水。外現剛強，內為柔弱，不正。不足共謀。

測曰：彊中否貞，不可與謀也。

范望曰：彊梁之人，不可與謀之於世事也。

葉子奇曰：中心惡故。

陳本禮曰：中心險也。

鄭維駒曰：乾為大謀，初為水，於事為聽，聰作謀，故坎亦為謀也。

次二：鳳鳥于飛，修其羽，君子于辰，終莫之圉。

范望曰：二為朱鳥，鳥而彊大，故謂之鳳。鳳之高飛，必脩其羽，猶君子將事，必脩其學也。圉，止也。脩身正行，文學優備，而會于辰，以終天祿，無能止也。

司馬光曰：范曰：圉，止也。光謂：辰，時也。二為思中而當晝，君子得時彊於為義，人莫之止。如鳳鳥之飛，其羽修長，人不能制也。凡中者皆有得位得時之象。

葉子奇曰：以陽明之才，當盛彊之世，是君子可以有為之時也。如鳳鳥于飛則脩飾其羽矣，而君子得時則終莫之圉矣。蓋羽飾則文顯，時得則業成，有其具而逢其時，未有不得意也。

陳本禮曰：火，晝。二以陽明之才，當盛彊之世，是君子有為之時也。如鳳鳥之翔於千仞，羽儀輝光，四國人莫能知其所止。辰，時也。圉，止也。

鄭維駒曰：火類為羽，羽之族之有鳳，猶水族之有龍，龍鳳皆聖王之瑞，故《易》言龍，此言鳳。圉同御。

鈴木由次郎曰：五月二十九日，晝，井七度，火。修，長。辰，時。圉，抵禦。鳳凰飛，其羽長引而舞。君子際會大有為之時。人不能制止其發展。

文字校正：彊首次二：「鳳鳥于飛，修其羽，君子于辰，終莫之圉」。范注：「圉，止也」，《集注》從之，按：圉之訓止，經籍中多與禦、敔有關，禦、敔訓禁訓止，圉亦訓禁，於是此諸字義可貫通。《爾雅·釋言》：「圉，禁也」，《逸周書·寶典》篇：「不圉我哉」，孔注：「圉，禁也」，《廣雅·釋詁》三：「禁，止也」，《戰國策·西周策》：「禁秦之攻周」，《秦策》：「王不能禁」，注皆曰：「禁，止也」，是圉訓禁，禁訓止，故圉可輾轉訓止也。《一切經音義》九引《爾雅·釋言》舍人注：「禦圉謂未有而預防之也」，《禮記·王制》：「以時入而不禁」，《正義》：「禁謂防遏」。防有止義，圉、禁訓防，故圉、禁可訓止。圉義通禦、敔，《周書·諡法》：「威德剛武曰圉」，孔注：「圉，禦也」。《管子·輕重甲》：「守圉之國用鹽獨甚」，房注：「墨與禦同」，《詩·桑柔》：「孔棘我圉」，鄭箋：「圉當作禦」，《莊子·繕性》：「其來不可圉」，《釋文》：「圉本作禦」，《詩·召旻》：「我居圉卒荒」，《韓詩外傳》作「我居禦卒荒」，《詩·烝民》：「不畏彊禦」，《漢書·王莽傳》作「不畏彊圉」，《詩·蕩》：「曾是彊禦」，《漢書·敘傳》下作「曾是彊圉」，《列子·列禦寇》，《戰國策》、《新序》作「圉寇」，「禦」「敔」亦皆有禁止之義，《爾雅·釋言》：「敔，禁也」，《書·牧誓》：「弗敔克奔」，注：「敔，禁也」，《詩·常棣》：「外禦其侮」，鄭箋：「禦，禁也」，《左》昭十六年傳：「平子禦之」，注：「禦，禁也」，《公羊》莊十二年傳：「仇牧可謂不畏彊禦矣」，注：「禦，禁也」，《國語·魯語》：「禦災害也」，注：「禦，禁也」，《易·蒙》：「利禦寇」，虞注：「禦，止也」，《繫辭上傳》：「以言乎遠則不禦」，《釋文》：

「禦，禁止也」，《左》昭四年傳：「雹可禦乎」，注：「禦，止也」，《書‧大傳》：「若是其禦」，注：「禦，止也」，《荀子‧榮辱》：「於是又節用禦欲」，楊注：「禦，止也」，《左》襄四年傳：「季孫不禦」，注：「禦，止也」，《淮南‧時則》：「天子乃儺以禦秋氣」，高注：「禦，止也」，圉訓禁，又通御、禦，御、禦皆有禁、止之義，是故「圉」可訓「止」也，范注是。

測曰：鳳鳥于飛，君子得時也。

　　范望曰：仕之時也。

次三：柱不中，梁不隆，大廈微。

　　范望曰：三稱柱，廈，屋也。屋之須柱梁，猶治之須宰相也，柱不固，故屋微。宰相不賢，則國危也。

　　司馬光曰：三居下體之首而承於上，梁柱之象也。當日之夜，小人不彊而弱，不勝其任者也。不勝其任，則國基墜矣。

　　葉子奇曰：三以陰柔，不勝重任，如梁柱所以立大廈，既不中不隆，能無微乎，言不勝其用也。

　　陳本禮曰：木，夜。

　　鄭維駒曰：木生於三成於八，大廈之木未成，故不曰傾而曰微，而下文但言基也。

　　鈴木由次郎曰：五月二十九日，夜，木。次三陰柔不堪重任之喻。柱傾梁下，大廈將傾而危，不能正其基礎。

測曰：柱不中，不能正基也。

　　范望曰：所任非人，故基隤也。

次四：爰聰爰明，左右橿橿。

　　范望曰：四在其行，行數相扶，故稱聰明也。橿橿，盛也。四見扶進，自彊不息，故左右盛也。

　　司馬光曰：宋、陸、王本橿作橿，小宋作彊，今從范本。王本方作永，今從諸家。范曰：四在其行，行數相扶。橿橿，盛也。王曰：橿橿然，眾扶之貌也。吳曰：橿從手，字書無之。從木者，音薑。范以四為金，而本首為金，故云行數相扶，不以橿為扶也。光謂：四為條暢而當晝，君子有聰明之德，故庶士方來。左右助之，所以為彊也。

葉子奇曰：橿橿，盛多貌。古者聰明之君，由其不恃一己之聰明，能廣任天下之賢才，在左右而橿橿然盛多，廣視兼聽，各盡其長，是用天下之聰明為聰明也，庶事寧有壅蔽之患哉。此強明自任者，所以失君道也。

陳本禮曰：金，晝。攎，扶持也。四在金世，金能有聲，是其聰也。金能鑑物，是其明也。其所以能有聲而鑑物者，必待爐冶鎔鑄成器而後能聰明也。以舜之睿聖，猶必闢四門達四聰，以來天下之士，故盈廷濟濟，得左右橿橿之力也。

鄭維駒曰：乾以坎離為大用，故曰雲行雨施，曰大明終始，曰水流濕，曰火就燥，蓋坎離者天地之耳目也，故曰天聰明也。四法天之聰明，則輔之者皆正直，故左右橿橿。

鈴木由次郎曰：五月三十日，晝，井八度，金。橿橿，扶助貌。君子聰明有德，眾士來助，愈益強盛。

測曰：爰聰爰明，庶士方來也。

范望曰：為臣聰明，故眾士來也。

次五：君子彊梁以德，小人彊梁以力。

范望曰：五，君位也，故稱君子。家性為彊，故以德也。小人處之，必以其力，是故彊德以遠小人也。

司馬光曰：王曰：五居君位而失時當夜，無君之德，小人之彊梁者也。彊梁以力，必有顛危。

葉子奇曰：五在君位而逢陰，是其無剛陽之德矣。故為之戒曰：君子彊梁以德，小人彊梁以力，欲其以德而不以力也。

焦袁熹曰：彊梁以力，項氏終不免為漢禽，況萬不逮項者乎？

陳本禮曰：土，夜。五以土在彊世，氣為金洩，故不能以德為彊，直欲恃力以為勝人之具，然以力服人者，非中心悅而誠服之也。此匹夫之勇，豈能一怒而安天下之民哉？

鈴木由次郎曰：五月三十日，夜，土。君子剛健不屈，以德使人悅服。小人強梁以力。

測曰：小人彊梁，得位益尤也。

范望曰：小人得之，益其過也。

陳本禮曰：尤，愆訧。得位者如項羽之自立稱霸，終為漢虜也。

次六：克我彊梁，于天無疆。

范望曰：我謂六也，六為金子，故相保持，頗能彊梁，為土所克我也。見克思過，故受天福，無疆界也。

司馬光曰：王本無基作無疆，今從諸家。宋曰：無基謂無疆界，言廣遠也。王曰：六為彊主，得位當晝，能克彊梁，自彊其德，則君道益光，故至于天而無窮也。光謂：五以上作消，六過乎中而當晝，君子能與時消息，自勝其彊者也。如是則享有遐福，與天無疆矣。

葉子奇曰：克，克己之克，勝也。六居彊世逢陽，故能用其剛明之資，以改過脩慝，有以勝其彊梁之心，造于高大之域。故曰于天無疆也。

陳本禮曰：水，晝。

鄭維駒曰：金強而水以泄之，故克我彊梁，飄風暴雨，終朝之彊，不可以無疆。此自克之君子所以不息也。

鈴木由次郎曰：五月三十一日，晝，井九度。水。改過矯惡，戰勝自我剛健之心，以至如天一樣無限的高大之域。受大福無限。

測曰：克我彊梁，大美無基也。

范望曰：不善則改，故無基也。

陳本禮曰：水性柔，柔能克剛，《洪範》曰：沈潛剛克，高明柔克。我，六自謂也。六在彊世，能以柔自克，大美之道，無基無疆也。

鄭維駒曰：乾為大為善為良，故云大美，無基，即無疆之意。

次七：金剛肉柔，血流于田。

范望曰：金以論刑，肉以論人也。行屬於金，今火鑠之，行世相克，若人相刑也。血以論順，柔以論陰。陽火之位，處六之上，亦為田，故順于田也。

司馬光曰：王本無流字，今從諸家。七為敗損而當夜，小人用法太傷者也。以剛金斷柔肉，無有不勝。血流于田者，不仁之甚也。

葉子奇曰：金喻刑，肉喻人也。七過剛而不中，是猶刑過民傷，其血流于田也。如商君臨渭論刑，渭水盡赤是也。

陳本禮曰：火，夜。火性猛烈，人尚望而畏之，況在彊世，更復嚴刑峻法，鍛煉成獄，此商鞅之所以速暴秦之禍也。血流於田，如渭水盡赤是也。

鄭維駒曰：乾為金，血，乾大赤象，亦火色也。伏坤故為田，金剛得火煅煉之刑，故血流於田。

鈴木由次郎曰：五月三十一日，夜，火。以刀劍之剛切柔肉。以嚴刑峻法治民，血常流於田。渭水為之赤之意。

測曰：金剛肉柔，法太傷也。

范望曰：火克金行，故太傷也。

文字校正：彊首次七測辭：「金剛肉柔，法太傷也」（范本、《道藏》本），嘉慶本作「大傷」，《備要》本同，按：當作「太傷」，《集注》：「小人則法太傷者也」，是《集注》本原作「太」也，《道藏》本是，嘉慶本誤。又，《集注》於此字無校語，知原文與范本同，皆作「太」，亦可證。太、大古通，古籍中往往混用，然注家亦往往注明分辨之，如《荀子·非十二子》：「上功用，大儉約，而慢差等，群天下之英雄，而告之以大古」，楊注：「大讀曰太」，《禮論》：「兩者合而成文，以歸大一」，《君子》：「莫敢大上之禁」，注皆曰：「大讀為太」，《漢書·古今人表》：「大幾」，《史記·秦本紀》作「太幾」，《廣雅·釋詁》：「太，大也」，《白虎通·五行》：「太亦大也」，《御覽》二十七引《風俗通》：「大者，太也」，是皆「大」「太」義通之例，而或寫作「大」，或寫作「太」，故注家予以注明也。《太玄》此謂「法太傷」，謂法甚傷也，《後漢書·樊准傳》注：「太猶甚也」，「大」「太」雖通，雖然《太玄》用字自有一定，據各本考之，是當作「太」也，猶《太玄》不作「大玄」也。

次八：彊其衰，勉其弱。

范望曰：八，木也，為金所克，故衰也。家性為彊，故彊於衰之中，而自勉過，但當小弱，故曰勉弱也。

司馬光曰：八為疾瘀而當晝，君子能彊衰勉弱，不自淪溺者也。

葉子奇曰：八居衰落之地，是既衰且弱矣，以其逢陽，乃能力加勉彊，脩道以補之，在己則有從善補過之功，在國庶有興衰撥亂之效。故曾子曰：勉彊學問，則聞見博而知益明，勉彊行道，則德日起而大有功，此之謂也。

陳本禮曰：木，晝。

鈴木由次郎曰：六月一日，晝，井十度。木。奮勉努力，以中興強大衰弱之國。

測曰：彊其衰，勉自彊也。

范望曰：自彊於興衰也。

上九：太山拔，梁柱折，其人顛且蹶。

范望曰：九為上山，故稱太也。梁柱皆折，輔佐微也。君子之道，以儒得民，家性為彊，而輔佐不固，故顛蹶也。

司馬光曰：王本太山拔作大枝拔，今從諸家。王曰：處彊之極而失位當夜，彊而過亢者也。光謂：小人彊梁過甚，山拔梁折，自取顛蹶也。

葉子奇曰：剛極必折，天之道也。

陳本禮曰：金，夜。

鄭維駒曰：金類為山，克木故梁柱折，陽亢則悔，剛過則折，故顛且蹶也。

鈴木由次郎曰：六月一日，夜，金。剛強過度，太山拔而崩，梁與柱都已折，自招顛覆之禍。

測曰：山拔梁折，終以猛也。

范望曰：九為金，故剛猛也。終以彊猛，致於傾亡也。

陳本禮曰：自更首起，至彊首止，為地玄初九之九首，終。

睟

睟：陽氣衲睟清明，物咸重光，保厥昭陽。

范望曰：二方二州一部一家。地玄，陽家，一水，下下，亦象乾卦。行屬於水，謂之睟者，言是時陽純衲睟，清明其光，萬物昭著，保安於陽，純睟其道，故謂之睟。睟之初一，日入井宿十一度。

司馬光曰：陽家，水，準乾。睟與粹同。陸曰：乾，純睟精也。王本衲作初，今從諸家。衲與均同。宋曰：保，安也。是時陰氣斂藏於下，陽氣衲睟清明，故萬物高者下者皆重光華，安其性命而煦陽之德矣。陸曰：衲睟猶純粹也。

鄭氏曰：衲，舊音均，按戎衣曰衲，義取均一也。

陳仁子曰：睟者陽體健而睟也。《易》論乾之德曰剛健中正，純粹精也。大概剛健者無以用而觀也。純粹者獨以體而言也，理在天下粹則正，駁則不正，故陽之健而不息，如不爍之玉也。陽之粹而不亢，如無瑕之玉也，本非有二也。《玄》之象乾曰強，強不足盡其體，而又以睟明之，即十翼剛健純粹之說也。

葉子奇曰：睟，思季切。衲音均，衲睟，齊美也。清明重光昭陽。皆是形容其明盛也。睟之極也。睟之初一，日入井宿十一度。

陳本禮曰：睟同粹。陽家，一水，下下，卦準乾。衲同均。《傳》：衲，純也。睟，精也。《易》曰：剛健中正，純粹精也。此贊陽之沖和純睟，皭然不

滓,能以其清明之氣滌濯群生,去其舊染之污,而萬物之被其澡雪者,莫不沐浴日月,以自保其日新之光華。重光者,日月重明之光也。

孫澍曰:準乾,《太玄》以君子司天體仁,阜黎煦物。

鄭維駒曰:行屬於水,是時陽純眸眸,清明其光,萬物昭著,保安於陽,純眸其道,故曰眸。乾大明,故光,重乾故重光。彊金行,故以剛彊言,眸水行,故以清明言。

鈴木由次郎曰:三十七首,陽,一水,二方二州一部一家。眸同粹,純粹。袀粹,純粹。袀同均。保,安。陽氣純粹清明,萬物皆受陽氣而光輝,安而浴於陽氣生育之恩。

文字校正:眸首首辭:「陽氣袀眸清明,物咸重光,保厥昭陽」。按:字書無「衻」字,「衻」當作「袀」,形訛也,《道藏》本「衻」作「袀」,可證。范本《釋文》作「衻,音均」,字又誤,《集注》:「『袀』與『均』同」,《左》僖五年傳:「均服振振」,《釋文》:「『均』,本又作『袀』」,《漢書·律曆志》下、《五行志》中之上引《左》僖五年傳「均服振振」,皆作「袀服振振」,是「袀」「均」古通之證。《集注》本原文作「袀」,故注云:「『袀』與『均』同」,今《道藏》本猶存其舊,嘉慶本、《備要》本皆誤作「衻」。袀、均皆與「純」字音近義通,《淮南·齊俗》:「屍祝袀袨」,高注:「袀,純服」,《漢書·王莽傳》下《集注》:「袀,純也」,《周禮·司幾筵》:「設莞筵紛純」,司農注:「純讀為均服之均」,《正義》:「均即准,音與純同」,「均」「袀」通「純」,猶「鈞」之通「純」,《儀禮·士昏禮》:「純衣纁袡」,鄭注:「古文『純』為『鈞』」,均、鈞、袀皆屬匀聲,故皆可通「純」。又,「眸」通「粹」,「眸」「粹」亦與「純」字義通,《太玄》將首:「元眸」,范注:「眸,純也」,《法言·君子》:「牛元騂白眸而角」,李注:「色純曰眸」,《廣雅·釋言》:「粹,純也」,《淮南·說林》:「不若狐裘之粹」,高注:「粹,純也」,《漢書·賈誼傳》《集注》引蘇林:「粹,純也」,袀、均、純、眸、粹義通,皆謂純而不雜,故《太玄》以「袀眸」連言,陸績曰:「袀眸猶純粹也」,是亦證當作「袀」。

初一:眸于內,清無穢。

范望曰:此水行也,一亦為水,而家性純眸,二水重清,故無穢也。在初為內也。

司馬光曰:一為思始而當晝,君子純粹在心,清明不雜,故能總羣元,成萬務也。

林希逸曰：言初心之純也。無穢，不雜也。

葉子奇曰：一在晬初，純而未雜，曾無一毫私意自累，湛然虛明，曾無一毫私欲自蔽，譬之赤子之心，泉水之源，初無不善之雜也。

陳本禮曰：水，晝。一在晬世，本源之水已極澄澈，故流於外者亦湛然虛明，曾無一毫污濁之氣，是以謂之清穢也。

鄭維駒曰：乾為清天，得一以清，天一生水，故清無穢。

鈴木由次郎曰：六月二日，晝，井十一度，小暑至，水。心純粹，故其行清明，無絲毫污濁。

測曰：晬于內，清無穢也。

范望曰：重清居之，故無穢也。

次二：冥駁冒晬，腼（原作睧）於中。

范望曰：睧，慙也。駁，不純也。水上之火，故不純也。家性純晬，而二冥冒，不純其德，在於下中，故慙也。

司馬光曰：睧與惡同，女六切。瘀，於計切。陸曰：瘀，隱也。范曰：睧，慙也。駁，不純也。光謂：二為思中而當夜，小人於冥昧之中，以駁雜之心，冒沒純粹，雖外以欺物，而心不免慙也。

林希逸曰：冥，冥昧之中，駁雜以萌，則其粹美皆冒沒矣。睧與惡同，漸〔慙〕也。瘀，於計切，隱昧也。

葉子奇曰：睧，女六切，睧，慙也。二以陰邪而居晬世，是小人非不知不善之不當，為特不勝其物欲之私，幽則駁雜其德，顯作冒美之名，是陰為不善而陽欲掩之，外欲欺人而不知其內，實有愧于心也。此正揚子所謂羊質虎皮，鳳鳴鷙翰者也。

陳本禮曰：火，夜。二以陰邪而居晬世，是小人不勝駁雜之私而欲顯冒純粹之名，猶小人閑居為不善，見君子而後厭然掩其不善而著其善，即所謂冥駁冒晬也。能無惡於中乎。

孫澍曰：睧同惡，音忸，《方言》：山之東西，自愧曰惡。

鄭維駒曰：思中而腼腼於清夜也，久冒而不歸，則有不知腼者矣。

鈴木由次郎曰：六月二日，夜，火。駁，雜。睧同惡，慚。暗昧之中心中多雜念，表面裝純粹。外可欺人，內心有恥，而能如何。

文字校正：晬首次二：「冥駁（即『駁』，下同）冒晬，睧於中」，測辭：「冥駁冒晬，中自瘀也」，范注：「睧，慙也」，《集注》：「『睧』與『惡』同，

女六切」，然則字當作「聏」也，《說文》：「恧，慚也」，《方言》六：「恧，慙也」，《集韻》：「恧，或作『聏』」，《玉篇》引《埤蒼》：「聰，慙也」，是其證也，耳與目形近易訛，此涉上文「冒睟」之「睟」而誤作「聏」也。《莊子·天下》：「以聏合歡」，《釋文》：「崔本作『聏』」，是其例也。「廙」乃「瘱」之形訛，《集注》：「瘱，於計切」，范本《釋文》：「廙，一計切」，《玉篇》、《廣韻》：「瘱，於計切」，《集韻》：「瘱，壹計切」，可證范本、《集注》本原文當作「瘱」，作「廙」者為形訛。陸績曰：「瘱，隱也」，蓋誤讀「廙」為「瘱」也，《說文》：「瘱，幽薶也，從土，痍聲」，《爾雅·釋言》：「瘱，幽也」，《集韻》：「瘱，幽隱也」，是「瘱」訓幽隱之證。《說文》：「瘱，靜也」，《集韻》引《廣雅》：「瘱，審也」，《玉篇》：「瘱，密也，計也，靜也」，《廣韻》：「瘱，靜也，安也，恭也」，可證陸讀誤也，然讀作「瘱」，亦與贊辭之義不合，「冥駁冒睟」，冥者幽奧深藏，冒者蒙覆掩蔽，奧藏者在內，覆蔽者在外，故《玄》以冥喻內，以冒喻外，《太玄》達首：「中冥獨達」，范注：「心深稱冥」，中冥即中心，即在內者也，此以「冥」「冒」對言，亦內外相對之意，下言「聏於中」，中亦內也，初一：「睟於內」，正與次二「冥駁」相反，內中純睟，故曰「睟於內」，內中駁雜，故曰「冥駁」。初一辭休，故曰「睟於內」，次二辭咎，故言「冥駁」。初一次二相承而言，可證「冥駁」之「冥」即「睟於內」之「內」。初一止言「內」，次二內外皆言，互文見義也。「冥駁冒睟」，蓋謂內中駁雜而外表徇睟，內外不一，外飾以掩內駁，故曰「聏於中也」。此贊辭大意也，測辭若作「中自瘱」，則與贊辭之意不合。睟之次二，陽家陰贊，時當夜，辭例當咎，贊辭可證。測辭當與贊辭意合，亦不當違於《玄》例，可知「中自瘱也」字必有誤。「瘱」恐「匿」之形訛，《禮記·樂記》：「世亂則禮匿而樂淫」，鄭注：「匿，穢也」，《爾雅·釋訓》：「崇讒匿也」，《釋文》：「匿言隱匿其情以飾非」，《周禮·環人》：「察軍匿」，鄭注：「匿，陰奸也」，睟初一測辭：「睟於內，清無穢也」，次二則言「中自匿」（匿即穢）也，相對而言，正合初一、次二贊辭之意，是其證也。「冥駁」而「冒睟」，是正隱匿其情以飾非之意。內中駁雜，亦所謂陰奸也。雖其冒睟，而實為冥駁，故曰「中自匿（穢）也」，是字當作「匿」，始合贊辭之意，亦與初一辭意不違，可證當作「匿」也。又，「中自匿也」，與次三測辭「聰察極也」、次四測辭「道不得也」、次五測辭「正地則也」、次六測辭「小人不克也」正相協韻（匿、極、得、則、克，古皆職部字），若作「瘱」（葉部）則不協矣，是亦可證也。范本《釋文》：「瘱，一作『匿』」，是別有一本作「匿」，

亦可證。范注：「家性純晬，而二冥冒，不純其德，在於下中，故慙也」。《集注》：「小人於冥昧之中，以駁雜之義冒沒純粹」，其說皆非。

測曰：冥駁冒晬，中自應（原作廄，司馬本作瘱）也。

范望曰：廄，隱也，慙也。在中，故隱也。

葉子奇曰：廄，一計切，隱也，匿也。蓋惡之匿于心也。

陳本禮曰：廄，隱也，匿也，惡之匿於心也。

次三：目上于天，耳下于淵，恭。

范望曰：目為二也，耳為一也，火性炎上，故曰上天也。三為進人，在純晬之世，恭敬時宣〔宜〕，耳目所耀，聰明其事，故上下徧也。

司馬光曰：王本無恭字，今從諸家。三為思終而當晝，君子思慮純粹，則聰明無所不通，故曰目上于天，耳下于淵。雖然不敢以此自恃，猶嚴恭寅畏，所以能全其粹也。

葉子奇曰：目上于天，視之高也，耳下于淵，聽之深也。三以陽明，故能極其聰明，由于篤恭之效也。

焦袁熹曰：目上於天，耳下於淵，恭人不恭敬，逞私逆億，飛耳長目，適姦邪役，何聰察之有乎。

陳本禮曰：木，晝。目上於天，視之高也。耳下於淵，聽之深也。三為進人而在晬世，君子恭己無為，其耳目周知，猶恐雜於一毫人欲之私，有累於清明純粹之德，故其篤恭如此。

鄭維駒曰：乾以坎離為耳目，離在天，故目上於天，坎為水，故耳下於淵，三為木，於事為貌，貌曰恭，故云恭。

鈴木由次郎曰：六月三日，晝，井十二度，木。所見高，所聞深，如此聰明，無所不通。猶能恭謹畏慎，全其純粹。

測曰：目上耳下，聰察極也。

范望曰：上下耳目，故察也。

次四：小人慕晬，失祿貞。

范望曰：四者金，水之母也，母子之恩，故相慕也。言失祿者，家性為晬，而不純密，內相親慕，故失祿也。雖失而正，故貞也。

司馬光曰：王曰：失位當夜，其道已駁，雖慕純粹之道，而失其福祿與貞正也。

葉子奇曰：小人，無德之人，位非其所宜居，苟有尚德之心，則宜改操厲行，以避其位，毋但專祿以周旋，庶得其正也。

陳本禮曰：金，夜。次二是小人冒充君子，此曰慕晬，乃小人欲學君子而未能之象，苟有尚德之心，則宜改操勵行，毋貪不義之祿，遠避素餐之嫌，庶得其慕晬之道矣。

鄭維駒曰：四為金，有合於乾，乾純粹精而慕之，失晬之正，故失祿也。四為下祿。

鈴木由次郎曰：六月三日，夜，金。小人羨慕純粹而行違道德，福祿正義皆不能保。

文字校正：晬首次四：「小人慕晬，失祿貞」。范注：「言失祿者，家性為晬而不純密，內相親慕，故失祿也，雖失而正，故貞也」。此以「失祿」為句，「貞」一字為句，其讀非是。晬首次四辭例當咎，依范讀則為休辭，可證其說非是。測辭：「小人慕晬，道不得也」，既言「貞正」，何以復言「道不得」？「貞」字當上屬，與「失祿」連讀為句，《集注》：「王涯曰：『失位當夜，其道已敗，雖慕純粹之道，而失其福祿與貞正也』」。此說是。唯祿貞不當言福祿與貞正，而當謂官祿之正，言小人不晬，故慕純粹，以其不晬，故所食之祿已非貞正矣，「失祿貞」，乃失祿之貞，而非失祿與貞也。

測曰：小人慕晬，道不得也。

范望曰：失祿不得也。

次五：晬于幽黃，元貞無方。

范望曰：五為君位，處中為黃，黃中通理，君之美也。居水之行，土克於水，故幽黃也。中央之位，純晬其德，無施不可，故無常方也。

司馬光曰：陸曰：則，法也。王曰：居中體正，得位當晝，為晬之主，純德大明，晬於幽玄之中，而有黃中通理之德，元始貞正，其道無方，不可名也。光謂：元者善之長也。五為中和而當晝，君子雖在幽隱，不失中和之道，所以為粹也。守其元正，以應萬務，無施不適，如地之德，亦以幽黃元貞成萬物也。

林希逸曰：幽，冥也。黃，中也。其晬在心也。元貞，大正也。無方，不可定名也，即是黃裳元吉之義。

葉子奇曰：黃，中色，五屬土而居中，苟能美其幽中之德，則得君道之正，是以元貞無所往而不在矣。

陳本禮曰：土，晝。

鄭維駒曰：坤以黃睟承乾元睟也。乾元之大，坤元至之，乾貞之固，坤貞永之，德合無疆，故無方也。

鈴木由次郎曰：六月四日，晝，井十三度，土。幽黃，黃為中之色，此言中和之道。元，善之長。君子雖在幽隱之中，不失中和之道而純粹。守善守正以應事，施無不通。

測曰：睟于幽黃，正地則也。

范望曰：地色黃，故乃正其法也。

次六：大睟承愆，易。

范望曰：六，陰也，在水之行，二水并合，故稱大。五克於六，故承愆也。愆過之先，易以成非，故言易也。

司馬光曰：王本贊云：大睟承愆，小人不克，測曰：大睟之道，小人不克，今從諸家。王曰：六居盛位，睟之大者，而失位當夜，故承之愆。光謂：五以上作消，六過中而當夜，不能全其純粹者也。夫白玉易瑕，清水易汙，故大睟者非小人之所能全，必將承以過差也。

葉子奇曰：六已過中，故不能無愆，然在睟世，故有大美之德，苟或承其過愆則不憚于改焉，故易也。

陳本禮曰：水，夜。

鄭維駒曰：日月愆其度，寒暑愆其常，風雨愆其期，天未嘗不承也。即承即改，故易。次六為小人，至測如明之，此玄中之變文也。

鈴木由次郎曰：六月四日，夜，水。愆，過失。過於純粹，易受過，清水易污，白玉易瑕。

測曰：大睟承愆，小人不克也。

范望曰：有愆而改，非小人之所能也。

陳本禮曰：引范注：六在水世，二水並合，故稱大。五克於六，故承愆也。有愆而改，非小人之所能也。

次七：睟辰愆，君子補愆。

范望曰：七，火也。為行有克，故言辰愆。純睟之性，有過既改，猶君子之行，彌縫其闕，故言補也。

司馬光曰：王曰：七居禍始，是睟時之愆，然以得位當晝，不失君子之德，

故能補過無咎也。光謂：時之有過，惟君子能補之，以成其粹也。《詩》云：
袞職有闕，惟仲山甫補之。

林希逸曰：辰，時也。人誰無過，當過之時，能以晬易愆，則善矣。

葉子奇曰：七已進于敗損之地，雖當晬世，則時已有愆矣。惟君子善補其
愆，使不至于有過之地也。戒占者宜如是。

陳本禮曰：火，晝。七值水世，受水之克，故有時而遇愆也。然得位當晝，
君子在晬世能澡行浴德，以彌縫其闕，故曰善補過也。

鈴木由次郎曰：六月五日，晝，井十四度，火。辰，時。純粹之時而遇過
失，君子改過，補其缺點。

測曰：晬辰愆，善補過也。

范望曰：君之有過，則臣善補也。

次八：晬惡無善。

范望曰：八為禍中，而純於惡，故言無善也。

司馬光曰：王曰：失位當夜，純於惡德，則善無由而入矣。光謂：八為疾
瘵而當夜，純惡無善之人，何可輔也。

葉子奇曰：八以陰邪，居禍之地，是純于惡而無一善之可稱，其下愚之不
移者乎。

陳本禮曰：木，夜。八以陰邪而居禍中，小人在晬世不思從善悔過，乃專
務惡行，陰邪敗德，毫無一善可稱，此匹夫紂也，豈可為之輔佐哉。

鈴木由次郎曰：六月五日，夜，木。純粹於惡德，已無入善之餘地。

測曰：晬惡無善，終不可佐也。

范望曰：無善之人，何可佐也。

上九：晬終永初，貞。

范望曰：九，金也，水之母，母為晬終，長於其正，純晬之道，故貞也。

司馬光曰：王曰：九居數極而得位當晝，是能保其純粹，不失善道，永如
初之正也。光謂：九為粹極，能慎終如始，全其純正者也。

葉子奇曰：九居晬之終，終則反始，故云晬終。宜永于初之貞，以保其晬
內無穢之德也。

陳本禮曰：金，晝。金為水母，居晬之終，終則反始，宜合於初之貞，以
保其晬內無穢之德也。

鈴木由次郎曰：六月六日，畫，井十五度，芒種。上九晬世之終，仍能保持初時之純粹，全其純正。

測曰：晬終之貞，誠可嘉也。

范望曰：永守正道，故可嘉也。

鄭維駒曰：乾為嘉。

盛

☷ 盛：陽氣隆盛充塞，物賓然盡滿厥意。

范望曰：二方二州一部二家。地玄，陰家，二火，下中，象大有卦。行屬於火，謂之盛者，小滿氣終於此首之初一，芒種節起於此首之次二，謂是時陽氣隆盛，充滿於天地之間，故萬物孕姙，冥冥然滿其意，故謂之盛。盛之初一，日入井宿十六度。

司馬光曰：陰家，火，準大有。入盛次二三十三分三十秒，日次鶉首，芒種氣應，斗建午位，律中蕤賓。王本賓作冥，今從宋、陸、范本。賓，音田。宋曰：賓然，滿貌。

陳仁子曰：盛者陽氣極而大也。天下之理大非難，而有其大者難，盛非難而有其盛者難。吳自黃池而盛，亦自黃池而衰，可畏也。《易》之大有，以五陽包一陰，而火在天上，故貴於有其大。《玄》之盛，以六陽當家陰，而火生地二，故戒於其盛。贊辭曰：盛不墨，曰作不恃，《易》大有，《玄》九贊未嘗以盛自詫，聖賢處盛大之會，不以喜而以憂，其戒蓋甚遠也。

葉子奇曰：賓然，充滿貌。盛之初一，日入井宿十六度。小滿氣終此首之初一，芒種節起此首之次二。

陳本禮曰：陰家，二火，下中，日入井，斗建午，律中蕤賓，芒種氣應，卦準大有。《傳》：是時陽氣中天，朱明盛長，隆高盛大也，凡宇宙之人，八紘之廣，莫非朱明純陽之氣，充塞其間，故物之滋生蕃育者，皆飽其德而滿其意，故謂之盛。

孫澍曰：準大有，先王以不自滿假，成允成功。

鈴木由次郎曰：第三十八首，二方二州一部二家。陰，二火。陽氣隆盛高大，充塞天地間。萬物受陽氣而滋生發育，各自滿足其意。賓然，滿貌。

初一：盛不墨，失冥德。

范望曰：墨，謙也。冥，玄也。家性為盛，陰家之陽，故不墨也。盛而不墨，故失玄冥之德也。

章詧曰：一居夜，小人也，處盛之世，務盛為事，不能隱墨為心，故失幽冥之德。測曰：中不自克也，謂中心自保不能冥德也。

司馬光曰：宋、陸本中作終，今從范、王本。陸曰：克，勝也。不能自勝其嗜欲。王曰：一居盛始而當夜，盛而不能默者也，如此則失其闇然之德矣。光謂：墨，法也。凡盛之道，非致盛之難，處盛難也。一為思始而當夜，盛而無法以自制約，則喪其幽隱之德也。

林希逸曰：時雖盛而不以法則自守，則失中心之德。墨，法也。冥，心也。

葉子奇曰：墨，繩墨，法度之器也。一以陰邪，是當盛世而不以法度自居，豈不有以失其玄冥之德乎。

陳本禮曰：水，夜。

鄭維駒曰：乾盈於潛，火明於晦，隆隆炎炎，將失其大，在初宜冥，而不守其墨，故其德失也。水色黑，故稱墨。

鈴木由次郎曰：六月六日，夜，沙漠。墨，法。盛大之時，不能以法則克服私欲，故失其幽隱之德。

文字校正：盛首初一：「盛不墨，失冥德」。測辭：「盛不墨，中不自克也」，《集注》：「墨，法也，盛而無法以自制約，則喪其幽隱之德也」。范注：「墨，謙也」，二說皆非。「墨」當讀作「默」，「墨」「默」古通，《左》昭二十九年傳：「蔡墨」，《呂覽‧召類》作「史默」。《說文》：「默讀若墨」，是其音近，故可通也。《荀子‧解蔽》：「故口可劫而使墨云」，《集解》：「郝懿行曰：『墨，默也，墨云猶默言也』」，《史記‧商君傳》：「武王諤諤以昌，殷紂墨墨以亡」，「墨墨」即默默不言也。《戰國策‧秦策》四：「墨墨之化」，鮑彪校注：「墨、默可通」，《漢書‧竇嬰傳》：「墨墨不得意」，王先謙補注：「《孫叔敖碑》云：『其意墨墨』，《隸釋》云：『以墨為默』，是皆「墨」通「默」之證。默者，不語也，《史記‧屈原賈生列傳》：「孔靜幽墨」，《正義》：「墨，無聲也」，是亦讀「墨」為「默」也。《太玄》此首同，謂沉默而不自顯也。王涯曰：「盛而不能默者也」，所謂冥德，即指此默也。默、冥義亦相近，故以冥德謂默。盛首首辭：「陽氣隆盛充塞」，是《玄》鼎盛之時也，盛首初一，陰首陽贊，依《玄》例，當夜之時，又為下人（見《玄數》），時不當也，猶《易‧乾》之初九「潛龍勿用」之時也

（盛首准《易》之《乾卦》），當修德以待時，雖處盛世，不可自為顯耀，故當墨（默）也。此即所謂「冥德」，然其中心不能自克，恃盛而欲顯於世，故曰「盛不墨，失冥德，中不自克」，陸績曰：「不能自勝嗜欲」，此說得《玄》之意，《集注》、范注皆誤，不可從。

測曰：盛不墨，中不自克也。

范望曰：不自克損，故失德也。

陳本禮曰：不能克其嗜欲之私也。

次二：作不恃，克大有。

范望曰：以火居火，炎炎熾盛，盛而不恃，須時而行，故可以大有萬物也。

司馬光曰：稱，尺證切。王曰：居盛之時，得位當晝，明乎自然之道，是有作為之功，而不恃其功，如此則能至於大有矣。光謂：二為思中而當晝，作而不恃，為而不有，惟其不有，故能大有也。稱，當也。

葉子奇曰：作不恃，有功而不伐也。汝為不矜，天下莫與汝爭功，汝為不伐，天下莫與汝爭能，故克大其所有也。

陳本禮曰：火，晝。

鄭維駒曰：離大象言作不恃，離中虛象。

鈴木由次郎曰：六月七日，晝，井十六度，堂郎生，火。作事而不恃其功，故能長保其大。

文字校正：盛首次二：「作不恃，克大有」，測辭：「作不恃，稱玄德也」。范注：「須時而行，故可以大有萬物也」，王涯曰：「不恃其功，如此則能至於大有矣」。司馬光曰：「作而不恃，為而不有，惟其不有，故能大有也」。三家于「克大有」之「克」字，或曰可以，或曰能，其意相同，然有未當。此「克」字當與初一「中不自克」之「克」字同意，皆謂克制也，「克大有」，蓋謂克而大有也，次二之意與初一相承而相反，初為為陰首陽贊，其辭咎，謂盛而不默，中心不能克制，不善處盛，故曰「失冥德」，謂不能大有，次二陰首陰贊，其辭當休，言此時能作而不恃，猶言盛而能默，有所作為而不自恃也，此謂中心克制以處盛時，以致大有，次二「玄德」，即初一「冥德」，初一不能自我克制，故「失冥德」，次二能自克（自我克制），故能稱于「玄德」，初一、次二，一為下人，一為平人（見《玄數》），皆未得位得時之人，故以自我克制為其玄德、冥德，若能稱其冥德、玄德，則最終必致大有。下人、平人之時，尚未能言大有之事，此乃將來必成之結果，唯于下人、平人之時能

守玄德、冥德，默而不顯，自我克制，其後始能終致大有之境地。次六測辭：
「天賜之光，謙大有也」，即初一、次二之時保持自我克制，守其玄德、冥德
之最終結果，初一、次二之時不可大有，只能守玄德、冥德，默而不言，自
我克制，至次六盛多之時，始可言大有也。故范注、王注、司馬光所言能大
有、可以大有、至於大有等說，尚非初一、次二時之事，故「克大有」不可
如此解也。

測曰：作不恃，稱玄德也。

　　范望曰：大有萬物，故得玄妙也。

　　陳本禮曰：玄德，冥德也。

次三：懷利滿匈，不利于公。

　　范望曰：木為火母，母而懷利，明為私事，故不利於公也。

　　司馬光曰：三為思上而當夜，君子喻於義，小人喻於利，小人思慮求盛，
不過營利而已，故曰懷利滿匈。利於私，斯害於公矣。

　　葉子奇曰：三當盛時，陰暗不中，是小人好利無厭，懷滿腔之私意也。既
私于己，寧復有利于公乎。

　　陳本禮曰：木，夜。三陰暗不中，小人好利懷私，不顧公家之急，而維私
是營也。

　　鄭維駒曰：近祿故懷利，離大腹，故滿胸。克五土，故不利於公。

　　鈴木由次郎曰：六月七日，夜，木。只思私利，不顧公家之急。

測曰：懷利滿匈，營私門也。

　　范望曰：不利于公，故利私門也。

　　鄭維駒曰：乾為門。

　　文字校正：盛首次三測辭：「懷利滿胸，營私門也」。范本、嘉慶本同，《道
藏》本「營」作「不」，按：當作「營」，《道藏》本誤。贊辭「懷利滿胸，不
利於公」，故測辭曰：「營私門也」，若作「不私門」，則為不辭，且與贊辭「不
利於公」相矛盾，可證也。

次四：小盛臣臣，大人之門。

　　范望曰：四為公侯，位次於五，故小盛也。當上臣五，恐見克害，重自思
慮，故曰臣臣。王公大人，四亦為門，故言大人之門也。

　　司馬光曰：王本仁作人，今從宋、陸本。四為福始，故曰小盛也。臣臣，

自卑賤之意也。君子當小盛之初，能自卑賤，承事仁賢，以致大盛。凡為大人者，未有不由此道而出也，故曰大人之門。

葉子奇曰：四居福祿之地而當盛世，可謂盛矣，雖盛而不自以為盛，乃謙小而自將，復且臣臣而順奉于人，泯然無復見其滿盈之跡，此君子之善處盛者也，豈不為大人之道乎？

陳本禮曰：金，晝。

鄭維駒曰：盛不自盛，順乎臣則，其小也即其大也。

鈴木由次郎曰：六月八日，晝，井十七度，金。臣臣，卑賤之意。小而盛，亦知自謙，此為大人之做法。

測曰：小盛臣臣，事仁賢也。

范望曰：重臣奉五，故賢之也。

次五：何福滿肩，提禍撣撣。

范望曰：五為天子，而在盛世，世盛道治，君德至明，故何福也。提，持也。撣撣然敬也。何福持禍，而自儆戒，無所失也。

司馬光曰：宋本撣撣作闌闌，今從范、王本。何，胡可切。王曰：撣，音纏，義亦取其相纏不去之象。陳撣音丹，又徒丹切，曰：五居正位，故云何福也。福至盛，故云滿肩。極盛必反，故云提禍。光謂：凡贊當夜者，皆小人之道也。以小人而享盛福，禍必隨之，故曰何福滿肩，提禍撣撣。

林希逸曰：何與荷同。撣音纏，又音丹，眾多之意。滿肩，言不自勝也。提，取也。言小人受福不能自勝，必自取禍。

葉子奇曰：何，上聲。撣音纏。五以陰邪而居福祿之地，是不勝其富貴，而負其驕盈之色，是何福滿肩也。然貴驕則亡，富滿則溢，其取禍未有不撣撣然以相隨也。

陳本禮曰：土，夜。何，儋負也。提，挈也。撣撣，相纏不去也。

孫澍曰：福禍相為倚伏，小人居寵而不思危，故有此象。

鄭維駒曰：五福中，六為肩，五在六上，故滿肩。在肩傾之易，在手者執之堅，甚言其福不足恃，而禍已掇之也。按《易》言敬慎不敗，苟能敬之，何禍之有？撣撣，當從《說文》訓提持為是。

鈴木由次郎曰：六月八日，夜，土。撣撣，纏而不去。正受盛福，則禍亦來，纏而不離。

文字校正：盛首次五：「何福滿肩，提禍撣撣」，測辭：「何福提禍，小人之道也」，范注：「撣撣然敬也，何福提禍，而自徹戒無所失也」，蓋讀「撣」為「憚」也。如此解則為君子之道，而非測辭所言小人之道，以此知范注不合《玄》意也。王涯曰：「撣音纏」，義亦取其相纏不去之象。盛之次五，乃隆盛之中，五為福之中（見《玄數》），故曰「何福滿肩」，以此時尚未有禍，然則禍纏不去之說，亦不合《玄》意也。陳漸曰：「福至盛，故云滿肩，極盛必反，故云提禍」，司馬光曰：「以小人而享盛福，禍必隨之」，此二說得《玄》之意，然並未解明「撣撣」之義，猶嫌不足。《說文》：「提，挈也，撣，提持也」，是「提」「撣」義通，《廣雅·釋詁》四：「撣，提也」，王念孫《疏證》：「『撣』與『提』一聲之轉，《釋器》篇云：『㮛謂之彈』，㮛之轉為彈，猶提之轉為撣矣」。其說是。《漢書·刑法志》《集注》引李奇：「提，舉也」，提訓舉，故《管子·白心》：「為善乎毋提」，房注：「提提，謂有所揚舉也」。《書帝名驗》：「河圖子提」，注：「提，起也」，故《漢書·陳餘傳》：「況以兩賢王左提右挈」，注：「提挈言相扶持也」，扶持亦即提起之義，「撣」與「提」通，是「撣」亦有揚舉提起之義，換言之，撣撣亦謂牽引扶行，《廣雅·釋訓》：「撣援，牽引也」，《禮記·曲禮》上：「長者與之提攜」，鄭注：「提攜謂牽將行」。《漢書·宣帝紀》《集注》引鄭氏：「撣音纏束之纏」，《文選·謝靈運還舊園詩》：「息陰謝所牽」，注：「纏猶牽引也」，是「提」「撣」皆有牽引之義。字或作撣撣、撣援、提提、提攜、提挈，則字雖不定，而其義皆可通也。此重言「撣撣」，乃狀「提禍」之語也。「提禍撣撣」，謂提禍而出，牽引而來也，《太玄》之例，陰首陽贊，陽首陰贊，則為小人，反之則為君子，盛之次五當為小人，意謂小人處盛福之時，提禍而使之出，撣撣而使之來，故測辭曰：「何（通『荷』）福提禍，小人之道也」。此為咎辭，若依范注則為休辭，不合《玄》例，故知其說非是。

測曰：何福提禍，小人之道也。

范望曰：五在陰首，福禍混合，故曰小人之道也。

次六：天錫之光，大開之疆，于謙有慶。

范望曰：六為宗廟，故天錫也。奉之以禮，而在盛世，故大開其疆，無限極也。謙以致福，故有慶矣。

司馬光曰：范、王本賜作錫，今從宋、陸本。六為盛多，極大而當晝，君子受天明命，大啟土宇者也。夫極盛難處也，故必用謙，然後有慶。

葉子奇曰：六以陽而居福隆，乃能謙以將之，是以天錫之寵光，而大開其土宇也，豈非由謙以致之乎？

陳本禮曰：水，晝。六以水在盛世，水流下，故能虛以下人，在火世，能克火以除小人，故天錫之寵光而大開其疆宇，是皆由謙以致之也。

鄭維駒曰：天錫之光，自天佑之也。乾為郊為野，故大開之疆。六為君子，入於五土，有謙之象，大有九四所謂匪其彭者也。乾為慶。

鈴木由次郎曰：六月九日，晝，井十八度，水。天與之寵光，大開其疆地。以謙遜之德，受此喜慶。

文字校正：盛首次六：「天賜之光」，測辭同，《集注》本作「賜」，范本作「錫」，按：「賜」「錫」古字通，其例甚多，不煩列舉，《太玄》宋衷、陸績本作「賜」，范望、王涯本作「錫」，「錫」字《太玄》三見，干首次五：「或錫之壞」，童首次四：「先錫之光」，禮首次五：「過喪錫九矢」，范本、《集注》本皆作「錫」，惟於此首二本有異，據此，知《太玄》當通作「錫」，作「賜之」者，或後之抄手臆改。

測曰：天錫之光，謙大有也。

范望曰：謙尊而光，故大有也。

次七：乘火寒泉至。

范望曰：火，至熱也。泉，至寒也。以火居火，故曰乘火也。陽極則陰生，火死則水生，水火相克，故寒泉至也。

司馬光曰：范本測曰乘火泉至，今從宋、陸、王本。王曰：當盛之時，七居過滿，又與本首同為火數，二火之盛，炎炎上干，為六所忌，故寒泉將至，而有撲滅之憂也。光謂：七為禍始而當夜，乘火者，盛之極也，寒泉至者，滅不久也。

林希逸曰：火方炎而水忽至，必能滅之，盛極必衰之喻也。乘，盛也。

葉子奇曰：七居出福入禍，過盛將衰之地，是方乘其火之至陽，赫赫然而充實，曾不知其寒泉之至陰，已肅肅然而至矣。盈虛消息，與時偕行，天道常然之運也。

陳本禮曰：火，夜。離為火，七又以成數在火行，是以火乘火也。《參同契》曰：姤始紀序，履霜最先，井底寒泉。姤五月辟卦，大有則侯也，故言寒泉至。

鈴木由次郎曰：六月九日，夜，火。乘火，次七在盛首火之世，且當火，故曰乘火。次七當火，今乘火而極盛，然陽極則陰生，水一生則滅火，故不久寒泉至而轉衰。禍不遠而來矣。

文字校正：盛首次七：「乘火寒泉至」，測辭：「乘火寒泉，禍不遠也」，范本測辭作「乘火泉至」，《道藏》本「禍不遠也」作「禍不遂也」，按：測辭當作「乘火泉至」，乃贊辭「乘火寒泉至」之省括，「乘火寒泉」不辭。《道藏》本「禍不遂也」，誤，當作「禍不遠也」，「遠」與次八之「免」、上九之「反」字為韻，作「遂」則不協矣。又，《集注》：「寒泉至者，滅不久也」，「滅不久」即「禍不遠」之意，全與「遂」字無關，知《集注》本原文作「遠」不作「遂」也。

測曰：乘火寒泉，禍不遠也。

范望曰：水克於火，故禍迫也。

鄭維駒曰：七禍始，故不遠。

次八：挹于滿熒，幾後之傾。

范望曰：傾，危也。幾，近也。木在火行，陰家所長，子盛母勞，恐見熒燎，故先自挹損，以為後戒，不戒之家，後近危也。

司馬光曰：宋、陸本挹作拘，今從范、王本。王本無熒字，今從宋、陸、范本。范本幾不免也作幾危也，今從宋、陸、王本。幾，音畿，又音機。王曰：得位當晝，善於處盛，滿而能挹，必後之傾。危而不傾，蓋謙挹以免也。處盛之極，非挹滿之道，殆不免乎。

林希逸曰：挹，損也。熒，炎也。既盈滿之時，宜自挹損，而反以炎熾自矜，乃後日傾危之地也。幾，兆也。測曰幾危者，謂此乃傾危之幾也。

葉子奇曰：熒，顯赫也。幾，近也。八在禍中當盛之將極，幸值陽明，乃能挹損其盛滿顯赫之權勢，是得持滿之道也。然居衰危之地，終不能已其傾，但可持久，近後而亡耳。蓋持滿者道也，終衰者時也。時有消長，固常然之數。當其傾時，雖聖賢亦不能已之也。

陳本禮曰：木，晝。挹，損，熒，火，滿，盈也。木當衰敗之時，而在火世，懼火滿盈，故挹而損之，可謂戒慎恐懼矣。然火生於木，禍發必克，雖暫免於外來之火，而自性之火終不能救焚身之災也。幾，近也。後傾言不過需延時日耳，終不能免也。

孫澍曰：熒，災星也。《史記·天官書》：越亡之歲，熒惑守斗。挹取象斗柄可挹之義，言人主苟不自敬戒損，挹盛滿驕侈，則昏迷干於天象，而菑害隨之。《書》曰：滿招損，傾也。謙受益，免也。瑩宜絕句，或曰當從陸、范本，衍文也。或曰：《廣韻》：熒，光也，明也。盛滿之人，苟明於自挹，傾知免夫，亦通。

鄭維駒曰：日中則昃，月盈則食，熒而滿傾之象也。挹訓抒，取出也。幾，察也。損其盛滿，燭禍於微也。

鈴木由次郎曰：六月十日，晝，井十九度，木。挹通抑，抑損。熒，火。恐火盛而抑之。然火燃次八之木，不久即禍發，故不能免傾覆。

文字校正：盛首次八：「挹于滿熒，幾後之傾」，測辭：「挹于滿，幾不免也」。王涯本贊辭無「熒」字，《集注》本從宋、陸、范本作「挹于滿熒」，然測辭止言「挹于滿」，各本並無「熒」字，據《太玄》測辭引贊辭之例，不當如此，甚為可疑。「幾不免也」，范本作「幾危也」，「危」與次七之「遠」、上九之「反」不協，然謂「幾不免」，則為咎辭，盛首次八其辭當休，作「幾不免」，亦不合《玄》例，疑當作「幾可免也」，幾者危也，與贊辭「傾」字相應，謂危可免，始與「挹于滿熒」之意合，亦為休辭，合乎《玄》例。「可」之作「不」，恐涉次七測辭「禍不遠也」而誤，次七言「禍不遠」，謂盛極則禍將至也，次八承次七而意相反，蓋謂于滿盈（熒、盈皆為喉音，聲近可通）之時，有所挹損減退，則可免除後之傾危也。至上九「極盛不救，禍降自天」，乃禍已至極之意。次七、次八、上九相承而言，次七、上九為陰中陽，故辭咎，次八為陰中陰，故其辭休。

測曰：挹于滿，幾危也。

范望曰：木火之家，近於危也。

上九：極盛不救，禍降自天。

范望曰：金者乾，故為天，天位之終，故為極，在盛之家，故極盛也。八見七盛，而知自損，以為後戒。九以金性而盛，終必消鑠，故禍降也。

司馬光曰：九居盛極，當日之夜，逢禍之窮，盛極必衰者也。

葉子奇曰：九居盛極，極必衰，天道且然，況于人乎，宜其不救而禍降自天也。

陳本禮曰：金，夜。九居盛極，盛極必衰，天之道也，故不救。

鈴木由次郎曰：六月十日，夜，金。極成必衰，禍自天降，不可救。

測曰：極盛不救，天道反也。

范望曰：盛極則衰，道反覆也。

居

☷ 居：陽方踞膚赫赫，為物城郭，物咸得度（司馬光本作萬物咸度）。

范望曰：二方二州一部三家。地玄，陽家，三木，下上，象家人卦。行屬於木，謂之居者，言是時陽氣踞萬物之肌膚，赫然盛大，包團閫郭，若城郭也，故萬物之生，皆得其數度而安其居，故謂之居。居之初一，日入井宿二十一度。

司馬光曰：陽家，木，準家人。范本作物咸得度，今從宋、陸、王本。踞，音據。宋曰：為物城郭，欲萬物皆安其居。陸曰：踞，充實貌。陽為城郭，萬物皆居其中，故曰咸度。王曰：城郭，在外之象。光謂：膚亦當作踞。踞踞，動作強梁貌。為物城郭者，言養衛萬物，使陰氣不得傷也。度當作宅，度，古宅字。宅，居也。

陳仁子曰：居者陽正位而物得其所也。夫陰陽易位，則物不可一日而處，男女易位，則家不可一日而居，故序而無別，亂之所由生也。《易》以陽上陰下，正家人之位，《玄》以陽盛陰弱，為安居之方。曰克守厥家，曰長幼序序，曰少女提壺利考家，故陽者父道也，夫道也，兄道也，家之長者也。長者既正，又安有牝雞之晨，勃磎之債，鬩牆之爭，紛紛厥居者。

葉子奇曰：踞，其據切，踞，踞也。膚，皮膚，言在外也。陽氣方充盈于外，赫赫然明盛，為物衛護而得度也。居之初一，日入井宿二十一度。

陳本禮曰：陽家，三，木，下上，卦準家人。《傳》：居，制邑度地也。膚，廓也。陽已內虛，惟伏倚膚廓赫赫於外，不知陰氣日益內襲，民之蕩析而離居者，不知其幾矣。度，《大雅》：度之薨薨，築之登登，陽於此時不能撫眾安民，惟有抽派夫役，投土築版為城為郭，以作禦敵計，而民亦遂各築堡寨，以為固守也。故曰物咸得度。

孫澍曰：準家人，《太玄》以刑于寡妻，宅均天下。

鄭維駒曰：家人：女正位乎內，男正位乎外。五月節一陰將生於內，故陽踞膚，巽為墉，離中虛，故為物城郭。

鈴木由次郎曰：第三十九首，陽，三木，二方二州一部三家。膚，郭，外城。陽氣據於外圍，明而輝耀，為物之城郭，養萬物而守之，不被陰氣所傷，萬物皆能安於其居。

文字校正：居首首辭：「陽方蹻膚赫赫，為物城郭，萬物咸度」。范本「萬物咸度」作「物咸得度」，按：《太玄》八十一首惟十二首首辭言「萬物」，餘皆止言「物」，此首當從眾言「物」，以范本為是。范注：「萬物之生皆得其數度」，讀「度」為「數度」之「度」，非是。《集注》：「度，古『宅』字，宅，居也」。是。此為居首，故曰「咸居」。「為物城郭」，亦物之所居之義。「度」「宅」古音同義通。蹻膚，陸曰：「蹻，充實貌」。司馬光曰：「『膚』亦當作『蹻』，『蹻蹻』，動作強梁貌」。范注：「是時陽氣蹻萬物之肌膚」，《釋文》：「蹻，傅也」，按：蹻膚乃迭韻連綿詞，陸、范及《釋文》分為二詞，非是。《莊子·大宗師》：「據梁之失其力」，《釋文》引司馬注：「據梁，強梁也」。《說文通訓定聲》：「據梁猶杖梁也，據、強雙聲，杖、梁迭韻」。「蹻」通「據」，《文選·答賓戲》：「超忽荒而蹻昊蒼也」，注：「『蹻』與『據』同」，是「據梁」亦即「蹻梁」也。司馬光：「蹻蹻，動作強梁貌」，或即據此而言也。

初一：匪譽匪咎，克守厥家。

范望曰：一為下人，居首之始，水性玄墨，故不求聲譽，以繼咎悔，故能保家，居正而已也。

司馬光曰：一居家之最下，子孫之象，當日之晝，能守常道，無咎無譽，保家之主也。

葉子奇曰：一居居世，在初而無為，故匪咎匪譽，能守其家者也。

陳本禮曰：水，晝。

鄭維駒曰：坤六四無咎無譽，保身之慎也。此匪譽匪咎，守家之常也。

鈴木由次郎曰：六月十一日，晝，井二十度，水。無譽，亦不受災，平凡度日而守其家。

測曰：匪譽匪咎，其道常也。

范望曰：無咎無譽，得道之常也。

次二：家無壺，婦承之姑，或洗之塗。

范望曰：二，木子也，而陰者非女則婦。壺，禮也。居家無禮，婦尚姑事，上僭丈夫，猶見洗濯而以塗也。

司馬光曰：壺者，承上以養人者也。家無壺，下不供養也。二居下體之中，有婦之象。婦者所以承姑也。今反使姑承之，為之洗塗，服勞辱之事，上下失序，逆莫大焉。

林希逸曰：洗，蘇典切。壺，尊酒器也。婦之事姑，無盛酒之器，乃行酒於地上，非禮也。洗猶《書》曰洗腆致用酒也。塗，泥塗也，即在地之意。

葉子奇曰：壺，匏也。蓋用之以承水為洗器也。二遇陰極，是家居無器以用，故婦或承姑之事，乃洗之于塗泥之中也。蓋承家之器備，則為用周，貽謀之慮深，則為化遠。至于無壺而洗塗，于以見其傳家之道缺也。

陳本禮曰：火，夜。壺以盛酒醴，養翁姑者也。新婦來亦欲承姑事長之禮，無如家無壺則無以酌酒而獻尊矣。洗設於東榮，所以致潔也。今壺樽既缺，則洗亦可以不必設矣，而猶欲洗之，則洗將設之於塗中乎。甚言其家無設洗所也。

鄭維駒曰：惠棟云：昏禮設尊，是為壺尊，壺者蓋婦承姑之禮也。家無壺，則婦進之姑者，非洗用酒而洗用塗，曾水漿之不若矣。離為瓶，故曰壺。

鈴木由次郎曰：六月十一日，夜，火。塗，污。婦人當受姑之命，但居家無禮，無壺盛酒以獻老父，反而命令其姑，使姑洗穢物，從事勞動。婦失事姑之道。

測曰：家無壺，無以相承也。

范望曰：無禮之家，婦不承順於姑也。

陳本禮曰：無壺而洗塗至道缺也。

次三：長幼序序（司馬光本作長幼序），子克父。

范望曰：三為進人，家道以禮，長幼有序，以木居木，故曰序序也。克，能也。子能興父事，有似楊烏與《太玄》也。

司馬光曰：范本作長幼序序，今從宋、陸、王本。王曰：得位當晝，故居室有倫，長幼各得其序，子能幹父之業者也。光謂：三居下體之上而當晝，幼能事長，子能任其父事者也。

葉子奇曰：三以陽明之才，是得治家之道者也。長幼各得其序，子復能父之事，可以知其善矣。

陳本禮曰：木，晝。三以木居木，猶眾木成林，長長幼幼，各列成序，子能克父之業，以承其家者也。

鈴木由次郎曰：六月十二日，晝，井二十一度，木。鵙始鳴。長幼之序正而不亂，子繼承父之事業，而保其家。

文字校正：居首次三：「長幼序序，子克父」（范注本），《集注》本從宋、陸、王本作「長幼序」，按：當從《集注》本。范注：「家道以禮，長幼有序」，

是范注亦謂「長幼序」，可證其原文非作「序序」也。范注又曰：「以木居木，故曰序序也」，此「序序」不辭，當為後之抄者據已訛之正文而誤改也。

測曰：子克父，乃能有興也。

范望曰：子能事父，故有所興致也。

次四：見豕在堂，狗繫之远。

范望曰：四，金也。戌為狗，六為豕，亦為宗廟，故見豕在堂也。远，迹也。狗繫豕迹，居家之道也。

司馬光曰：远，音剛，又戶郎切。繫與系同。远，獸跡也。狗豕皆汙穢之物，堂，尊者之處也。四為下祿而在中體，位稍尊矣，然當日之夜，小人之道也。凡為家之道，正其身然後可以齊家。今四在堂，自有豕行，則在下者亦如狗系跡而進，不可止也。慶，善也。

林希逸曰：远音剛，獸迹也。堂，尊處也。既有豕在，則狗亦相繼而至也。繫远，猶接跡也。此自辱以招辱之喻。

葉子奇曰：远，戶郎切，远，跡也。四陰而不正，是不能正家之人也。非其人而主家，猶豕畜在堂也。然豕在堂，則狗繼其跡邪，當國則下附其奸，方以類聚，物以羣分，自然之應也。

陳本禮曰：金，夜。远音剛，獸跡也。堂乃尊者所處，今登其堂，不見有人，惟見豕之蹲踞及犬繫之跡，則其人之污穢可知矣。

孫澍曰：远，《爾雅》注：其跡远，《字林》云：远，免道也。

鄭維駒曰：家人互坎為豕，巽繩為繫，四九類為狗，狗所以逐獸，今豕方在堂，而狗乃繫於獸跡交錯之處，使不得驅逐，自壞其閑，何以為家矣。

鈴木由次郎曰：六月十二日夜，金。远，獸迹。豚在上座，又有狗之足迹。

測曰：見豕在堂，其體不慶也。

范望曰：慶者不以畜牲為喜也。

次五：舳艫調安，利富貞。

范望曰：五為天位，居中制遠，前後相承，故以舳艫論也。土在木行，為木之財，故利富之正也。

司馬光曰：舳，直六切。艫，落胡切。王曰：不失其居，而無遠不適，處舟之義也。五既得位當晝，為居之主，往必濟者也，故舳艫調安，而有所利富，不失其居室之道乎。光謂：舳，舡後用柁處也。艫，舡前刺棹處也。五居盛位

而當晝，君子能治其家者也。舳艫調安，則眾賴以寧，上下和順，則家賴以齊。富者，家之福也。富不失正，所以為美也。其當作無。

葉子奇曰：舳艫，舟也。五居中得道，是猶舟行于水平流順之中，既調且安，無復傾危之慮，體胖心廣，宜其利于富貞也。

陳本禮曰：土，晝。家無壺猶是什物缺也，此則棲無可托之居，故欲附軸艫暫為浮居之計也。

鄭維駒曰：巽木在互坎上，離中虛，五為腹器，故云舳艫。巽近利市三倍，故曰利富。

鈴木由次郎曰：六月十三日，晝，井二十二度，土。舳與艫相配而行船，事務順利無弊端。此喻家庭和美順暢。家富而不失正道。

文字校正：居首次五：「舳艫調安」，測辭同，《道藏》本「舳」作「軸」，形訛也。「軸」「艫」義遠，不可連言，各本作「舳」，舳艫皆船屬，故連言之。調，和也，故測辭曰「舳艫安和」，又曰：「順其疆也」，范注：「調安百姓，在境界也」，是。《集注》：「其當作無，謂順而無疆也」，按《集注》是，進首次六：「進以高明，受祉無疆」，釋首次五測辭：「和釋之脂，民說無疆也」，眾首次六測辭：「大兵雷霆，威震無疆也」，親首次六測辭：「厚厚君子，得人無疆也」，疆首次六：「克我疆梁，于天無疆」，皆作「無疆」，知《太玄》慣用「無疆」之語，此亦當同之，可為《集注》證也。

測曰：舳艫安和，順其疆也。

范望曰：調安百姓，在境界也。

陳本禮曰：疆，故土之邊疆也，順其疆，猶有戀故土之思也。

鄭維駒曰：川以隄岸為疆，家之有閑，猶川之有疆，五為土為馴，故言順其疆也。

次六：外其井竈，三歲見背。

范望曰：三，終也。六為水，故稱井。井竈以諭祿食也。宗廟之道，酒食為先。故今而見外，故言三歲背也。

司馬光曰：王曰：三歲，數之終也。光謂：井竈者，飲食之資，家之要務也，而外之，則家何以養矣。六過中而當夜，小人不能睦其宗族之賢者而疏外之，不過三歲，則親皆叛之矣。不享者，不得飲食也。

葉子奇曰：井所以汲，竈所以爨，皆家用之所不可缺者，今乃外之而不有，是失其所以為家之道矣，豈不終于見棄而不享乎？

陳本禮曰：水，夜。井竈者，飲食之資也。外其井竈，則家室空矣。莽以建國三年廢孺子嬰為定安公，故云三歲見背。背，叛也。

鄭維駒曰：互坎為水，離為火，故云井竈。水之類為遠行，行而不居，故外其家而見背也。

鈴木由次郎曰：六月十三日，夜，水。飲食之本，為井與竈，疏忽不治，三年之後家族叛離，無所飲食。

測曰：外其井竈，三歲不享也。

范望曰：井竈見外，故不享祭也。

陳本禮曰：不享者，不得飲食也。

次七：老父擐車，少女提壺，利考家。

范望曰：七，木之子也，以八為父，五為車，八引於五，故曰擐車也。考，成也。壺，禮也。七為仲女，八位過老而得仲敬，故謂之少。有禮之女，以成家事，故利考家也。

司馬光曰：王本考作于，今從宋、陸、范本。擐，音患，貫也，以手貫車轅而行之，所以載物也。提壺者，承上以養也。考，成也。七居上體，有尊長之象。老父者，家之至尊，少女者，家之至卑也。尊能載眾，卑能承上，故利以成家也。夫齊家者，不可以不嚴也，故其體莊嚴，然後能載眾也。《易》曰：家人嗃嗃，悔厲，吉。婦子嘻嘻，終吝。

葉子奇曰：擐音患，擐，牽也。考，成也。七以陽德，故能治家，以禮大小，各當其任，老夫則牽于車，少女則提其壺，長任長事，幼行幼職，所以利于成家也。

陳本禮曰：火，晝。火在木世，七為火之衰，火盡薪傳，又別成居室，此遷居移家之象。擐車以手貫車轅，載其家室而行也。老夫，父也。少女，季女，相隨而遷者也。考，成也。利考家者，尊能載眾，卑能承上，故利於別成家室也。

鄭維駒曰：擐，繫也。謂繫其車而不用也。坎輿多眚，巽繩繫之，故擐車。老休於家，以受奉養，家道以成，故利也。二數陰，稱姑。七數陽，稱老夫。合之則嚴君也。

鈴木由次郎曰：六月十四日，晝，井二十三度，火。擐，貫。考，成。搬家之時，老父手貫車繩而牽拉，幼女為了老父而提酒壺隨在後。宜乎搬遷他處而成家。以莊嚴而齊家。

　　文字校正：居首次七：「老夫攬車，少女提壺，利考家」。測辭：「老父攬車，其體乃莊也」（范本），《道藏》本贊辭「老夫」作「老父」，測辭作「老夫」，嘉慶本贊辭測辭皆作「老夫」。按：贊辭測辭皆當作「老父」，《集注》：「老父者家之至尊」，《道藏》本、嘉慶本注文皆作「老父」，是《集注》本原文作「老父」之證。《集注》於此字無校語，是范本亦作「老父」也。今各本或贊或測誤作「老夫」，與居首之意不合。居首準《易‧家人》之卦，故以老父、少女、婦姑、子父言之，可知「老父」較「老夫」於義為長。「其體乃莊」，《集注》、范注皆釋為莊嚴之莊，按：體似不得謂之莊嚴，莊嚴者乃狀色貌之語，《論語‧為政》：「臨之以莊」，《史記‧袁盎晁錯列傳》：「上益莊」，《禮記‧表記》：「不矜而莊」，《莊子‧天下》：「不可莊語」，《文選‧神女賦》：「貌豐盈以莊姝兮」，《荀子‧非十二子》：「壯然」（「壯」當讀作「莊」），皆是其例，無一言體者。「其體乃莊」之「莊」，當讀作「壯」，「莊」「壯」古通，《詩‧君子偕老》鄭箋：「顏色之莊與」，《釋文》：「莊，本又作壯」，《莊子‧天下》：「不可與莊語」，《釋文》：「莊，一本作『壯』」，《禮記‧檀弓》下：「太史柳莊」，《古今人表》作「柳壯」，《荀子‧非十二子》：「壯然」，楊注：「壯，或當為『莊』」，《漢書‧古今人表》注：「壯，讀曰莊」，皆其例也。《廣雅‧釋詁》二：「壯，健也」，《禮記‧曲禮》上：「三十曰壯」，《釋名‧釋長幼》：「三十曰壯，言丁壯也」，《呂覽‧仲夏》：「養壯狡」，高注：「壯狡，多力之士」，「其體乃壯」，蓋謂父雖老而猶壯健有力也。其體壯健，故能攬車，若謂「莊嚴」，則與「攬車」之意不合，是可證也。老父體壯，能任重勞，故曰「利考家也」（考，成也）。

測曰：老父攬車，其體乃莊也。

　　范望曰：利於少女，故自嚴莊以戒慎也。

　　葉子奇曰：其禮乃正。

　　陳本禮曰：老父攜帶季女，無跋涉之勞，故曰體乃莊也。

次八：反其几，雙其杙（原作牝下同），几（或作其）家不旨。

　　范望曰：八為老父，故用几。今而反之，非所以養老也。牝，非〔雌〕也。旨，美也。今而雙等，故家不美也。

　　章詧曰：八居夜，處居之時，年已八十，古者七十懸車不仕，八十君或賜之几杖，今八小人也，當馮几之時，反棄而不用，而以嬖妾類几，蓋非家之美者也。故測曰家不臧也。謂其用牝代几，而不善者也。

司馬光曰：二宋、陸本杚皆作牝，王作牡，今從范本。其家，宋、陸作九家，范、小宋本作几家。按，古其字作丌，因致此誤耳，今從王本。杚與匕同。几當上承，匕當用一，理之常也。八為禍中而當夜，反其几者，幼不承長而上不獲安也。雙其匕者，家不統於尊而用事者眾也。旨，美也。下不承上，尊不統卑，家道壞亂，故不美也。

林希逸曰：几以家食，今反之，匕只用一，今二之，其家必不美矣。言所用失道也。杚與匕同。旨，美也。此立家不用禮法之喻。

葉子奇曰：几，所隱之几，老人所用也。牝，雌也。旨，美也。反其几，老失尊安也。雙其牝，家多內寵也。老失則道乖，寵多則家亂，求家之美，惡可得乎。

陳本禮曰：木，夜。几，人所憑以為案者也。今乃反之，則其几之壞也可知矣。杚，所以承飲，今乃雙之，則其杚之敗也可知矣。几壞杚敗，則其家之無甘旨以養新也又可知矣。

鄭維駒曰：八為木，故稱几，渙九二象機，以二奇為几身，初偶為几足也。今反其几，則陰在上，陽在下矣。巽長女，離中女，雙其牝，象謂二女倫次也。

吳汝綸曰：范本雙其杚，宋、陸杚作牝，司馬云：杚與匕同，范本作幾家，宋、陸作九家。司馬依王作其家。案：范本家上疑衍幾字。

鈴木由次郎曰：六月十四日，夜，木。杚同匕，匙。旨，味美之餐。弄翻矮腳几，匙子分割為二，這樣的家庭，吃不成美味之餐。

文字校正：居首次八：「反其幾，雙其杚，其家不旨」。測辭：「反幾雙杚，家用不臧也」。范本「杚」作「牝」，「其家」作「幾家」，《集注》：二宋、陸本「杚」皆作「杚」，王作「牡」，今從范本。是范本原作「杚」之證。《集注》又曰：「杚與『匕』同，匕常用一，理之常也」，知當作「杚」。「雙其牝」者，不辭之甚，《集注》又曰：「其家，宋、陸作『九家』，范、小宋作『幾家』，按：古『其』字作『丌』，因致此誤，今從王本」。其說是，當作「其家」。吳汝綸曰：「范本『家』上疑衍『幾』字」，其說非。盧校：「司馬作從手匕，亦誤」，恐是刻者致誤。

測曰：反几雙杚，家用不臧也。

范望曰：老而不養，故不善也。

陳本禮曰：見其外知其內，形容敗落之家如繪。

上九：株生蘖，其種不絕。

范望曰：金生木行，木為金財，道終數訖，有財不用，故木復生也。窮上反下，家道以興，故種不絕也。

司馬光曰：蘖，魚列、五葛二切。種，章勇切。王曰：九居過亢，枯朽之象，得位當晝，株而生蘖者也。光謂：木斬而復生曰蘖，九為禍極，家已絕矣，而當日之晝，是尚有遺種能復興其家者也。

林希逸曰：木斬而復生曰蘖，枯株再生蘖，則其種不絕矣。《書》曰：若顛木之有由蘖是也。此既廢而復興絕而復續之喻。

葉子奇曰：九居終地，大抵多以生生循環之理言之。

陳本禮曰：金，晝。

鄭維駒曰：株蘖，巽木象，周宣考室而終之，生男生女。蓋考室者，成家也，乃生男女，成家之祥也。

鈴木由次郎曰：六月十五日，晝，井二十四度，金。蘖，木伐之後，遺根新生之枝芽。已伐之木又生新枝芽，其種子不絕而繼續生長。此喻家已絕而有人中興之。

測曰：株生蘖，其類乃長也。

范望曰：株而生蘖，故長也。

陳本禮曰：此則不無有望於中興之人矣。

法

☷ 法：陽（或有氣字）高懸厥法，物仰其墨，莫不被則。

范望曰：二方二州二部一家。地玄，陰家，四金，中下，象井卦。行屬於金，謂之法者，言是時陽氣上在九天之上，洞下重淵之內，陰當上而微伏，陽亦升而造在天之上，故言高懸。物由之而生，故仰其墨。墨謂繩墨也。動以法則，故謂之法。法之初一，日入井宿三〔二〕十五度。

章詧曰：純陽之氣極於此首，大充萬物之表儀，模範已定，物咸所為成則也。

司馬光曰：陰家，金，準井。改邑不改井，無喪無得，往來井井，有法之象。縣，音玄。宋曰：墨者法之繩墨也。光謂：是時陽氣極高，物咸象之，莫不蒙被其法。

陳仁子曰：法者陽生物而截乎有則者也。《易》曰：井通而困窮，夫通其

用而濟人者，井也。通其用而馭世者，法也。井以奉之初而居二，陽往上而陰來下，故養而不窮。法以乾之金而次三，陽盛上而陰藏下，故繩而不亂。井不可改，法亦不可改，《玄》曰紀綱、曰準繩，覾之天地間，洪纖高下之有度也，飛潛動植之有則也，陽唱而陰和，若治國者有國法，治兵者有兵法，而物井乎有條矣。

葉子奇曰：墨，繩墨也。則，法也。法之初一，日入井宿二十五度。

陳本禮曰：陰家，四，金，中下，卦準井。《傳》：法，刑法，聖人不得已而用之，所以禦奸邪止暴虐也。此時陰惡日肆，陽畏其逼，故高縣厥法於象魏，使民望而知畏也。墨，繩墨，則，法式。物之畏法而不敢從逆者，猶秉其功令懍其憲章，而潛消其不靖之氣也。

孫澍曰：準井，《太玄》以三位成象，馴玄法天。

鄭維駒曰：巽為高，坎為法為則，巽為工為繩直，坎為水，色黑，故曰墨。案：古《易》云井者法也，故以法象井。

鈴木由次郎曰：第四十首，陰，四金，二方二州二部一家。縣通懸。法，刑法。墨，繩墨，法。則，法則。陽氣畏陰日逼而高懸其法，萬物皆仰慕其法，從其法。

初一：造法不法。

范望曰：一則金子，子母之道，禮法為先，故言造法。法者以法不法也。水以平施，純陽積形，法不可踰也。

章詧曰：一居夜，為水，惟水為準，故可作法。小人當是法乃不法，故測謂不足用也。

司馬光曰：王曰：作法之初，而失位當夜，不足法者也。光謂：一為思始，故曰造法。《法言》曰：模不模，範不範，為不少矣。

林希逸曰：造，作也。作法而不應法，何可用也。

葉子奇曰：一當法初，是始造法也。然以陰邪不正之資，造法而非其法，若之何而用乎？用則為民之害也必矣。

陳本禮曰：水，夜。

鄭維駒曰：水類為法，一數始，故造法。初陰邪，故不法也。

鈴木由次郎曰：六月十五日，夜，水。初一法首之初，但失位而當夜，故造法而其法不正，不足用于治民。

測曰：造法不法，不足用也。

范望曰：化之以禮，不足大用法也。

次二：摹法以中，克。

范望曰：摹，索取也。克，勝也。索法以中，故可勝任也。

司馬光曰：摹與模同，摹猶制也。二為思中而當晝，制法以中，然後能成也。《洪範》皇極，眾之所共由也。

葉子奇曰：二居中得陽，是以制法得中而無過不及之差，故能勝其任也。

陳本禮曰：火，晝。

鄭維駒曰：次二思中，故摹法以中。

鈴木由次郎曰：六月十六日，晝，井二十五度，火。摹同模，制作。作法而以中庸，則能成其事。

文字校正：法首次二：「摹法以中，克」，測辭：「摹法以中，眾之所共也」，范注：「摹，索取也」，《集注》：「摹與『模』同，摹猶制也」，按：范注非，《集注》近之。《說文》：「摹，規也」，《文選·東京賦》：「規遵王度」，薛注：「規，摹也」，是「規」「摹」義通也，規摹猶規畫也，《漢書·高帝紀》下：「規摹宏遠」，注引鄧殿：「摹若畫工規摹物之摹」，韋昭曰：「摹者如畫工未施采事摹之矣」，《國語·周語》：「其母夢神規其臀以墨」，注：「規，畫也」，又，「規方千里，以為甸服」，注：「規，規畫而有之」，《漢書·燕剌王旦傳》、《陳湯傳》《集注》皆曰：「規，畫也」，規又訓謀，《淮南·主術》：「是故心知規而師傅論異」，注：「規，謀也」，《後漢書·趙熹傳》注：「規，謀也」，然則規畫規摹蓋謂預先謀畫設計也。初一言「造法」，次二言「摹法」，相對為文也。「造法」則法已成，「摹法」則法尚未成，是二者之別，若依《集注》，制法亦是「造法」，則初一次二無別矣。初一謂所造之法有所不正，則不足用也。次二謂法之規摹以中貞（正）為據，故曰「克」，克即克用之意，承一而言，范注：「克，勝也」，非是。次二「摹法以中」、「克用」，故曰「眾之所共」，謂中正之法為眾人所共服共用也。

測曰：摹法以中，眾之所共也。

范望曰：縣法於上，眾人之所共奉而行也。

次三：準繩不甫，亡其規矩。

范望曰：矩以方物，規以正圓。甫，始也。準繩失始，故法度亡也。

司馬光曰：甫，美也。爽，差也。不能正其身，其如人何。

葉子奇曰：準所以為平，繩所以為直，規所以為圓，矩所以為方，皆法度之器也。三以陰邪，無復以法度自守也。

陳本禮曰：木，夜。三屬木，故以準繩言。木從繩則正，后從諫則聖。甫，善也。準繩不善，非木之過，用之者之過也。物無規矩不能成方圓，今以無規矩之人而欲用準繩以治人，故其法差也。

俞樾曰：范注曰：甫，始也。然準繩不始，甚為不辭。溫公訓為美，義亦未合。甫當讀為專，《說文》寸部：專，布也，昭三年《左傳》：寡君使虎布之，杜注曰：布，陳也。然則準繩不專，猶言準繩不陳。《禮記·經解》篇：繩墨誠陳，是其義矣。

鄭維駒曰：坎為平，巽為繩，故曰準繩。木類為規，金類為矩，井巽木，互兌金，三木在金行，故曰規矩。

鈴木由次郎曰：六月十六日，夜。甫，大也，美也，善也。法度不善，故規矩不立。

測曰：準繩不甫，其用爽也。

范望曰：不奉於法，有差貳也。

葉子奇曰：甫，始也。爽，差也。

文字校正：法首次三測辭：「準繩不甫，其用爽也」。范注：「甫，始也」，《集注》：「甫，美也」，俞樾《諸子平議》：「甫讀為專，布陳也」，其說是，然有未盡之義。《說文》：「專，布也」，《書·禹貢》：「禹敷土」，鄭注：「敷，布也」，《詩·小旻》：「敷于土」，毛《傳》：「敷，布也」，專、敷皆訓布，是專、敷義通也。《漢書·禮樂志》注：「專，古敷字」，《後漢書·荀淑傳》：「儉緄靖熹，汪爽肅專」，注：「專，本或作『敷』」，《一切經音義》二：「敷，古文作『旉』」，「旉」即「專」之訛體，依篆書亦當作「敷」，是亦專、敷互通之證。專、敷皆訓布、訓陳，布、陳又訓施，是專、敷亦可訓施也。《說文》：「敷，㪔也，㪔，敷也，讀與施同」（《經籍纂詁》以「施」為「㪔」，是「㪔」與「施」相通），是其證也。施者行也，用也，然則「準繩不甫」，蓋謂準繩之法不加施用也。法首次三次四兩贊之意相對，次三謂準繩不加施用，次四則曰「準繩規矩，莫違我施」，又曰「準繩規矩，由身行也」，次四言施言行，正與次三言「不甫」（不施）、「用爽」（不用）相對而言，是亦可證「甫」字之義也。

次四：準繩規矩，莫違我施。

范望曰：立準在上，下不敢違，規矩法度，君之所施，臣而奉之，故言莫違也。

司馬光曰：君子先修其身，其身正，不令而行。

葉子奇曰：四以陽德，先自治而能治人者也。

陳本禮曰：金，晝。四以陽剛而在金世，猶大匠之運斧斤，隨手所施，莫不中準合繩，以成規矩，故曰莫違我施也。

鈴木由次郎曰：六月十七日，晝，井二十六度，金。反舌無聲。施行法度，民不違之。我身正，不令而行。

測曰：準繩規矩，由身行也。

范望曰：善事不違於上也。君子先修其身，其身正，不令而行。

鄭維駒曰：方圓平直由於身，未有身不足法而民法之者也。

次五：繘陸陸，缾寘腹，井潢洋，終不得食。

范望曰：五為天位，施法於中，五土六水，故以井諭。繘以行缾，陸寘滿也。缾腹滿溢，故潢洋也。家性為法，缾雖滿溢，不可得妄食也。

司馬光曰：宋、陸本寘作冥，今從范、王本。繘，音橘。寘，音田。潢，音黃。陸曰：方，道也。王曰：缾寘腹，不可以盛也。井潢洋，水多之貌也。終不得食者，汲引之道非也。光謂：繘，汲索也。陸陸，索下貌。缾腹先實，則水不得入，井雖潢洋，終不得食也。學者虛以受人，則人樂告之。五居井之盛而當日之夜，小人先自驕滿，不能納物者也。

林希逸曰：繘音橘，汲索也。陸陸，索下之貌。寘音田，缾腹先填滿也。潢音黃，潢洋猶汪洋也。索雖下，井水雖多，缾既滿，何以得水，非虛心以求益也。

葉子奇曰：繘，綆也。陸陸，短貌。寘，滿也。潢洋，水多貌。五以陰弱之才，何能及事，猶繘陸陸綆短而不可汲，深缾寘腹，腹塞而不可受水，井雖潢洋，無術可以致，所以終不得食也。此言非其器不可以成其事，無其道不可以冀其功。是故有是君有是臣，則有是政矣。

陳本禮曰：土，夜。陸陸，猶碌碌，繘，汲索也。井以虛受汲，物亦必以虛而汲之，始得水，今以實腹之缾而欲汲水，是失其所以取之之道矣。井潢洋，終不得食，未悉取食之法也。

鄭維駒曰：缾寶腹者，五土填之也。土填其缾，視井泥又有甚焉。水滿於井而泥實於缾，雖潢洋，其可食乎。巽為繩繘象，離為缾，互兌口食象。

吳汝綸曰：退之詩汲古得脩綆本此。

鈴木由次郎曰：六月十七日，夜，土。繘，汲井水之桶繩。陸陸，隨從貌，此指繩索垂下貌。缾同瓶，汲水之器。潢洋，水多貌。汲水之瓶，其繩空垂，瓶中水已滿。井中水雖多，瓶中水既滿，則不能汲取井水而飲。學問之事，必須虛心。小人自為驕慢，而不容物。此非學問之法。

測曰：缾寶腹，非學方也。

范望曰：方，道也。君臣相奉，非可學之以道也。

陳本禮曰：方，法也。

鄭維駒曰：坎以亨通，離以虛明，心不亨，中不虛，何以為學矣。

次六：于紀于綱，示以貞光。

范望曰：臣正於下，君明於上，君臣道正，故綱紀正也。

司馬光曰：王曰：以貞正光明之道，俾人不惑。光謂：六居上祿以施其法，能紀綱天下，示人正光之道者也。

林希逸曰：綱紀既定，而示以正大光明之道，則治統得矣。

葉子奇曰：六以陽剛，得法之善者也。故能以紀綱自治，而示人以正大光明之道也。

陳本禮曰：水，晝。

鄭維駒曰：奉君之法，自當大臣始。示者示群下也。大綱小紀，有條不紊，則示以正矣。互離，故光。

鈴木由次郎曰：六月十八日，晝，井二十七度，水。其法度用以紀綱天下，示人以正大光明之道。

文字校正：法首次六：「于紀於綱，示以貞光」，《集注》、范注皆不釋「於」字之義，按：「於」猶「為」也，「于紀於綱」，言其法為紀為綱也。法為紀綱，故曰「示以貞光」。「貞光」云者，蓋謂貞正之光，即貞正之準則也，此即指紀綱而言。

測曰：于紀于綱，大統明也。

范望曰：綱紀一張，統御明也。

陳本禮曰：紀綱者國家之大閑也，紀綱正則大統明，大統明則稱攝稱新皆非正統矣。

次七：密網離于淵，不利于鱗。

范望曰：七為網，六為淵，網離于淵，鱗物所害，猶苛法於世，百姓之疾也。

司馬光曰：王曰：七居過滿而當夜，作法太密，網麗于泉而鱗不寧，法施於國而人不便者也。光謂：七為網，又為敗損，而當日之夜，法苛民駭者也。故曰密網離于淵，不利于鱗。

葉子奇曰：七居禍初，為法已過，是其網密文峻，無能脫者。諺云：國將亡，必多制，使人搖手觸禁，又何以措其手足乎？

陳本禮曰：火，夜。

孫澍曰：如王安石清（當作青）苗法。

鄭維駒曰：互離為網，互兌為離，故密網。巽為魚，故曰鱗。

鈴木由次郎曰：六月十八日，夜，火。離同麗，附著。網無眼為密網，張之于淵，魚不得安心。此喻苛法施于民。

文字校正：法首次七：「密網離於淵，不利於鱗」（范本、《道藏》本），嘉慶本「網」作「綱」。按：嘉慶本形訛，《集注》：「作法太密，網麗於泉，而鱗不寧」，可證《集注》本原作「網」而非「綱」也。且網者捕魚之具，網而眼密，魚類大小皆不可逃，故曰「不利於鱗」（魚者鱗屬），綱者大繩，則與「鱗」字無涉，且亦不得「離於淵」，此皆證當作「網」也。

測曰：密網離淵，苛法張也。

范望曰：密於時網，且張於上也。

次八：正彼有辜，格我無邪。

范望曰：格，至也。我，我百姓也。彼謂九也，九克於八，雖在法家，位次當進，無邪曲也。

司馬光曰：歐與驅同。宋曰：歐百姓使至無邪也。王曰：八居上體之中而當晝，能用其法正其有罪，以至於人無邪心也。光謂：格，至也。正有辜以至無邪，用刑之善者也。舜曰：刑期于無刑。

葉子奇曰：八以陽明，善能處法，言正彼有罪，而正之以我無邪之道，蓋正己以正人之不正也。格，正也。

陳本禮曰：木，晝。我，百姓自謂也。有辜，謂九，八近於九，無辜被克，故九為有辜矣。元邪，首惡也。家性屬金，九金之虐成於家性，故曰元邪。且為首初造法之人，造法不法，是謂元邪。

鄭維駒曰：坎為罪，故有辜。八為木，木從繩則正，故正彼有辜。民化於正，故格我無邪也。

鈴木由次郎曰：六月十九日，晝，井二十八度，木。辜，罪。格，至。正彼有罪之人（指上九），使人無邪心。

文字校正：法首次八：「正彼有辜，格我無邪」，測辭：「正彼有辜，歐而至也」，嘉慶本作「無邪」，《道藏》本作「元邪」，范本作「無邪」，《集注》注文作「無射」，按：當作「無邪」，「元」乃「無」之訛體，「歐而至也」，嘉慶本、《備要》本同，范本、《道藏》本「敺而至也」，《集注》：「敺與『驅』同」，《說文》：「驅，馬馳也，從馬，區聲，敺，古文從攴」，可證《集注》本原文作「敺」，與范本同，今《道藏》本猶是，而嘉慶本則訛作「歐」也，《備要》本則沿而未改，四部備要《太玄集注》號稱據明刊本校勘排印，其實校勘不精，多沿誤本而不知其誤，此其一例也。

測曰：正彼有辜，歐而至也。

范望曰：敺除以正，至於九也。

葉子奇曰：處法之平，人皆歸之，如歐而至也。

陳本禮曰：有辜既正元邪，又格法平而民自安，故人皆歸之如歐而至也。

上九：井無幹，水直衍，匪溪匪谷，終于愆。

范望曰：衍，達也。愆，過也。九，金也。金生於水，井之象也。幹以檢扞於井，泄取有時。八者木也，當謂井幹。金克於木，故無幹。無幹故直衍也。無幹之井，故以谿谷諭也。

司馬光曰：王本匪谿匪谷作利心匪谿，今從宋、陸、范本。幹，音寒。范曰：幹以檢扞於井，泄取有時。王曰：處法之極而當夜，無法者也。國而無法則人易犯，井而無幹則水衍溢也。光謂：九為禍極而當夜，法妄恣無常，與無法同，民志迷惑不知所從，則冒犯而終亂耳。如井無幹，水將衍溢，非谿非谷而注射妄行，終於愆過而已矣。

葉子奇曰：幹，井欄也。衍，溢也。九居陰極，無法可以持制，如井之無欄，水則直衍而已。井既失井之道，謂之谿而非谿，謂之谷而非谷，蓋猶用法

而非其法也。用法而非其法，則亦終于過而已矣。法贊多取井為說，蓋取井一成而不可遷之意。

陳本禮曰：金，夜。幹，井欄。愆，溢也。

孫瀜曰：幹，井上木欄也，其形四角或八角，《莊子‧秋水》：吾跳樑乎井幹之上。

鄭維駒曰：幹，井上木欄也。八木在下，故無幹。谿谷之水，有時而溢，若井固有幹者也。無幹以制之，則匪谿匪谷，而不免於過矣。淫刑枉濫，此之謂也。

鈴木由次郎曰：六月十九日，夜，金。幹，井口欄幹。衍，水流于海，此為溢。井無木欄幹，其水則溢出。不是谿谷，而如谿谷一樣水流出。法太隨意而無常。

測曰：井無幹，法妄恣也。

范望曰：妄，亂也。無幹之井，妄自恣也。

應

䷾　應：陽氣極于上，陰信萌乎下，上下相應。

范望曰：二方二州二部二家。地玄，陽家，五土，中中，象離卦。行屬於土，謂之應者，芒種節終於此首之次四，夏至起於此首次五。斗指午，黐實用事。陽極陰生，上下相應，故謂之應。應之初一，日入井宿二十九度。

章詧曰：準咸，陽家。

司馬光曰：陽家，土，準咸。入應次六一十八分五秒，夏至氣應，故兼準離。信猶聲兆也。

林希逸曰：準離。

陳仁子曰：應者陽極盛而陰自應也。天地陰陽之氣，有以流行言，有以定位言。一動一靜，互為其根，如太極之昆侖，以流行言也。分陰分陽，兩儀立焉，如日月水火之旁薄，以定位言也。特陽唱而陰應則成物，陽唱而陰不應，則不能成物。世有溫泉而無寒火，陰能從陽，陽不能從陰也。故《易》之離，以陽附陰則虛而明，《玄》之應，以陰求陽則應而和，是時也，六陽已極之會，一陰漸生之時也。陽上陰下，如鼓應桴。測曰：惡敗類，又曰：應其發然也。若謂極陽徵陽，其應豈果待於徵哉？

胡一桂曰：經白中則陽始，應則陰生，當應之時，陽極于上，陰萌乎下，一陰方生，上下相感，氣至而鹿角解，候至而蜩始鳴。應擬咸，地元，陽家，五，土，中中，日在井二十九。《月令》：夏至五月中，鹿角解。《漢志》曰：井三十一，夏至，鶉首中。

葉子奇曰：《玄》以此首當姤卦，自此以下至養四十首，皆屬陰，故篇首皆以陰氣言。斗指午，律中蕤賓。應之初一，日入井宿二十九度。芒種節終此首之次五，夏至節起此首之次六。

陳本禮曰：陰家，五，土，中中，日入井，斗指午，律中蕤賓，夏至氣應，卦準離。《傳》：應，感也。陽氣極乎上，陰信萌乎下。萌，孽之始生者也。雖未大為害，然陽至此衰矣。應居八十一首之中，陽生於子，盡於巳，陰生於午，盡於亥，應之次六交夏至，猶中首次六之交冬至，信不爽也，故曰上下相應。

孫澍曰：準咸，剛柔得位，《太玄》以修德睹鄰。

鄭維駒曰：《易》上下經綜之各十八卦，離、咸居其中，《玄》以應、迎準離、咸，而離居四十一，數在八十一首之中，以是為陰陽之大樞紐也。《易》以離、咸為中，卦之數偶也，《玄》以應象離，首之數奇也。乾坤之闔闢，萬物之消長，離居其中，故云上下相應。姤為五月辟卦，其實一陰之生，非生於五月將盡，如復之一陽，亦非忽然而生也。離居五月正中，陰陽之交，故云陰信萌於下。

鈴木由次郎曰：第四十一首，陽，五土，二方二州二部二家。陽氣極於上，陰氣與之無違而萌於下，上下相應。

初一：六幹羅如，五枝離如。

范望曰：羅，布也。如，辭也。離，附麗也。一為水，幹以諭君，枝以諭臣，水出於泉，而流百川，布施於上，枝離而著之，如臣之附君，如水之趨川也。

林希逸曰：幹，木也。六幹而只五枝，不能輔其本矣。羅，列也。離，疎也。此君不得臣之喻。

胡一桂曰：幹羅如，強也。枝離如，弱也。深根固本，不可拔也。周封建附離於君，亦若此。

葉子奇曰：羅離，文章交織之貌。應屬離明之地。一在應初，故其自幹及枝，其文莫不斑斑而盛也。

陳本禮曰：水，晝。天數五，地數六，幹屬陽，枝屬陰，以天地數論，則幹當稱五，枝當稱六，今反曰六幹五枝，則是陰陽交錯，君臣倒置，何文章交織之有耶？此陰賊假為和合之象，冀以要君，故其象羅如離如也。

孫瀜曰：羅，列也，離，儷也。附猶依也。六幹五枝，疑即堯之天官、周之五等封爵，故曰附離君也。

鄭維駒曰：離為日，日一周天而幹枝屬焉，五行有陰陽，合為十幹，幹以五合也。然幹乘校而得六矣。六氣有剛柔，合為十二枝，枝以六合也。然枝承幹而得五矣，故曰五六者天地之中合也。

鈴木由次郎曰：六月二十日，晝，井二十九度。水。六幹五枝，幹指君，枝喻臣。天數五，地數六，故五為陽數，六為陰數，故五幹為陽，六枝為陰。六幹五枝，表示陰陽交錯相合之意。羅，布。如，語辭。離，麗，附著。幹羅布而枝附離。以喻臣附于君。

測曰：六幹羅如，附離君也。

范望曰：下之奉上，相附之道。

葉子奇曰：枝之附幹，猶臣之附君。

陳本禮曰：幹稱六，枝稱五，豈得為附麗君耶？

鄭維駒曰：支附於幹，以日為君，故曰附離君。

文字校正：應首次一測辭：「六幹羅如，附離君也」，范本「六幹羅如」作「乾羅如」，「幹」上脫「六」字，盧校：「『六』脫」，是，各本贊辭皆作「六幹羅如」，可證。

次二：上歷施之，下律和之，非則否。

范望曰：否，不通也。二為離，離為文明，故以歷律言之也。家性為應，天正之中，故上下相應也。歷以紀歲，律以和聲，施於百姓，奉以成務，其非法者，則不通也。

章詧曰：二居夜，為五，夏律為之管，以埋於地也，用候氣至，故曰下和。上下之氣數相應，則庶民和百穀登，苟差爽不應，則天地之應否而不通也。歷象律呂，乃智者之所作，故測曰非其真。二居夜，故其得失未果也。

司馬光曰：范本真作肯，今從宋、陸、王本。和，胡臥切。歷謂十二辰也，律謂十二管也。斗建十二辰於上，律布十二管於下，上下相應，苟非其合，則不應也。

林希逸曰：歷施於上，以觀星辰之行，律和於下，以求地氣之應，律歷必更相治也。非則否者，違此則不可用也。匪其真也，言不得正法也。只曰上施下和，不曰非則否，省文也。

胡一桂曰：上歷施之，足以紀歲，下律和之，足以和聲，上下相應，是則然，非則否。

葉子奇曰：歷陰而律陽，上以陰施，下以陽和，上下相交，則得其道。苟或不然，則失之矣。蓋陰陽和則歲功成，君臣和則國事治，此自然之應也。

陳本禮曰：火，夜。

鄭維駒曰：初一言日，次二由日及月，故言歷。歷者，日月行道也。朋順軌於上，則律瑄均調於下，不順則不應，故言非則否。

鈴木由次郎曰：六月二十日，夜，火。歷同曆，此指十二辰。律，指六律六呂十二管。北斗十二辰，閃耀于天空，律呂十二管布于地下，上下相應。次二為陰而當夜，任其矯強之性，不合法則，故上下不通。

劉按：非則否，是說若非如此則否。

測曰：上施下和，匪其真（原作肯）也。

范望曰：律歷所施，雖或非肯，皆從化也。

葉子奇曰：豈非其肯也。

陳本禮曰：陰陽和則歲功成，君臣和則國事治，二以陰邪而當夜，乃逆上之施而律不下和，矯強任性，故曰匪其肯也。

孫澍曰：真謂真人出而四海一，匪其真如王莽之類，歷施律和，正也，反是上雖施之，下或和之，不過助虐已耳，故曰匪其真，測承否言之也。

鄭維駒曰：肯，可也。言匪施於上，其可和於下乎。匪字略讀。

文字校正：應首次二測辭：「上施下和，匪其真也」，范本「匪其真」作「匪其肯」，按：當作「真」，「真」與初一「君」、次三「陳」、次四「仁」為韻，真、陳、仁，皆屬上古真部，「君」屬文部，真文乃同類鄰韻，可旁轉而通（參見王力《同源字典》）。肯屬蒸部，蒸真則遠而不可協也，又，「匪其肯」亦為不辭，《荀子·勸學》：「真積力久則入」，楊注：「真，誠也」，《莊子·大宗師》：「而況其真乎」，注：「真者不假于物而自然也」，「匪其真」，蓋謂律歷之應（此為應者，次二贊辭：「上歷施之，下律和之」，測辭：「上施下和」，此即律歷上下相應之意），皆假於物（律假十二管，歷假十二辰，參見司馬光《集注》），由於人力而非出於真誠也。應首次二，依例當咎，故曰「匪其真

也」，若依范注：「律曆所施，雖或非肯，皆從化也」，則為休辭，知其不合《玄》例，亦證作「肯」非是。

次三：一從一橫，天綱罢罢。

范望曰：罢罢，廣大也。南北為經，東西為緯，故從橫也。縣終〔絡〕天地，羅網廣大，故罢罢也。

司馬光曰：從，即容切。罢，陳音郎，吳郎宕切。范曰：罢罢，廣大貌。王曰：天罔罢罢者，疏而不漏之義。光謂：三為思上而當晝，君子能經緯天地者也。離為文明，又有網罟之象。

林希逸曰：罢音郎，又郎宕切，廣大貌。網有經緯而後成，故曰一從一橫。此法令全備而濶疏之喻，天網猶天則也，自然之法也。

胡一桂曰：從橫所以塋理也，一從一橫曰緯，其經則天網罢罢，疏而不失焉。東西南北，經緯交錯，邪正以分，其陳可知。

葉子奇曰：從音蹤，罢音觥，罢罢，猶恢恢，廣大貌。三在文明之世，且復當陽，故其一從之一橫之經緯，交陳如天網之罢罢然，粲乎其有文也。

陳本禮曰：木，晝。罢罢者，疏而不漏之意，此特為拗上而不守純臣之節者作指點語也。天雖高遠廣大垠，然一從如經，一橫如緯，若網羅之高張，人固不能逃乎其數也。

鄭維駒曰：次三由日月及星辰，故言縱橫。網離象。

吳汝綸曰：范本橫作橫網，古作罡，罢音觥。

鈴木由次郎曰：六月二十一日，晝，井三十度，木。罢罢，廣大貌，疏而不漏之意。《老子》「天網恢恢，疏而漏」之意。天高大，其網縱橫張之無不在，形雖疏漏，而惡人不可逃。

文字校正：應首次三：「一從一撗，天網罢罢」（嘉慶本、《備要》本），范本、《道藏》本作「一從一橫」，按：作「橫」是，「撗」乃「橫」之形訛，嘉慶本測辭亦作「撗」，《備要》本、范本、《道藏》本測辭皆作「橫」，是亦當作「橫」，從「撗」不辭，「從（通縱）橫」乃謂天網也。測辭：「一從一橫，經緯陳也」，《集注》：「君子能經緯天地者也」，「經緯」二字亦是「從橫」之義，是可證也。

測曰：一從一橫，經緯陳也。

范望曰：天地為文，揚于王庭，布沰於天下也。

鄭維駒曰：二十八宿為經，五星為緯。

次四：援我罦罟，絓羅于野，至。

范望曰：我，我萬民也。四為公侯，以正義治百姓，而嚴刑法，百姓不犯之也。眾由〔猶〕禽獸絓網，故言于野至也。

司馬光曰：援，音爰。罦，音浮。絓，胡卦切。四者陽氣將熄，陰氣將生，德去而刑至者也。又離有網罟之象，故曰援我罦罟，絓羅于野。至者，言其事將至，如云履霜堅冰至也。

胡一桂曰：罦罟所以絓羅，飛潛空曠之地，靡所不至，飛潛無所容其軀矣。不能以仁，不能愛物。

葉子奇曰：罦罟，網也。言取我罦罟，張絓于原野，四面周至，其不幾乎，無復一禽能脫之者，非復田用三驅，如成湯左左右右之仁矣。

陳本禮曰：金，夜。金性堅剛，固能援我罦罟，然天網難逃，國法難宥，不料虞人又有絓羅於野者至矣。

鄭維駒曰：援，引也。至，極也。即日長至之至，四為金為秋，於時為殺，罦罟絓羅，田獵以順殺氣也。所以然者，離在正南，陽極而陰生，秋肅之氣已萌乎其中，故下云不能以仁也。

鈴木由次郎曰：六月二十一日，夜，金。援，引。罦罟，捕兔之網。絓，礙。羅，網。引我進入捕兔之網（喻法網），雖欲逃，而有人網張于野（喻嚴刑以待）妨礙我逃，故不能逃。不能以仁治之之意。

測曰：援我罦罟，不能以仁也。

范望曰：施網為害，故不仁也。

陳本禮曰：天不能於法外施仁，能逃罦罟不能避絓羅之至也。

次五：龍翰于天，貞栗其鱗。

范望曰：五為天位，故以龍諭。貞，正也。栗，危也。翰，高也。處尊之位，正其道實，以應天時，居上戒危，故貞栗也。鱗甲正定，無犯非義，故翰于天也。

司馬光曰：翰，胡安切。王曰：居中體正，得位當晝，為應之主，故象龍飛于天。光謂：龍以喻陽。翰，飛也。五為純陽，盛大之極，故曰龍翰于天。君子居盛大之極，不可不正，不可不懼，故曰貞栗其鱗。栗，懼也。

鄭氏曰：翰，舊音寒，按：翰猶飛也。栗，注云：栗，危也，按：栗謂戰栗也，危謂危懼。

胡一桂曰：龍，健也。翰于天，可謂健矣。貞栗其鱗，高而危故也。與胥靡登，高不懼遺，死生異矣。

葉子奇曰：龍，至陽之精，四十一首之陽終于此贊，故曰龍之翰飛，已上極于天，無復再有可往之理，惟有自上復墜而已，能無貞栗其鱗之可懼乎。

陳本禮曰：土，畫。翰，飛，栗，懼也。此《易》之亢龍也。貞栗其鱗者，龍至是有戒心矣。龍雖翰飛於天，然在上貴而無位，高而無民，賢人在下位而無輔，是以動而有悔也。

鄭維駒曰：乾九五飛龍在天，變而為離，向明而治，故有龍翰於天之象。離互巽為木，木類為鱗，五居中故貞，陰居乾位，不免戰懼，故離。六五以離王公之故，至於出涕戚嗟也。

鈴木由次郎曰：六月二十二日，畫，井三十一度，土。夏至，鹿角解。翰，飛。貞，正。栗，懼。龍高飛于天，君子處于高大之極，常恐顛落，而正其身。

測曰：龍翰之栗，極懼墜也。

范望曰：過五無民，故懼墜矣。

陳本禮曰：前四十一首至此贊終。

鄭維駒曰：日中則昃，昃則必墜，故懼也。

次六：熾承于天，冰萌于地。

范望曰：熾，盛也。水〔冰〕，陰也。水克於土，故盛也。水氣升上，陰動地下，陰盛陽衰，故陰萌生。地，故言于地也。

司馬光曰：王本熾承作螯烝，云：螯，古熾字，今從宋、陸、范本。熾，陽之盛也。冰，陰之極也。六當夏至之初，陽極陰生之際，小人道長，君子道消，故曰熾承于天，冰萌于地，敬戒之微，盡在於是也。

林希逸曰：陽長之極，上至於天，而陰已萌於地下矣。言陽進極而陰生也。熾，陽也。承，接也。

胡一桂曰：熾承于天，陽氣極于上之謂。冰萌于地，陰信萌于下之謂也，君子道消之意。

葉子奇曰：《玄》以此贊當夏至午之半，故言陽極陰生之義。謂赫赫之陽方熾然上進于天，而肅肅之陰已下萌于地矣。

陳本禮曰：水，夜。

鄭維駒曰：陰居乾中，故承於天，日長至故燬，坤初陰始生，曰堅冰至，故萌於地也。六為水，時數皆陰，故有冰象。

鈴木由次郎曰：六月二十二日，夜，水。陽氣赫赫而盛于天，陰氣肅肅而萌于地。陽氣始退。

測曰：承天萌地，陽始退也。

范望曰：陰當上升，故陽退也。

陳本禮曰：後四十首自此贊始，與中首次六對。

次七：日彊其衰，應蕃貞。

范望曰：應，當也。蕃，盛也。七為失志，過盛則衰，年高失志，而日自彊，政衰委賢，故曰蕃正也。

司馬光曰：惡，烏故切。七為禍始而當畫，君子能日強其衰，則應之者蕃多而不失其正也。

胡一桂曰：應之道衰乎，七日彊其衰，俾之不弱，是天地變化草木蕃之時也。君子齋戒，處必揜身之類，其惡敗類也如此。

葉子奇曰：蕃，盛也。七居衰謝之位，復在陰萌之初，其衰可知矣。然陰始萌而陽猶盛，尚可彊其所欲衰，而致其蕃盛之貞也。惡陰之敗陽類也。

陳本禮曰：火，晝。

鄭維駒曰：蕃即四國于蕃之蕃，有固守之意。謂陰長陽消，當固守其貞以應之也。

鈴木由次郎曰：六月二十三日，晝，井三十三度，火。蕃，盛。貞，正。蕃貞，盛多而正。陽氣日見衰落，陽氣雖衰而猶務其事，故物多應之而不失正。惡陰氣代陽氣以敗物。

測曰：日彊其衰，惡敗類也。

范望曰：惡以不賢，敗其類也。

陳本禮曰：惡陰之敗陽類也。許氏曰：應之次七是天地變化草木蕃之時也，故君子齊戒，處必揜身，其惡敗類也如此。

鄭維駒曰：謂陰慝始敗善類也。

文字校正：應首次七測辭：「日彊其衰，惡敗類也」，各本皆作「日彊」，惟《道藏》本作「自彊」，「自」是「日」之形訛也，贊辭作「日彊其衰」，可證。《集注》：「君子能日強其衰」，亦證《集注》本原文當作「日」而不作「自」

也。應首次七測辭：「日彊其衰，惡敗類也」，范注：「惡以不賢敗其類也」，此讀「惡」為「善惡」之「惡」，非是。《集注》：「惡，烏故切」，讀為「厭惡」之「惡」，亦非，惡者，何也，「惡」通「烏」、「安」、「焉」，「烏」、「安」、「焉」皆可訓「何」，故「惡」可訓「何」。惡、烏、安、焉，皆影母字，「何」屬匣母，影匣皆屬喉音，一聲之轉，故此諸字皆可通也。「何敗類」，蓋謂何可敗壞其類也，正與「日彊」之意相應。

次八：極陽徵陰，不移日而應。

范望曰：極陽則陰，極陰則陽，如相召也。不移日者，陰陽之道，陽微則陰極，陰陽有來往，不復移日，須有召者而應之也。

司馬光曰：王本徵作微，其作時，今從宋、陸、范本。治極召亂，盛極召衰，福極召禍，不移日而應也。

胡一桂曰：陽之召陰，速若影響，猶冬爨鼎，夏造冰，不移日而應，非吾所謂道也。

葉子奇曰：徵，召也。陽極陰生，其感召有自然之應，若徵召然，則不移日而至矣，言其速也。

焦袁熹曰：極陽徵陰，猶言貴徵賤，賤之徵貴，若召之來也。

陳本禮曰：木，夜。八以敗木而居火上，焚燒劇甚，故急欲徵陰救燥，迫不及待，不知陰氣乘陽之危，正思竊發一聞徵召之信，遂束裝信道而趨，故不移日而至矣。陰非可徵之人，不召方且慮其竊發，況徵之耶？此所謂獨坐空山放虎自衛者也。

鄭維駒曰：井底寒泉，地氣應之，鶡鳴之屬，物類應之，然則履霜之戒，人固當應之矣。

鈴木由次郎曰：六月二十三日，夜，木。陽氣極，而召陰氣。陰氣待之，不移日而應之。盛極而招衰，福極而招禍。

測曰：極陽徵陰，應其發也。

范望曰：不召而至，故應其時而自發矣。

陳本禮曰：應其發，適符其陰將勃發時也。哀帝崩，太后遣使如莽為大司馬，領尚書事，及平帝被弒，又奉太后詔以莽居攝踐祚，計莽之篡位前後，皆奉太后之詔以徵之也。

上九：元離之極，君子應以大稷。

范望曰：稷，側也。九為陽極，元，大也。九在應家而為之終，其道大極，傾側自危，不安其位。金剛陽訖，不能治陰，陰當上升，委祿任賢，有似堯老咨爾舜也。

司馬光曰：范本作不可遏止，今從諸家。陸曰：遏，止也。王曰：大稷，日將暮也。吳曰：稷，音義與昃同。光謂：元離，大明也。大明之極，極盛必衰，君子應時，與之消息，故君子應以大稷。

胡一桂曰：日月麗天則大而高之極也，君子於此，應以大疾，則明兩作離焉，舜升聞類焉。稷訓疾。右應乃《太玄》第四十一首也。中為陽氣之始，應為陰氣之始，其第五贊，日當一百八十三日，節為夏至，星為井三十一度，繫之於二方二州二部二家之下也。

葉子奇曰：稷音側，稷，昃也。九居應極，在將傾昃之期，故謂大離之極。君子則當委祿乞身，倦勤謝事，以保將傾之餘日也。按此大稷與《易》離卦大耋義同。

陳本禮曰：金，晝。元離之極，若《易》離卦之九三九四，言前明將盡，後明將繼，則有突如其來如焚如死如棄如之象。稷，昃也。當此存亡危急之秋，如日中之昃，少為遜退以避其凶殘也。此正為保天下計。《詩》曰：畏天之威，於時保之。《孟子》曰：樂天者保天下，畏天者保其國，此應以大稷之謂也。舊注謂元離之極，君子當委祿乞身倦勤謝事，如堯老禪舜之例。予案：此解非也。蓋七為火之衰，八為木之衰，九為金之衰，君子在極衰之世，積弱難返，故連用四應字以見其事有不得不然之勢，在大君此時惟有明揚側陋，求賢自輔，以弭其竊發之逆跡，若徒諉諸天命，而持委祿乞身倦謝事之說，則凡大奸巨慝均可藉口為禪讓之地矣。

孫澍曰：稷與昃通，《穀梁傳》定十五：戊午日下稷，乃克葬。

鄭維駒曰：在天為黃離，入地則玄離。《易》曰：日中則昃，《孟氏易》作稷，《穀春秋經》：戊午日下稷，稷即昃字，應以大稷，蓋急於自晦之意。

鈴木由次郎曰：六月二十四日，晝，井三十三度，金。元，大。離，明。元離，大明之意。稷，昃，日過正午而傾斜。大稷，日正傾暮。大明之極則必衰。君子應此時運，而立日已傾暮之計。

測曰：元離之極，不可遏止也。

范望曰：陰當上升，乃不可止也。

陳本禮曰：強陰氣焰正張，如突如來如之勢，故不可遏止也。

鄭維駒曰：即入於地，則宜疾登於天，故不可遏止。

文字校正：應首上九測辭：「元高之極，不可遏也」（《集注》本），范本「遏」下有「止」字，作「不可遏止也」，按：「止」字衍文，當作「不可遏也」，盧校：「宋、陸、王本無『止』字，『遏』與『發』協」，是。次八測辭：「應其發也」，「遏」、「發」古皆月部，「止」屬之部，遏、發協韻，而「止」字不協，知不當有「止」字。陸績注：「遏，止也」，范本「遏」下衍「止」，恐後之抄手涉陸注而誤衍入者也。

迎

⚏ 迎：陰氣成形乎下，物咸遡而迎之。

范望曰：二方二州二部三家。地玄，陰家，六水，中上，象咸卦。行屬於水，謂之迎者，言是時陰在物初，六姤卦用事，日以消陽，形成於三，陰息物衰，向而迎之，故謂之迎。迎之初一，日入鬼宿一度。

章詧曰：此首夏至後五日也，陰氣日以潛長，陽氣日以暗消，萬物負陰而抱陽，今漸去陽而迎陰者也。《衝》曰：逆乎形，《錯》曰：迎知前，悉其義也。注謂姤卦用事，蓋姤初六，一陰而遇五陽，故引以為義也。

司馬光曰：陰家，水，準咸。入迎次二，日舍輿鬼。遡，音素。宋曰：遡，向也。

陳仁子曰：迎者陽生而若有所逆也。凡以圜取女曰迎，以主接賓曰迎，若陽後而陰生亦曰迎，何也？夫有所迎而至者，人也，無所迎而至者，天也，游氣紛擾天地間，陽升於上者，極而漸消，則陰生於下者，隨而漸至，故不待迎而若迎也。《易》之咸，無心之感也。《玄》之迎，無心之迎也。艮一陽而下於兌，陰之女自然有不感之感，迎六陽而交乎地，六之水自然有不迎之迎。若一迎以它，七迎以父，八迎以中庭，九迎以床足，陽之於陰，不將不迎，若涉於跡而迎者，其天也。

葉子奇曰：遡，逆而迎之。迎之初一，日入鬼宿一度。

陳本禮曰：陰家，六水，中上，卦準咸。以下四十首屬陰，故辭皆以陰為首。《傳》：此曰陰氣既已成形，則為精為怪為祟作邪，以擾亂國家，而世間之魑魅魍魎，凡屬妖魔之物，無不遡而迎之者，欲奉以為主以冀其一朝得志，已遂可以攀鱗附驥而獲其榮也。

孫澍曰：準咸，《太玄》以類辨物居方。

鄭維駒曰：男先於女，有先迎之禮，故以迎象咸。

鈴木由次郎曰：第四十二首，陰，六水，二方二州二部三家。陰氣在下成形，欲以怪邪而亂國。妖魔之物皆向陰氣而歡迎之。自此以下的四十首，皆屬陰氣。

初一：**迎他匪，無貞有邪。**

范望曰：五為君，他為二也。二者火也，一為水，水在水行，近欲迎二，火水相克，故不應也。五位不正，故曰無貞也。

司馬光曰：王曰：處迎之初，而失位當夜，迎之不以其道者也。物之非其宜應而往迎之，則失正而陷邪也。光謂：迎準咸，咸，感也。一為思始而當夜，感於外物而非正應者也。

葉子奇曰：以陰邪而在迎初，物之迎之，故戒以迎他，匪其所應，又何望其有正道也，徒有邪而已。

陳本禮曰：水，夜。迎而曰他者，卑之之詞。匪應，匪其應求之人也。

鄭維駒曰：他者彼之稱。貞則靡他無貞，故迎他也。水屬坎為欲為淫，故有邪。

鈴木由次郎曰：六月二十四日，夜，水。迎他人（初二），但非可迎之人。彼非正人，乃有邪心之人。

文字校正：迎首初一：「迎他匪應，無貞有邪」，盧校：「『應』字脫，司馬有，與測合」。吳汝綸曰：「范本『匪』下脫『應』字」，二說是，范本脫文，當據測辭補之。

測曰：**迎他匪應，非所與并也。**

范望曰：水火相害，不可相并也。

陳本禮曰：妖非人類，不可近也。

次二：**蛟潛於淵，陵卵化之，人或陰言，百姓和之。**

范望曰：二為甲，蛟，龍類也。二在水下，故曰蛟潛。蛟潛於水，產卵高陵，下復於淵。家性為迎，氣應相感，然後剖化，猶君臣父子以道相感，精迎誠致，不言而動也。人為五也，陰首所抑，故稱陰也。位尊令行，故百姓和之。有以大舜幽耕于野，言加二妃，天〔萬〕民乃至也。

司馬光曰：王本或作有，小宋本人或陰言作人言或陰，今從宋、陸、范本。

和，胡臥切。范曰：蛟潛於水，產卵高陵，下復於淵，氣應相感，然後剖化。光謂：二為思中而當晝，君子精誠之至，無所不通也。《易》曰：鳴鶴在陰，其子和之。

林希逸曰：蛟潛於水，產卵在陵，下復於淵，以氣感之，自然剖化。此言發於隱而雖遂必應之喻。陰，隱也，言以誠感人也。

葉子奇曰：二當感應之中，故極言相感之道，夫蛟卵異處，精神相感而化生，君民異位，陰言相孚而應和，蓋有感必通，無微而不顯也。此贊取《易》鳴鶴在陰其子和之之義。

陳本禮曰：火，晝。蛟，陰類，故僭於淵，其卵在山，乃蛇與雉交而生者，陰氣相感則卵入水而化蛟，此以類相感也。人，小人，陰言邪僻不正之言，而百姓和之者，蓋以小人感小人，亦以類也。天道至此而日降，世運至此而益壞，妖邪敗類由此而日興，所謂無貞有邪也。

鄭維駒曰：咸互巽為魚，乾為龍，似魚，龍而居山澤間者蛟也。《埤雅》：卵生眉交故謂之蛟。蛟能以精誠相感，故不必伏卵而卵自化。在兌澤下，故稱淵。艮山為陵，兌為口，故曰言曰和。陰言而百姓和，誠諸中必形諸外也。

鈴木由次郎曰：六月二十五日，晝，鬼一度，火。蛟龍潛于淵，山中之卵，入水而化為蛟龍（陰類相感）。小人暗中講述不正之言，人民附和之（陰類相感）。

測曰：蛟潛之化，中精誠也。

范望曰：中誠所感，化大行也。

陳本禮曰：精不極不化，二在陰中，雖所感不正，然其精誠所結，亦能感物如此。

次三：精微往來，妖先靈覺。

范望曰：三，木也。水之所生，精誠微感，不言而至，子母之恩。靈，神也。神之所感，妙物為言，雖之〔有〕妖祥，神所先覺，信以攘災，此之謂也。

司馬光曰：三為思終而當夜，天人之際，精禖相感，人失其道，妖靈先覺也。

葉子奇曰：三失中而在陰，故感非其正，天道精微，未有不隨其所感而應者，感以正則禎祥至，感以邪則妖孽興。蓋天人之際，精微未有不往來者，所以妖異每先事靈感而發覺也。《禮》曰：事物將至，有開必先，此之謂也。

陳本禮曰：木，夜。精微者，妖氛也。往來者此以邪感，彼以邪應，見盈天地間莫非此妖氛之氣所往來也。妖先靈覺者，妖由人興，國家將興，必有禎祥，國家將亡，必有妖孽，此鬼神之靈所以能先見者也。

鄭維駒曰：陰之精氣曰靈，三，夜人也，夜人往來，精微之至，惟陰精之靈覺之，而不知先有妖焉，蓋以妖迎妖，故覺之獨先也。

鈴木由次郎曰：六月二十五日，夜，木。精微，妖氛，妖孽。妖氛往來天地間，妖靈首先顯其徵。劉按：此與妖先靈覺意不合。

測曰：精微往來，妖咎徵也。

范望曰：咎徵雖見，信攘之也。

次四：裳有衣襦，男子目珠，婦人睫鈎，貞。

范望曰：四，金也，水之母，母子相養，猶衣裳相扶也。水中之金，故為珠。金而陰，曲鈎之象也。四為少女，金剛稱男，男女之道，不有私議，今而相目，有珠鈎之資，非所以遠嫌也。衣裳有制，珠鈎有度，雖不相交錯，不失其正，故貞也。

司馬光曰：王本感作盛，今從諸家。襦，音儒，短衣也。睫，色甲切。吳本作嚏，音帝。

葉子奇曰：睫鈎一作連閭。裳，下服。衣襦，上服。目珠，言目之于色也。《楚辭》謂忽獨與予兮目成是也。連閭即連嘍，言語煩絮貌，蓋呢呢恩情之辭也。四在陽剛，故極言情感之理，蓋裳之有衣，所以上下相承，猶男之有女，所以情色相感。夫男女感而九族蕃，天地感而萬物生，觀其所感，而天地萬物之情可見矣。

劉按：目珠曰目之于色，不通，珠非色。引《楚辭》，乃成目意，非《太玄》贊辭之意。睫鈎作連閭，並無例證。睫鈎若為連綿詞，則与目珠不對。此說恐非。

陳本禮曰：金，晝。前言妖氛所感之不正，此見男女所感之不正也。襦，上服，裳，下服。裳必有衣，猶婦必有夫，而後成為配耦也。今男不用聘幣而以目為珠而默誘之，女不待媒妁輒以睫為鈎而暗引之，冶容誨淫，此特描寫當時附莽諸人之醜態也。目成定情，雖由男子，然亦因女子巧言如簧，先以睫鈎之，故曰陰感陽也。史稱莽每欲有所為，不明言，但微示風采，而諸奸黨悉承其意指行，所謂目珠也。采風使王惲等八人詐造歌謠，凡三萬言，稱頌莽功德，

莽皆封為列侯，此所謂以睫鈎也。劉按：此說非，此贊貞，依陳說則贊辭意不正，不合《玄》例。

孫澍曰：襦，短衣，上服，裳，下服，裳之需於衣襦，猶婦之感男子也。珠，《說文》：蚌之陰精。目，《說卦》：離為目。陰陽配合男女之象，鈎，今攝衣，見《儀禮》注。睫，史接反，音接，《史記》：呂后始與高祖睫血盟，言婦人於夫矢一不二，故曰貞也。陰感陽也。或曰裳有衣襦，即《詩》詠有狐無裳之義。

鄭維駒曰：乾為衣，坤為裳，咸有乾在坤中之象，是坤裳中有乾之衣襦也。目珠睫鈎，皆取巽為魚象。魚目如珠，男之目成似之，魚睫鈎而甘其餌，女之心必悅似之。二氣感應，其志專一，故貞也。

鈴木由次郎曰：六月二十六日，晝，鬼二度，金。裳，下服。裳上必服衣。襦，短衣，自膝以上的衣，上服。目珠，目張如珠，默而誘惑。睫鈎，以言為鍵鑰，以引人心而誘惑之。睫，多言。鈎，鍵鑰。下身若服裳，則上身必服襦。今時男子目如珍珠，默而誘女，女子巧言，以引男心。共有節度而正。（陰感於陽）。

劉按：鈴木之說亦非。既相誘，又何有節度而正可言？裳有衣襦，是說下裳加上衣，相配而成用。男子目珠，目當是古文目，即以字，男子以珠，婦人以鈎，皆為禮節必需。然睫不可解。宋俞德鄰《佩韋齋集》卷十說蘇軾作《樂府詩》雄健，「不專為目珠睫鈎之泥」，此宋人用《太玄》此句，據此可知作睫，與目相對，均是名詞動用，視也。珠與鈎亦相類，均是衣服服飾所用之物，女用珠，男用鈎，男視女之珠，女視男之鈎，正是測辭所說陰感陽也之意。而且此乃為貞。又說裳有衣襦，亦指上衣下衣相配，缺一不可，始成整體之用。男鈎女珠，仍是服飾禮制之意。詳見下文字校正。

文字校正：迎首次四贊辭：「裳有衣襦，男子目珠，婦人睫鈎，貞」，目珠睫鈎之義，《集注》殘闕無說，范注云：「男女之道，不有私議，今而相目，有珠鈎之資，非所以遠嫌也」，蓋謂男女私下交接也，然於目珠睫鈎之義仍有所未明。其單釋「珠」「鈎」，以為「珠」「鈎」乃交接之資助，與「目」、「睫」之義分釋，似有不當。盧文弨《太玄校正》云：「婦衣有珠，男有帶鈎，男視女之所有，女諮男之所有，陰陽相感之象也。何（焯）以『睫鈎』為鬚，似非也」，是乃以目為視，以睫為諮也。按：目之訓視，是也。諮、資古通，盧之訓諮，或即據范注「珠鈎之資」而言。然「睫」之訓諮、訓資，均無例證，其

說不當。「嚏」當為「睫」之形訛。《列子・仲尼》：「而眠而睫」，《釋文》：「睫，本作眹，目瞬也」。瞬，或作瞚、眴，《莊子・庚桑楚》《釋文》：「『瞚』，本作『瞬』」，《德充符》《釋文》：「『眴』，本作『瞬』」，《一切經音義》十二：「『瞬』，古文『旬』同」，三引《通俗文》：「『瞚』作『眴』，同」。睫、眹、瞬、眴、瞚，皆可通用，其義蓋謂目動也。《一切經音義》二引《通俗文》：「目動曰眴」，《莊子・庚桑楚》：「終日視而不瞚」，《釋文》：「瞚，動也」，《漢書・項籍傳》：「梁眴籍曰：『可行矣』」，李注：「眴，目動也」，《玉篇》：「瞚，目動也」，「瞬」同上，皆可證。目動亦目視之意，然則「目」「睫」二字義實相通。《太玄》此文一言「目」、一言「睫」，互文見義也。目、睫之義既通，則范注：「男女相目」，盧校：「男視女之所有，女視男之所有」，亦必順暢而通。「男子目珠，婦人睫鈎」，即測辭所謂「陰感陽也」。復據上文「裳有衣襦」亦可證之。《說文》：「上曰衣，下曰裳，襦，短衣也」，襦亦衣屬。《詩・有孤》：「之子無裳」，毛《傳》：「在下曰裳，所以配衣也」。知「衣」之與「裳」乃上下相對而互配者。楊雄《法言・修身》亦言：「惜乎衣未成而轉為裳也」，李軌：「衣，上也，裳，下也」。是楊雄常以「衣」「裳」相對為文，《太玄》此文意亦當同。《易・繫辭下傳》：「垂衣裳而天下治」，虞注：「乾在上為衣，坤在下為裳」。《太玄》仿《易》，是《太玄》此文所謂「衣裳」亦有坤乾陰陽之義，蓋暗指男女上下之相對而互配也。故而下文言「男子目珠，婦人睫鈎」，其意正與「裳有衣襦」相貫通，皆陰陽配對互感之意。

測曰：裳有衣襦，陰感陽也。

范望曰：偵〔貞〕以珠鈎，相感之謂也。

次五：黃乘否貞。

范望曰：五，天位也，在中為黃，乘，乘四也。六陰在上，四親乘之，金不合化，故否。以陽乘陰，貞也。

司馬光曰：乘，時證切。王曰：五雖居中而處陰當夜，不正而乘中位，故曰黃乘否貞。光謂：不正當位，不足合也。

葉子奇曰：五居中而值陰邪，雖則黃中而所乘反不正也。

陳本禮曰：土，夜。黃乘，乘輿也。五居中而陰邪不正，乘雖黃，不足貴也。

鄭維駒曰：五為輿，故乘。坤乘以乾則正，今五時陰，是乘以匪貞也。

鈴木由次郎曰：六月二十六日，夜，土。黃，中之色，乘，乘輿。黃乘，尊者所乘。黃色乘輿，但不正亦不貴。不正而在高位者，不可引以為朋而近之。

測曰：黃乘否貞，不可與朋也。

范望曰：君道尊貴，不可與為朋友之交也。

葉子奇曰：此蓋托正以售其不正，所謂大奸似忠，大邪似正之所為，烏可近也。

鄭維駒曰：坤西南得朋，東北喪朋，故陰不可與朋也。

次六：玄黃相迎，其意感感。

范望曰：六為宗廟，天玄地黃，天地相迎，則風雨時調，君臣相迎，則政教以度，天地相感，故重感也。

司馬光曰：范曰：天玄地黃，天地相迎，則風雨時調，君臣相迎，則政教以度。光謂：六為極大，感之盛也。自天地至於萬物，君臣上下夫婦朋友，無不以類相應也。

林希逸曰：玄黃，天地也。天上地下，而時乎相迎，以意自相感也，與咸卦同。

葉子奇曰：玄，天色，黃，地色，四言男女之相感，此言天地之相感。《易》謂天地絪縕，萬物化醇，男女搆精，萬物化生，相感之道，不過二端而已矣。

陳本禮曰：水，晝。

鄭維駒曰：咸乾在坤中，六數陰時陽，有玄黃相迎之象，其意感感，感之至也。

鈴木由次郎曰：六月二十七日，晝，鬼三度，蜩始鳴。玄黃，玄為天之色，黃為地之色。天地相迎而互感。同類相感。

測曰：玄黃相迎，以類應也。

范望曰：玄黃五色，推類求也。

次七：遠之昕，近之掊（原作棓），迎父迦迤。

范望曰：迦迤，邂逅，解脫之貌也。《詩》云：見此邂逅，此之謂也。七為六父，六水七火，火近於水，水則焦遠於水，火則炎熾焱怒，故有掊擊之言。而在迎家，故相奉迎。解脫之意，以相化導，如父子也。

司馬光曰：小宋睮作睮，今從諸家。睮，許候切，怒目視貌。掊，普后切，擊也。迦與邂同，音蟹。逅，音后。邂逅，不期而會也。

葉子奇曰：睮音詢，掊音掊，迦，君阿切。睮，怒目也。掊，擊也。迦逅，即邂逅不期而相遇也。七已過盛又復逢陰，是感極將乖之時，故遠之則怒，近之則擊，無有可通之情。然子之失愛于父，遠之近之莫不適逢其怒也。親莫如父子，然感極而乖，至失其天性之如此也。

陳本禮曰：火，夜。睮，怒目也。掊，擊也。七為火，八為木，作乃八之子，遠於父則父睮其傲慢而不養己，近於父則父又掊其暴烈而克己。邂逅，解悅也。迎者，俟父解悅之時迎其機而溫清之也。父論君，子喻臣，見臣之得君難也。

孫潍曰：晌，鵙去聲，眙，答去聲，《說文》：眙，直視也，徐曰：視不移也。《方言》：逗也，西秦謂之逗，逗即今之住字，謂住視也。遠晌近掊，犯上也。父類，父子執也。七為禍始而當夜，邂逅相遇乃如此，不祥莫大焉。

鄭維駒曰：七為火，於事為視，故睮。艮為手，互巽為木，故掊。互乾為父，迦逅者遇也。即姤也。時姤之一陰方生於下，以陽傷父，七迎陰而逆陽，適遇互乾，目怒之，且手擊之，是與姤以柔遇剛，而傷純乾者，合而為一矣。

鈴木由次郎曰：六月二十七日，夜，火。睮，怒目而視貌。掊，擊。迦逅同邂逅，解抒離別之苦而喜悅。《釋文》：「邂逅，解說也。」父遠則怒其不養己，父近則又怒打己，待父解怒而心喜之時，只能用心伺候之。子與父不相應。

文字校正：迎首次七：「遠之睮，近之掊，迎父迦逅」，范注本作「掊」，《集注》本作「掊」，《集注》：「掊，普後切，擊也」，《莊子·逍遙遊》：「吾為其無用而掊之」，司馬注：「掊，擊破也」，《廣韻》：「掊，擊也」，《集韻》：「掊，擊也，普後切」，知《集注》本原文作「掊」。《集注》未言與范本異，是宋時范本猶作「掊」也。然則萬玉堂本作「掊」者，乃明人翻刻之誤也。范注：「故有掊擊之言」，「掊擊」連言，亦證范本原文當作「掊」也。睮，當作「睮」，范本《釋文》：「睮，火刮、荒刮二切，怒貌，一作『睮』」，《集注》：「小宋『睮』作『睮』，睮，怒目視貌」，《廣雅》引《埤蒼》：「睮，怒視貌」，《玉篇》：「睮，火刮切」，可證字當作「睮」也，「睮」亦形近而訛者也。

測曰：遠睮近掊（原作掊），失父類也。

范望曰：類，法也。水性曲直，而七炎上，故失其法則也。

陳本禮曰：七以火在水世，動即被克，豈能有所感於其父耶？

次八：見血入門，掍迎中廷。

范望曰：八為門，血以諭憂，掍得血則憂，得賢則解。家性為迎，故迎賢者，近於中廷，以解憂也。

司馬光曰：宋、陸本掍作椒，今從范、王本。掍音府，捍也。八為禍中，故曰見血入門，傷之者至也。當日之晝，能以賢自衛，迎拒之於中庭，物不能傷，故曰掍迎中庭。

葉子奇曰：掍俯同。血殺，傷之象。掍，下接也。八以陽德，善處禍中，故見血入門，外有相傷之意，掍迎中廷，內存謙接之恭。彼雖欲待我以橫逆，縱其狠暴之甚，又何以施于居敬之君子乎。此蓋得柔克之道也。

陳本禮曰：木，晝。八當敗落之時，下慮七火，上畏九金。血，憂也。禍未來而憂先至，俯迎中庭者，橫逆之來，君子恭敬退讓以明禮，所以遇患免災也。

鄭維駒曰：陰為血，互巽為入，艮為門，互乾亦為門，艮為庭，八禍中，故稱中。時一陰言自外入於乾門，是感陽而入，迎於自然者也。然迎之而無以自捍，將見陰而失其正。八能掍於艮庭，止乎禮義，雖迎焉可也。故姤勿用取女，而咸取女吉也。

鈴木由次郎曰：六月二十八日，晝，鬼四度，木。血喻憂。禍未來，而憂先已侵入門。君子恭而謙遜，俯而迎憂於庭。明以禮而迎憂，此所以免災。

文字校正：迎首次八：「見血入門，掍迎中庭」，嘉慶本「次八」作「次入」，「入門」作「八門」，是「八」、「入」互訛也。范本「庭」作「廷」，庭、廷古通，《詩·閔予小子》：「陟降庭止」，《漢書·匡衡傳》作「陟降廷止」，《左》襄二十三年傳：「張武軍於熒廷」，《釋文》：「廷，本亦作『庭』」，定十四年《傳》：「夫差使人立於庭」，《釋文》：「廷，本又作『庭』」，《漢書·古今人表》《集注》：「廷讀曰庭」，是其證也。《太玄》一書「庭」字四見，釋首次六：「震于庭」，范本作「廷」，《集注》本作「庭」，然無校語，是宋時范本猶作「庭」也。永首次五：「反虛庭」，去首次五：「之庭有麋」，《集注》本、范本同。上首次六：「廷人不慶」，二家皆作「廷」，此首「掍迎中庭」，《集注》亦無校語，知亦當同釋首、永首、去首作「庭」也。古通以門庭連言，《荀子·儒效》：「是君子所以騁志意于壇宇宮庭也」，注：「庭，門屏之內也」，《楚辭·九歎》：「藜棘樹於中庭」，注：「堂下謂之庭」，《周禮·閽人》：「掌掃門庭」，注：「門庭，門相當之地」，《左》昭五年傳：「大庫之庭」，《正義》：「庭是堂前地」，《禮記·檀

弓》上：「孔子哭子路於中庭」，《洪範五行傳》：「於中庭祀」，是皆門庭、中庭連言之證，此贊以入門、中庭對言，亦合乎此首之意，亦可證當作「庭」也。

測曰：見血入門，以賢自衛也。

范望曰：恐九克之，故以七自衛助也。

葉子奇曰：《中庸》曰：寬柔以教，不報無道，南方之強也，君子居之以賢也。

陳本禮曰：賢，恭敬，恭則不侮人，敬則能感人，所以自衛也。

鄭維駒曰：乾為賢人。

上九：濕迎牀足，羃（司馬本作累）于牆屋。

范望曰：九，金也。在水之行，故濕也。家性為迎，在內稱牀，親迎內出，故稱足也。羃，覆也。牆屋諭尊，以卑覆尊，以貴下賤，有似初婚，夫下婦也。

司馬光曰：小宋、王本濕作澤，今從宋、陸、范本。范、王本累作羃，范云：羃，覆也，今從宋、陸本。宋、陸、范本顛作願，今從王本。累，良瑞切。九為禍極而當夜，小人女子所以能傾國家者，非一朝一夕之故，其所由來者漸矣。如濕氣之迎牀足，浸潤而上，將累及牆屋，而不可如何。究其顛沛之原，自內興也。

葉子奇曰：濕言水性就下也。牀足，下地也。羃，網也。牆屋，高處也。濕迎牀足，言其所趨就乎下。羃于牆屋，言其所捕在乎上。上下相失，豈復有可遇之理哉？九居迎極，故其乖背如此。

陳本禮曰：金，夜。九為禍極而當夜，金在水世，濕迎牀足者，始見濕也。浸淫而上，至於牆屋，不勝水濕之氣，故至坍卸羃覆也。

鄭維駒曰：兌澤故濕，巽為牀，故曰牀足。艮為廬，故曰牆屋。牀足之濕，陰在下也。而累及牆屋，陰將自下而上也。

鈴木由次郎曰：六月二十八日，夜，金。濕氣已從牀足逐漸浸淫，其危害終則及於整個房屋。

文字校正：迎首上九：「濕迎牀足，羃於牆屋」，測辭：「濕迎牀足，顛在內也」，《集注》本「羃於」作「累於」，范本「顛」作「願」，按：當作「羃於」、「顛」，累、纍古通，《隸辨》：「《老子銘》『何足纍名』，《隸釋》云：『纍』與『累』同」，是其證也。《太玄》當作「纍」，而不作「累」，差首次八：「足纍纍」，眾首次三：「軍或纍車」，逃首次七：「見於纍」，劇首初一：「骨纍其肉」，止首次七：「車纍其俴」，窮首次八：「纍項於膝」，唫首次四：「纍老及族」，聚

首上九：「垂涕纍鼻」，沈首次六：「如纍（此「纍」字惟范本作「累」，諸家皆作「纍」，當從諸家）」，童首上九測辭：「還自纍也」，是其證也。「累」「罦」形近，或以「罦」為「累」之形訛，然《太玄》即不用「累」，則此「罦」必非「累」之形訛，可證當作「罦」也。范注：「罦，覆也」，司馬光讀為「覆蔽」之「覆」，故不從范本而作「累」，不知「覆」有顛覆、覆敗之義，正與測辭「顛」字相應也。《詩‧兔爰》：「雉離於罦」，《傳》：「罦，覆車也」，《說文》：「罦，覆車也，《詩》曰：『雉離於罦』，罦，罦或從孚」，范注：「罦，覆也」，當即據《說文》而言，而僅取其「覆」義也。「覆」與「顛」字義近，故此贊辭以「罦」、「顛」對言（范本「顛」作「願」，非是），「覆」又為反、毀、敗、滅，「罦於牆屋」，蓋謂牆屋之覆毀、覆敗也，測辭之「顛」字亦此義也，可為互證。《太玄》通用「於」，不用「于」，知作「于」者乃抄手所改也。

測曰：濕迎牀足，願（司馬本作顛）在內也。

> 范望曰：親迎所願，當內出也。
>
> 鄭維駒曰：由姤而剝，皆其願為之也。

遇

☷ 遇：陰氣始來，陽氣始往，往來相逢。

> 范望曰：二方二州三部一家。地玄，陽家，七火，上下，象姤卦。行屬於火，謂之遇者，謂此時微陰初起，與陽相逢，以貴下賤，有似初婚，夫下婦也，故謂之遇。遇之初一，日入柳宿一度。
>
> 司馬光曰：陰家，火，準姤。入遇初一，日舍柳。
>
> 陳仁子曰：遇者陽極而候逢於陰也，蓋一陰為姤之時也，遇者不相期而會之謂。《春秋》書會以列國相見之正，書遇以列國相見之非然也。聖賢重陽抑陰，於一陽之生曰復曰周，幸之也。於一陰之生曰姤曰遇，疾之也。姤以五陽之下而卒然值一陰，則謂其不可長，遇以六陽之極而卒然值一陰，則表其不相期。夢之遇神，人之遇雨，田之遇禽，皆不期然而然者也。朱光徧炎字，微陰眇重淵，觀《春秋》書遇之筆，其知《玄》乎！
>
> 葉子奇曰：來則方伸，往則既屈，遇之初一，日入柳宿一度。
>
> 陳本禮曰：陽家，七，火，上下，卦準姤。《傳》：不期而會謂之遇，陽身束裝以來，欲去久矣，遲至今日始啟行者，迫於不得已也，乃不期而遇諸塗，所謂讎人偏見面也。

　　孫瀷曰：準姤，剛中正，《太玄》以定命不苟榮主穀。

　　鈴木由次郎曰：第四十三首，陽，七火，二方二州三部一家。遇，不期而會。陰氣始來，陽氣始往，不期而相遇。此言陰陽交替之際。

初一：幽遇神及師，夢貞。

　　范望曰：一稱幽，幽，思也，不見稱神，幽而不見，故遇神也。師，眾也。憂思神道，若夢見之，故及夢師也。貞，正也。夢不違道，故貞也。

　　司馬光曰：王曰：居遇之初，遇而未形，冥交神會之象。光謂：一為思始而當晝，精神感通，故遇神及師，雖或發於夢寐，而不失其正，若高宗夢得傅說是也。夢者，事之難據者也。精誠之至，猶得正而可據，況僉謀師錫者乎。

　　葉子奇曰：幽，精微也。師，告教也。一居思之始，言極其精微之思，入遇于神，至于得其告教于恍惚夢寐之間，而獲正道也。《管子》曰：思之思之，又重思之，鬼神將告之，非鬼神告之也，乃精氣之極也，與此贊意同。

　　陳本禮曰：水，晝。幽遇神，陰遇陽也。及師，陽遇陰也。陰陽相遇不相讓，故及師。師者神戰於玄之象也。心之所思，結而為夢，夢神及師，非實有其事，固是夢也。貞者，以陽伐陰，以水克火，故曰貞。

　　俞樾曰：幽遇神及師夢，樾謹按：范注：師，眾也。此未得其解也。眾次七：師孕唁之，哭且瞷，范曰：師，盲者也，羞次三師或導，范曰：師為瞽者也。此贊師字亦當同之。蓋所遇者神，已為幽矣，而又見夢於無目之人，幽益甚也。

　　鄭維駒曰：乾為神為聖人，聖人百世之師也。當姤之始，神聖道消，初思之，思之夢寐，通之往者乾之跡，來者乾之精，不遇陰而遇陽，故貞也。

　　鈴木由次郎曰：六月二十九日，晝，柳一度，水。師，盲人。思為幽，而遇神與師。思如夢，不明朗，但得正確道理。

　　文字校正：遇首初一贊辭：「幽遇神及師夢貞」，測辭：「幽遇神，思得理也」。《集注》：「故遇神及師，雖或發於夢寐而不失其正」，是以「幽遇神及師」為句，非是，測辭可證。「及師」當連「夢」字為句，「貞」單獨為句。神、夢、貞為韻，神，真部，夢，蒸部，貞，耕部。蒸耕同類旁轉，真耕通轉，故可協也。范注：「師，眾也」，俞樾《諸子平議》以為「師」當訓作「盲者」，「瞽者」。按：師當為軍旅之名。《易·師》何晏注：「師者軍旅之名」，《左》隱十年傳：「取三師焉」，杜注：「師者軍旅之通稱」，是其例證。軍師軍旅引申而為征伐、戰爭，《周禮·州長》：「若國作民而師田行役之事」，《正義》云：「師謂征伐」，

《周禮・肆師》：「凡師甸」，《疏》云：「師謂出師征伐」。古人於出師征戰之時常以夢卜占吉凶勝負，如《左傳》僖公二十八年城濮之戰，「晉侯夢與楚子搏，楚子伏己而盬其腦，是以懼。子犯曰：『吉』，初，楚子玉自為瓊弁玉纓，未之服也。先戰，夢河神謂己曰：『畀余，余賜女孟諸之麋』，弗致也」。戰之結局，晉勝楚敗，子玉亦死。又如《左傳》襄公十八年：「中行獻子將伐齊，夢與厲公訟，弗勝。公以戈擊之，首隕於前，跪而戴之，奉之以走，見梗陽之巫皋」云云，亦戰前之夢。《太玄》「及師夢」，猶言及師之夢，意正取類於此。上文言「幽遇神」，猶子玉夢遇河神。幽冥之中遇神，正此「及師」之「夢」之所見，其意甚明，而與「盲者聾者」無涉。范氏訓師為眾，稍稍近之，然亦未盡其意。

測曰：幽遇神，思得理也。

范望曰：雖夢猶正，故得其理也。

次二：衝衝兒遇，不受定之諭。

范望曰：二，火也。二在其上，為水作父，然水克火，火不制水，猶衝衝之兒，不受父訓，故言不之諭也。不之諭，不可教諭也。

司馬光曰：范本不定之諭作不受定之諭，今從諸家。王曰：無心而遇曰衝衝。兒者，童昏無知之稱也，則其所遇何定之有乎？所以然者，失位當夜，不得遇之家也。不肖子者，明非有知之兒也。

葉子奇曰：衝衝往來，不定之貌。二在思中反復之地，是與衝衝不定之童有遇，孰肯受其有定之教哉？言其非受教之資也。

陳本禮曰：火，夜。衝衝，橫行無知貌。二以火值火世，飛揚浮躁，倏忽炎怒。兒者，童稚之稱。火為木之子，木之植根定而不移，故教之以定也。

鄭維駒曰：乾為君為父，臣弒君，子弒父，自坤初始，衝衝之氣，弒之端也。衛石碏諫莊公云：若立州吁，乃定之矣，此定之諭也。莊公不受，然後州吁弒其君完，此非一朝一夕之故，其所由來漸矣。

鈴木由次郎曰：六月二十九日，夜，火。衝衝，橫行無知貌。遇橫行無知之我子，此子不聽父之確定無疑之教訓。

文字校正：遇首次二：「衝衝兒遇，不受定之諭」，測辭：「衝衝兒遇，不肖子也」。「衝衝兒遇」，何焯云：「倒子為突，《易》曰：突如其來，突如猶衝衝也，皆謂逆父命者」。盧校：「《說文》云：『𠫓為倒子』」。是謂衝衝兒為倒子也。

按：倒子者，謂初生之子倒逆出生，非正常生出。初生之赤子不通人事，實無父諭可言，亦未能逆父命也，然則何、盧之說非也。衝衝兒遇，猶言遇衝衝之兒，「遇」與「諭」字協韻而倒文也。《方言》十二：「衝，動也」，然則「衝衝」蓋狀躁動不安穩之貌也。其兒性躁動而不安穩，故不憚煩受父之教諭，遂至而成為不良少年之類，故曰：「不受之諭」，曰：「不肖子也」，范本作「不受定之諭」，《集注》本從諸家作「不定之諭」，盧校：「『受』『定』二字疑衍」，范注：『不受父訓，故言不之諭也』，作『不定之諭』，『定』乃『受』之形訛，涉上文『衝衝』而誤衍者也」。不受之諭，意謂不受老父之教諭也。如此則贊辭測辭文意相符矣，若作「不之諭」，則謂父不諭兒也，與贊辭測辭之意不合，若作「不定之諭」、「不受定之諭」，亦與「衝衝」之「遇」、「不肖子」諸語之意不合，可證當作「不受之諭」也。

測曰：衝衝兒遇，不肖子也。

　　范望曰：不可教訓，不肖子也。

次三：不往來不求，得士女之貞。

　　范望曰：三為進人，進德脩業，在於遇世，故不往來。無求於時，亦木之性，處深則大，而上〔工〕度之以為器物，猶君夫之求貞良以為臣妾，臣妾無求君夫之義，故士女之貞也。

　　司馬光曰：范、王本不往不來作不往不來不求，測曰：不往不求，今從宋、陸本。宋曰：則，法也。光謂：自衒自媒者，士女之醜行，故不往不來而自遇，乃士女之正也。

　　葉子奇曰：三以陽明，故得遇道之善夫，婦人無外事，宜正志于內，故不往不來，無求無得，所以得其士女之貞也。苟預政外事，則失其正，為牝雞之晨矣。

　　陳本禮曰：木，晝。木植根於山，固不似人之往來遷移也。不求得者，《離騷・橘頌》曰：受命不遷，廓其無求兮，蓋不往來則無自媒自衒之醜行，不求得則能堅磐石之操守廉介之貞也。

　　鄭維駒曰：不陽往不陰來，不求小得，所謂包有魚義，不及賓，士之貞也。士貞於上，則繫於金柅，女貞於下矣。

　　鈴木由次郎曰：六月三十日，晝，柳二度，木。莊重而沉著，獨自一人不往來，此為男女正確之行為。

文字校正：遇首次三：「不往不來，得士女之貞」，測辭：「不往不來，士女則也」（《集注》本），范本「不往不來」作「不往來不求」，測辭作「不往不求」，《集注》：「范、王本『不往不來』作『不往來不求』，測曰：『不往不求』，今從宋、陸本」。按：當從《集注》本，求、來形近易訛，《書·呂刑》：「惟貨惟來」，《釋文》：「馬本作『求』，是其例也，「不求」乃「不來」之形訛而誤衍者也。測辭止言「不往不來」，可證贊辭原無「不求」二字（范本測辭作「不往不求」，「不求」亦「不來」之訛），遇首首辭：「陰氣始來，陽氣始往，往來相逢」，只言「往來」，次三「不往不來」，亦承首辭而言，可為證也。「不往不來」，蓋謂男女不相往來，然並非不相求也，以禮聘而求之則是，越禮而直接往來以求之則非，此正士女相處之法則也（測辭：「士女則也」），遵守此不往不來之則，可謂得士女之貞也。范注：「猶君夫之求貞良以為臣妾，臣妾無求君夫之義」，謂士女為臣妾，亦非是也。不往不來，指士女互相之關係，非指士女與他人之關係。然則不當釋「士女」為「臣妾」，而另引進「君夫」也。

測曰：不往不求，士女則也。

范望曰：不二其德，是其法則也。

次四：僵僵兌人遇雨，厲

范望曰：四，金也，為火所克，故僵僵也。兌為巫，在於火世，火盛金衰，故遇雨而僵僵，非誠心也。

司馬光曰：王曰：僵僵，勇而無禮之貌。

葉子奇曰：僵音圍，僵僵，舞久困悴貌。兌人，巫人也。《易》兌為巫，為口舌，四屬金，故取以為象。古者旱而用巫，舞于雩壇以禱雨也。四逢陰慝，遇非其道，如舞巫困悴于禱雨，然雨豈區區之巫所能致哉？縱雖遇雨，是亦適然，豈其所致？彼乃貪天之功以為己力，曾不自量也。率此道以往，寧不危哉？此蓋為無其德而偶有其功者之深戒。

陳本禮曰：金，夜。僵僵，困悴貌。兌人，女巫也。古者旱而用巫禱雨，是日也女巫塗脂抹粉，篩金播鼓，呼星召鬼，不期適遇天降大雨，以致衣裳濡濕，花粉淋漓，儼若雩壇之鬼，故曰厲。

孫澍曰：僵同俟，虞矩切，音窶，又《集韻》：武矩切，傷貌，王說未詳所本。兌，說也，遇，逅遇也，雨，輔也，見《大戴禮》。《釋名》：厲，病也，賊，害也。言僵僵之人將以說人主而遇輔弼之臣，有忌心斯害也已，《韓非·說難》：致離秦羅，是自賊也。

俞樾曰：兌人遇雨，樾謹按：《易·繫辭傳》：潤之以風雨，又曰：上棟下宇，以待風雨，虞注並曰兌為雨，然則兌本有雨象。蓋雨者水氣，兌為澤，故為雨也。兌人言處川澤之人，以兌人而遇雨，故測曰還自賊也。范注以兌為巫說之，雖亦用《易》義，然非楊子之旨。

鄭維駒曰：四為金，兌人也，夬三遇雨，為遇兌上一陰，四當姤之時，時數皆陰，是又以兌人遇雨也。不遇陽而遇陰，屬。兌為澤，故稱雨。

鈴木由次郎曰：六月三十日，夜，金。偘偘，勇而無禮貌。兌人，兌之象為巫，故兌人指女巫。巫乞雨，卻被雨淋，頭髮散亂，仍拼命祈雨。此勇而無禮者，危。

測曰：兌人遇雨，還自賊也。

范望曰：雨則濡濕，賊於巫者也。

葉子奇曰：始則誣人，終為己禍。

陳本禮曰：禱雨遇雨，又誰怨哉。

鄭維駒曰：四九類為賊。

次五：田遇禽，人莫之禁。

范望曰：五為土，在火之行，火行土上，田之象也。田而遇禽，何禁之有。猶士遇知己，多得天祿，無禁止也。

司馬光曰：五為盛福而當晝，如田而遇禽，獲則取之，誰能禦也。

葉子奇曰：五居中而得陽，所以為其事而護其利，致其功而收其效，如獵即遇禽，動輒有獲，人孰禁之哉？此言有道以遇之事。

陳本禮曰：土，晝。田，畋獵也。田而遇禽，動輒有獲，人孰禁之哉？言其易也。

鈴木由次郎曰：七月一日，晝，柳三度，土。田，田獵。狩獵而遇禽獸，無人禁之，獲之為我所得。

測曰：田遇禽，誠可勉也。

范望曰：可自勸勉，不倦怠也。

次六：俾蛛罔，罔遇蠡（原作蟊），利雖大，不得從。

范望曰：俾，使也。六為蟄，故稱蛛。蛛，蜘蛛也。使蜘蛛設罔，而得於蠡。蠡蠡，螫蟲也。所以不能制，雖以為利，不得從而取也。

司馬光曰：蠭與蜂同。范曰：使蜘蛛設罔而得於蠭。蠭，螫蟲也，所以不能制，雖以為利，不得從而取也。光謂：六為上祿而當夜，小人見利，銳於進取而不得所欲也。

葉子奇曰：蛛，蜘蛛。罔網同。螽，蝗屬。螽比蛛為大。今蛛設網，本以羅小虫，而忽獲大螽，然螽利雖大，非蜘蛛之所能從取也。此言小人不可大受，而濫據尊位，德薄智小，誠非小人之所宜堪，鮮不及矣。

陳本禮曰：水，夜。蛛，蜘蛛。蠭，螫蟲。蛛設網，本以羅蚊蚋，今忽獲大蠭，利雖大，終必遭螫，不得從而取之也。

鄭維駒曰：《玄文》云：罔，北方也，冬也，未有形也。六為水，故其德罔。蜘蛛作網，欲物不見而觸之，亦有未形意。此罔蓋兼二義。蠭善螫有毒，以蠭觸罔，非蛛之利，故云不可得從。案：《說文》：風動蟲生，故蟲八日而化。妵下異風也，故稱蛛蠭。親次三稱螟蛉，亦從異木取義。

鈴木由次郎曰：七月一日，夜，水。蛛，蜘蛛。蠭，蜂之本字。蜘蛛吐絲張網。大蜂黏於網，而不能捕得之。蜂有針，故被螫。

文字校正：遇首次六：「俾珠罔，罔遇蠭，利雖大，不得從」。測辭：「蛛之罔，害不遠也」（《集注》本），范本「蠭」作「螽」，形訛也。范注：「蠭，螫蟲也」，《集注》引作「蠭，螫蟲也」，且《集注》於此字無校語，知范本原文亦作「蠭」，不作「螽」，與《集注》本同。《說文》：「蠭，飛蟲螫人者，從虫，逢聲，螽，蝗也，從虫，冬聲」。蝗不螫人，「蠭」當即「蜂」，乃螫人之蟲，此亦證范本原文作「蠭」，故范注云「蠭，螫蟲也」，蠭，古文省作「夆」，與「螽」字形近故易生訛誤也。嘉慶本、《備要》本測辭「蛛」上有「俾」字，《道藏》本、范本無，《集注》無校語，知當與范本同，不當有「俾」字也。《道藏》本存《集注》本之舊，而嘉慶本則誤衍也。

測曰：蛛之罔，害不遠也。

范望曰：得螽失取，雖失其利，害不遠也。

鄭維駒曰：害且不遠，何云利也。

次七：振其角，君父遇辱，匪正命。

范望曰：八為七父，七者火而遇於木，炎上上（似當作之）火，父母之道，匪命不前，火性炎上，上迫其木，焚燎枝枚，故遇辱也。角以害人，既害且危，故匪正命也。

司馬光曰：七為禍始而當晝，如君父不幸遇辱，則君子振角，直道而行，死之可也。雖非正命而死，義不得不爾。

葉子奇曰：振，進也。角喻剛直。七遇剛陽，是能進其剛直之道于君父，君父不能容受，反待遇以陵辱而困屈其身，不以賞而以刑，不以用而以斥，豈人君之正命乎。

陳本禮曰：火，晝。振，奮也。

孫澍曰：子曰：志士仁人，無求生以害仁，正命也，子路、孔悝之難可以無死，死傷勇匪，正命也。

鄭維駒曰：乾為金，金類為角，乾為君父，初陰辱之，君憂臣辱，君辱臣死，命匪正而道則正矣。巽為命。

鈴木由次郎曰：七月二日，晝，柳四度，半夏生。火。君父遇辱，振角直進而死之。雖非正命，亦不得已。一路直進，為義而死。

測曰：振其角，直道行也。

范望曰：無有正命，故直其利，害不遠也。〔無有正命，故以直道，任己而行也。〕

鄭維駒曰：乾動直，得乾道也。

次八：兩兕鬭，一角亡，不勝喪。

范望曰：八為龍，九為虎，龍虎者，獸之貴者也。在遇之世，當養其牙角而已，今而合鬭，故稱兕也。金克於木，故龍亡角。終見克害，故不勝而喪也。

司馬光曰：勝，詩證切。喪，息浪切。八為禍中而當夜，如兩兕相遇方鬭，而一角亡其角，必不勝而喪身矣。角以喻禦侮之士也。

葉子奇曰：兕，野牛也。不勝喪，言喪之甚也。今遇極而過剛，猶兩兕之鬭，不能無傷一兕，已至于角亡矣，其角且亡，為喪之甚可知矣。

陳本禮曰：木，夜。八為禍中而當夜，上近於九，以木遇金，不讓故鬥，然木非金敵，故角亡也。

鄭維駒曰：乾下有伏坤，坤為牛，故稱兕。姤初以坤遇乾，有兕鬭象。遇之不已，馴致其道，將挾兩坤以傷乾，有兩兕鬭象。然陰終不勝陽，先鬭者一角已亡，此扶陽抑陰之詞。兕一角色青，木之色也。故於八言之。

鈴木由次郎曰：七月二日，夜，木。兕，獸名，似野牛而色青。以木而遇金，木非金之敵。兩頭兕牛相鬭，一牛折角，戰敗而身滅。兩虎相鬭，其勢不俱生。

測曰：兩兕鬭，亡角喪也。

范望曰：爭其非道，故喪亡也。

上九：觓其角，遇下毀足。

范望曰：九，金也。克害於八，故觓其角也。家性為遇，足謂八也，在下稱足，不勝而喪，故毀足也。

章詧曰：九在晝，為金，金必剛利，故角。君子之道，在遇之世，不復以威武服人，雖若有利角，砥而不用，毀抑其足，以遇於下，物競謙和，乃無敵也。故測曰何可當也。

司馬光曰：范、王本或氐其角作觓其角，今從宋、陸本。觓，都禮切。

葉子奇曰：觓，觸也。九剛極居上，是觸其角，上極反下，則下致毀其足，此剝窮上反下之義。

陳本禮曰：金，晝。九居陽剛之極，而在火世，災禍之來，雖以角觓，然不虞木能生火，在下之毀其足也。

孫瀰曰：氐同低，《漢書·食貨志》：封君皆氐首仰給是也。角剛居體之上，或氐其角者，剛以柔用也。九為禍極當晝，用剛則折，以柔濟之，雖遇毀不足為患。當，敵也，《易》曰：知柔知剛，萬夫之望，何敵之有？

鄭維駒曰：陽剛故觓其角，乾初震爻也，震為足，姤初履霜則足毀。上能全其陽，故不毀足。

鈴木由次郎曰：七月三日，晝，柳五度，金。觓，觸。遇災而欲以角突破之，結果傷其足。終不能敵。

文字校正：遇首上九：「或觓其角，遇下毀足」，測辭：「或觓其角，何可當也」，范本「觓」上脫「或」字，《集注》本「觓」作「氐」，嘉慶本「下」作「不」，《道藏》本、范本作「下」，按：當作「或觓其角，遇下毀足」，《說文》：「氐，至也」，氐又用為氐羌之氐，《詩·殷武》：「自彼氐羌」是也。觓謂觓觸也，《說文》：「觓，觗也，觗，觸也」，觓、觗同，《集韻》：「觗，或從角」，觓、觸義同，故常以觓觸連言，《急就篇》四：「讒諛爭語相觓觸」，《淮南·說山》：「兕牛之動以觓觸」，《文選·琴賦》：「觸巖觓隒」，是其例也。遇首次八：「兩兕鬭，一角亡」，上九言「觓角毀足」，承次八而言，意與《說山》同，知當作「觓」而不作「氐」也。「遇不毀足」，不辭，角在上，足在下，故曰「遇下毀足」也。毀足者，謂與觓角相鬭者也，足既毀，故不支而敗，故測辭曰：「何可當也」，次八曰：「兩兕鬭，一角亡，不勝喪」，謂次八不敵對手，喪亡

一角而敗，其辭為咎，上九「觗角毀足」，則謂其對手來觗角而毀足，上九得勝，其辭為休。八與九相承而相反，「亡角」「毀足」亦相對為文，若作「不毀足」，則與「一角亡」不對，且不可勝之，亦與測辭「何可當也」之意不合，足證不當作「不」字，范本、《道藏》本作「下」，是，《集注》於此字無校語，是《集注》本原同范本作「下」字，嘉慶本作「不」字，則為「下」字之形訛也。

測曰：觗其角，何可當也。

範望曰：角折足毀，故不可當也。

陳本禮曰：不能當火之毀足。

鄭維駒曰：得乾金之剛，故不可當。

竃

竃：陰雖沃而灑之，陽猶執而龢之。

範望曰：二方二州三部二家。地玄，陰家，八木，上中，象鼎卦。行屬於木，謂之竃者，夏至氣終此首次七，小暑節起於此首次八。陰陽之氣，更相沃灑，化餁若竃，故謂之竃。竃初一，日入柳宿六度。

司馬光曰：陰家，木，準鼎。入竃次九二十八分二十八秒，日次鶉火，小暑氣應，斗建未位，律中林鍾。鼎，大烹以養聖賢，故竃多養賢之象。龢，古和字，下同。宋曰：竃以和陰陽者也，故或沃之，或和之，於是乎在。光謂：陰灑陽和，有炊爨之象。

林希逸曰：陰陽俱盛，此灑而彼和，猶相息也。

陳仁子曰：竃者陰雖生而猶資陽以化也。天地之氣一，故神，兩，故化。水火相資而成烹餁之功，陰陽相資而成化育之事。是以物之動者不能植，偏於陽也，物之植者不能動，偏於陰也。天地一陶也，萬物一坏也，凡地中生物者，皆天氣也。《易》曰鼎，《玄》曰竃，變腥而熟，化堅而柔，陰豈廢陽哉？二之中裔，三之無薪，五之可觸，六之味和，上之滅火，陰陽相參而化天下之物何如也。

葉子奇曰：龢，古和字。竃，養也。竃之初一，日入柳宿六度。夏至氣終此首之次七，小暑節起此首之次八。

陳本禮曰：陰家，八，木，上中，日入柳，斗建未，律中林鍾，小暑氣應，卦準鼎。一雖字見陰猶有濟陽之心，一猶字見陽之待陰已甚，不但不報之德，

反欲灼陰使乾，毋怪小人生心之欲虛其內也。《傳》：竈，養也。蒸，燒也。酥，烹煎也。竈必水火濟而後得烹飪以養人也。今陽既亢烈，物已枯焦，陰雖沃而灑之，尚不足以潤其燥，況蒸而和之，民何以得其養耶？

孫澍曰：準鼎，後以秉斗粒萬民。

鄭維駒曰：沃灑，互兌澤象。陰氣雖欲息陽，然火猶與陰酥而成烹飪之功。

鈴木由次郎曰：第四十四首，陰，八木，二方二州三部二家。竈，灶爐。竈煮物而養人，故竈有養賢之意。沃，以水潤之，灌漑。灑，撒水。酥，和。竈，助合水火而煮物以養人者。而今陽氣盛而物乾燥，雖沃灑陰氣之水，亦不能潤其乾燥。陽氣猶熱而和之，故民不能得其養。

文字校正：竈首首辭：「陰雖沃而灑之，陽猶執而酥之」（范注本），《集注》本「執」作「熱」，按：當從《集注》本作「熱」，執、熱形近而訛。執謂捕捉持操也。「執而酥之」（酥，和也），語意不通，《說文》：「熱，溫也」，《素問・五常變大論》：「肺其畏熱」，王注：「熱，火令也」，《脈要精微論》：「皆在陽則為熱」，注：「陽為火氣，故為熱」，是「熱」為火為陽，故曰「陽熱」也。《素問・五常政大論》：「其候溫和」，酥，古和字也，《素問》言溫和，猶《太玄》言熱酥也，竈首準《易》之《鼎卦》，《象辭》曰：「木上有火，鼎」，《彖辭》曰：「以木巽火，亨飪也」，竈首為木，陽為火為熱，亦有烹飪之象，故名之曰竈（即後來的「灶」字），義與《易》之《鼎》同。范注：「陰陽之氣更相沃灑化餁」（「餁」即「飪」），《易・彖下傳》：「鼎，亨飪也」，注：「飪，熟也」，有火「熱」之始可熟，知皆「熱」之義也。若作「執」，則與諸義不合，可證范本原文亦當作「熱」也。《集注》於此字無校語，可證二本原無異文也。「執」「熱」形近，故易訛也。《莊子・人間世》：「吾食也執粗而不臧」，《釋文》：「執，簡文本作『熱』」，是其互訛之例也。

初一：竈無實，乞于鄰。

范望曰：陽為實，陰為虛。一，水也。水是竈中之用，陽當消退，故曰無實。家性為竈，以烹飪生物，共於粢盛，今無實，故乞於鄰也。

司馬光曰：王曰：處竈之初，失位當夜，無實者也。既失烹飪之道，無以供食，故乞于鄰。光謂：一為思始而當夜，小人內無其實，竊他人之善以為己名者也。

葉子奇曰：初以陰乏，不能自養，是竈無實，顧乃乞于鄰以助濟焉，惡有及人之望也。

　　陳本禮曰：水，夜。竈以供烹飪，今有水無米，是空有竈之名而無竈之實，乞於鄰，則是乞鄰人之食以充飢渴矣。

　　鄭維駒曰：竈下以木火為實，初陰虛雖得水，猶無實也。鄰指二三言。

　　鈴木由次郎曰：七月三日，夜，水。無米入竈以煮之，乞于鄰人以防饑。此言無其實而只有虛名。

測曰：竈無實（原脫實字），有虛名也。

　　范望曰：無實於事，故有虛名也。

次二：黃鼎介，其中裔，不飲不食，孚無害。

　　范望曰：二火，色黃白，介，大也。裔，餘也。孚，信也。火木會合，烹飪腥物而不於竈，故言鼎也。宰和得節，美味踰時而不敗饗，以薦至尊，故無害也。福施於下，故中有餘也。

　　司馬光曰：王曰：鼎者竈之器也。介然，特立之貌。其中裔者，寬容虛受之義也。光謂：二在下體之中而當晝，位為方沮，未及下祿，君子守其中道，隱居自養，而不苟食者也。內養其志，不慕外物，故雖不飲不食，亦信無所害也。

　　葉子奇曰：介，大也。裔，餘也。二以剛中，故云黃鼎。器既大而食有餘，必無不足之患。喻人之質美而德全備，才大而用有餘，猶且節其食而不享，嗇其用而不施，其厚于內而無待于外也至矣，則信乎其無害也。

　　陳本禮曰：火，晝。鼎以熟物，介，特立貌。裔，中空也。鼎三足，黃耳金鉉，和五味之寶器也。不飲不食者，鼎必有實，今裔其中，是不能予人以飲食也。孚無害者，二在中逢陽，能孚乎其中虛之德，雖無飲食養人，然亦不害其為鼎也。

　　鄭維駒曰：火屬離，黃鼎，本黃離而言。介者不妄受，然其中容受有餘。二為平人，不用以享，故不飲不食。然信孚於中，雖不享，無害矣。飲食，互兌口象。

　　鈴木由次郎曰：七日四日，晝，火。柳六度。介，獨立貌。裔，中空虛。有鼎上有黃金之耳，其中空虛，不能供人飲食。然有中虛之德（寬容虛己以承人之德），故其鼎不可失。此言其心清廉而正。

測曰：黃鼎介，中廉貞也。

　　范望曰：不敢〔敗〕饗食，故曰廉也。

陳本禮曰：此以鼎喻成德之人，亦以自寓也。

鄭維駒曰：二火故云廉貞。干寶注易蒙初六云：初六戊寅，寅為廉貞。廉
貞為火，由來久矣。

次三：竈無薪，黃金瀕。

范望曰：三為薪，言無者，有材不用也。竈不用薪，猶國不用祿以養賢也。
薪而不用，金鬲虛廢，故生土穢在瀕渚也。

司馬光曰：瀕，音頻。

葉子奇曰：瀕，水厓瀠穢之地也。三陰邪不中，是竈無薪而金鼎穢，猶國
無賢而朝廷卑也。然為國者可不務于求賢乎。

陳本禮曰：木，夜。三以木在木世，而反曰無薪，是有材不用也。黃金指
鼎言。瀕，水也。鼎以熟物，今既無薪，即烹水亦難以飲人，是使黃金虛設也。

孫澍曰：瀕，古濱字。三為思崇而當夜，失位小人，徒事虛名，全無實效，
猶竈無薪，黃金之在水瀕也。雖有不為之用。

鄭維駒曰：三為木，陰虛，故無薪。互乾兌為金，竈無薪，不能以木巽火，
雖有黃金在側，而不可食矣。在兌下，故云瀕。

鈴木由次郎曰：七月四日，夜，木，黃金同黃鼎。瀕，水邊，此只指水。
下不燃薪，只在竈中放水。不能成其煮物之用。

測曰：竈無薪，有不用也。

范望曰：言有賢不用也。

陳本禮曰：竈必水火備而後可以熟物，今竈不用薪而止注水，是終不得金
鬲之用也。

鄭維駒曰：薪其所自有，故惜其不用也。

次四：鬲實之食，得其勞力。

范望曰：陰稱小，亦為金，土上之金，釜而小者，知為鬲也。四為公侯，
在竈之世，方進鼎足，故先在鬲。和齊五味，賞不失勞，故言得其勞力也。

司馬光曰：鬲，音歷。王曰：鬲，釜之小者。光謂：鼎款足者謂之鬲。四
為下祿而當晝，君子以祿養賢，雖少亦得其勞力也。時我奉者，賢者得其時則
仕也。

葉子奇曰：鬲音歷，鬲，小金也。四為下祿，未得尊盛，故止用小金之食，
蓋位卑祿薄，易稱其勞也。

陳本禮曰：金，晝。鬲，鼎款足者謂之鬲。實，五穀，斗二升曰籔，君子以祿養賢，雖鬲實之食，亦得其勞力也。

鄭維駒曰：《方言》：釜，自關而西或謂之鍑，鍑，吳揚之意謂之鬲。鼎以享上帝，養聖賢，而鬲常以烹飪，是鼎逸而鬲勞也。然養欲給求，得其食人之力矣。

鈴木由次郎曰：七月五日，晝，柳七度，金。鬲，鼎之屬，釜之小者。可容五穀（一斗二升曰籔）。鬲實之食，喻俸祿少。鬲所煮食甚少（喻祿少），亦能求得賢者之力。賢者得時則仕。

測曰：鬲實之食，時我奉也。

范望曰：我為五味，以奉祿秩賢臣也。

葉子奇曰：時，是也。時我奉，言稱也。

次五：鼎大（原作犬）可觴，不齊不莊。

范望曰：五為天子，故稱大鼎。古者天子世孝，天瑞之鼎，諸侯世孝，天子鑄鼎以錫之。五據尊位，得奉鼎觴賜其國，則宜齊莊以奉天祿。今不齊莊，恐失之也。

司馬光曰：齊，側皆切。王曰：無大饗齊莊之意。光謂：觴當作鬺，音商，煮也。五居盛位，可以養賢，故曰鼎大可鬺。而當日之夜，不能以禮待天下之士，則士皆莫肯歸之矣。洪範曰：凡厥正人，既富方穀。

林希逸曰：觴當作鬺，音商，大亨以養聖賢，亦必以禮行之，今鼎雖大可以觴食，而不以齊莊臨之，則士不歸之矣。饗無意者，言其無心於饗禮也。

葉子奇曰：觴，酒爵，小器也。五雖當尊而陰柔，才弱豈不猶鼎之大器，僅可為觴之小用，是處非其所宜據，則其不稱也可知矣。其能有齊莊之德乎？此亦德薄位尊之義。

陳本禮曰：土，夜。觴以盛酒，飲人以酒亦觴。

鄭維駒曰：享上帝用犧牛，鼎受一斛，五土有容，故鼎大，然無齊莊之心，上帝特不臨之，雖大何益？

鈴木由次郎曰：七月五日，夜，土。觴，酒器。大鼎容酒，能代用為觴而飲酒。然這種饗宴缺乏齊莊恭敬之心，故天下之士不歸服。

文字校正：竈首次五：「鼎犬可觴，不齊不莊」（范本），《集注》本「犬」作「大」，按：當作「大」，范本作「犬」，形訛也。范注：「五為天子，故稱大

鼎」，測辭：「鼎大可觴」，亦作「大」，皆可證也。觴，盧校：「何焯云：『當作鬺，測同』」。此意司馬光早已言之：「光謂觴當作鬺，音商，煮也」，是也。然《太玄》此「觴」當訓「饗」也。《呂覽・長攻》：「謁於代君而請觴之」，《達鬱》：「管作觴桓公」，注皆曰：「觴，饗也」，又，《詩・卷耳》《正義》引《異義韓詩說》：「觴者餉也」，皆其例也。測辭：「饗無意也」，正承此「觴」字而言，可證「觴」當訓「饗」，而不必改字也。

測曰：鼎大可觴，饗無意也。

范望曰：受祿不敬，故無意也。

葉子奇曰：饗無意義，言其不稱也。

次六：五味鬺調如美如，大人之饗。

范望曰：六為宗廟，又為大水，家性為竈，志則為用，故有釜鼎調齊之言。五味得當，則孝子所以事宗廟。

司馬光曰：王本美作羹，小宋本作五味和調滋如美如，今從宋、陸、范本。王曰：宰相之事，調和五味，大人任之，其人饗之而已。光謂：六為上祿而當晝，君子輔佐國家，獻可替否，進賢退不肖，燮和其政，調美如羹，獻之於君，而君饗之，則天下大治矣。高宗命說曰：若作和羹，爾惟鹽梅。三公承君，有鼎之象。

林希逸曰：五味既和，而調之又美，宜大人享之。言大臣能和其職，則天子亦樂之也。

葉子奇曰：六處崇高之地，居福祿之極，是當國大臣居鼎鼐之職也。然五味和既調且美，宜其為大人之饗也。國事治，既安且平，宜其為大君之用也。

陳本禮曰：水，晝。

鄭維駒曰：鍾鼓之樂，體薦之禮，天子所以饗大臣也。陰陽之和燮，至治之馨香，大臣所以報天子之饗也。

鈴木由次郎曰：七月六日，晝，柳八度，水。五味調和而為美味，正可稱為大人之饗宴。此言宰相獻可替否以調和政治，是其職責。

文字校正：竈首次六贊辭：「五味鬺調如美如大人之饗」，按：此句有脫文，若以「味鬺調」為句，「大人之饗」之句，則「如美如」三字不辭，若以「五味鬺調如美」為句，則「如大人之饗」亦為不通，「調」字下當有「齊」字，《集注》本、范本皆脫「齊」字。范注：「家性為竈，志則為用，故有釜鼎調

齊之」,《釋文》出「齊」字,曰:「同『齋』」,又出「調齊」二字,蓋單出「齊」者,在前,正文之字也,「調齊」者,在後,注文之字也。《釋文》、范注皆言「調齊」,可證正文原有「齊」字。齊、齋古通,《說文》:「齋,戒潔也」,《易·說卦傳》:「齊也者,萬物潔齊也」,是「齊」亦讀作「齋」,竃首次七測辭:「脂牛歐歖,不潔志也」,贊言「齊如」,乃「齋潔」之意,正與次七「不潔」相應而相對也,此亦可證當有「齊」字。然范注「調齊」,以「齊」字上屬為句,則非,「齊」字當屬下,作「齊如美如」(「齊如」「美如」,義亦相近,乃狀五味龢調之語),是贊辭當以「五味龢調,齊如美如,大人之饗」為句讀,宋惟幹本作「五味和調,滋如美如,大人之饗」,「齊」「滋」字異,然此當有一字則可無疑矣(「齊」「滋」音近義通,亦一聲之轉),今脫「齊」字,則全贊不可屬讀矣。

測曰:味龢之饗,宰輔事也。

　　范望曰:祿由君出,以宴羣臣,宰輔之善事也。

次七:脂牛正肪,不濯釜而烹,則歐歖之疾至。

　　范望曰:七為火,所以成熟牲體,今以脂肪之肉,必當澡濯金鼎以煮渫之。今而不為,故生疾也。七為哠。歐歖,吐逆之聲也。不濯不清,故致疾也。

　　司馬光曰:肪,音方。歐,烏后切。歖,哀都切。范曰:歐歖,吐逆之聲也。王曰:脂牛,肥牛也。光謂:肪,脂也。歐,吐也。歖,心有所惡而吐也。肥牛之脂,以喻美祿也。人君雖以美祿養士,若不以誠潔之志將之,則士斯惡之矣。七為禍始,始失志〔失士心〕之象也。

　　林希逸曰:脂牛,肥牛也。肪亦脂也。正肪者,割之正也。烹之之釜,苟不精〔清〕潔,則人將吐之矣。言養士必以禮也。歐,烏后切。歖,哀都切。歐歖,吐逆之聲也。

　　葉子奇曰:肪,脂也。歐歖,吐逆聲。七以陰暗,是得美味而不能致其謹潔,寧無歐惡之嫌,猶享尊位而不致其敬戒,寧無悔吝之咎。此戒占者,凡事宜致其慎也。

　　陳本禮曰:火,夜。

　　鈴木由次郎曰:七月六日,夜,火。脂,肉脂。肪,脂肪之濃厚者。歐歖,嘔吐。釜上附有牛肉之濃油,不洗即用來煮食,以至讓人嘔吐。此喻以高祿養士,而不以誠潔之心待士。

測曰：脂牛歐欼，不絜志也。

范望曰：器不洗濯，不絜清也。

鄭維駒曰：澗溪沼沚之毛，可以薦鬼神，志絜故也。苟不潔，雖脂牛之肪，人其吐之，況鬼神乎。說文：肪，肥也。互乾下有伏坤，坤為牛。

次八：食其委，雖噄不毀。

范望曰：噄，不正之聲也。食人之祿，必憂人之難，道合則輔之，不合則去，不宜見其不正而不爭也。

司馬光曰：委，於偽切。噄與叫同。

葉子奇曰：委，委積也。噄，直呼聲。八居禍中，是食人之祿，宜憂人之難，雖至于直呼而諫，志在忠君，復何毀之有哉。竈所以炊爨，今滅其火，是竈道盡矣，寧不為家之禍乎？猶仁所以為人，今而不仁，是人道盡矣，寧不為身之害乎？此蓋預為滅道亡家之兆。

陳本禮曰：木，晝。委者，人所棄置之食。噄者，號呼也。言既食其祿，雖人君棄置之餘，亦屬國家養士之恩，豈可當其有事不號呼以爭之耶？不毀者，不退有後言也。

孫澍曰：委音萎。委積，牢米薪芻之總名，少曰委，多曰積。人既足食，雖遭饑饉，不免號呼，然終弗致於毀傷也。測曰：蒙其德，謂竈以養人而待用不匱。

鄭維駒曰：嗟來不受，道路之人也。君臣大義，與道路不同，故雖噄不毀。噄毀皆兌象。

鈴木由次郎曰：七月七日，晝，柳九度，溫風至，木。委，人棄去之食。噄，號呼。一旦食君祿而仕，縱可號呼而爭，亦不退而有惡言。

測曰：食其委，蒙厥德也。

范望曰：爭以正君，故蒙其福也。

上九：竈滅其火，唯家之禍。

范望曰：九，金也。九生水，家性為竈，竈須火者而中有水，故自滅其火也。火而自滅，妖怪不祥，家之禍。國亦須賢者，賢而自滅，亦國之禍也。滅賢謂若紂殺比干之類也。

司馬光曰：竈滅火，以喻不養賢也。不養賢者，自賊其國者也。桀殺關龍逢，紂殺比干，夫差殺伍員，項羽逐范增之類皆是也。

陳本禮曰：金，夜。漢成帝微行過陽阿主家，悅歌舞者趙飛燕，召入宮，大幸，有女弟合德，復召入，姿性尤醲粹。時披香殿博士淖方成在帝后唾曰：此禍水也，滅火必矣。九金生水，家性為竈，是自滅其火也。

鄭維駒曰：漢以火德王，互兌少女，禍水也。所謂沃而灑之者也。家禍國賊，似指飛燕言。

鈴木由次郎曰：七月七日，夜，金。竈火已消，此家之禍。

測曰：竈滅其火，國之賊也。

范望曰：言賊賢也。

陳本禮曰：漢以火德，王莽賊之，禍甚於飛燕合德。史稱莽嘗作厭勝語曰：執大斧伐枯木，流大水滅發火，欲以此厭勝之，故直名之曰國之賊也。

鄭維駒曰：上九禍終，四九類為賊。

大

⚏ 大：陰虛在內，陽逢其外，物與盤蓋。

范望曰：二方二州三部三家。地玄，陽家，九金，上上，象豐卦。行屬於金，謂之大者，謂是時陽氣在上，將虛鬱而退，陰夜〔在〕其內，逢迎而上。萬物敷布，盤桓茂盛，若車之蓋，故謂之大。大初一，日入柳宿十度。

司馬光曰：陽家，金，準豐。范、王本在內作其內，今從宋、陸本。范本蓬作逢，今從二宋、陸、王本。宋曰：蓬猶盛也。光謂：與，皆也。物皆如盤蓋，外隆大而內虛也。

林希逸曰：蓬，蓬然盛也。盤，結也。陰在內，陽在外，而盤結覆蓋之，言外盛而內虛也。

陳仁子曰：大者陽雖生而陽尚盛也。《易》曰：豐，大也，聖人當豐大之時，寓盈昃消息之意於彖非過也。天下之物，惟豐大者不足恃，豐者有時易而嗇也，大者有時易而小也，故大之一首，不先於陽盛之前，而統於陰生之後，亦有所形而然。《易》之豐，自泰而變者也，二陰居中，而在上六爻，未嘗誇其美，《玄》之大，自遇而序者也，一陰已生，而漸上九則，皆美致其警，曰思所傷，曰大不大，甚至曰禍由微，曰奢迂自削，孰能為之大。

葉子奇曰：盤蓋，物茂盛盤旋如車蓋也。大之初一，日入柳宿十度。

陳本禮曰：陽家，九，金，上上，卦準豐。《傳》：陰虛其內者，使陰暗欲虛陽之內而利於己也，陽不察其狡詐，猶尚務蓬大於外，故小人乘其內空，於

是先盜其倉庾府庫，繼攘其土地人民，而陽益虛矣，陽既內虛，則萬物之精華亦竭如盤蓋之空其中矣，與，同也。

孫澍曰：準豐，《太玄》以撝謙益損，永終知弊。

俞樾曰：陽蓬其外，樾謹按：范本蓬作逢，溫公從二宋、陸、王本作蓬，宋曰：蓬猶盛也，其實逢亦盛也。《禮記·儒行》篇：衣逢掖之衣，鄭注曰：逢猶大也。《荀子·非十二子》篇：其衣逢，楊倞注曰：逢，大也。逢訓大，則亦即與盛同義矣。蓋逢與豐通，《淮南·天文》篇：五穀豐昌，《史記·天官書》豐作逢，其是證也。訓大訓盛，皆豐字之義，是故作逢者，豐之假字，作蓬者逢之異文，溫公疑逢無盛義，必作其葉蓬蓬之蓬，始得訓盛，是猶未達乎古訓也。

鄭維駒曰：豐下離，離中虛，是陰虛其人也。豐六月卦，陽不為主於內，故蓬其外。震互巽皆為木，木類為規盤，蓋圓器。物大於上，竹木果實象之。又是月辟卦為遯，遯上乾為天，天如覆盤如倚蓋，物與盤蓋，得天之象也。

鈴木由次郎曰：第四十五首，陽，九金。二方二州三部三家。蓬同逢，逢，盛也。與通舉，皆。盤蓋，盤屈的車蓋。陰氣內虛，陽氣努力盛其外。萬物已無精華，如車蓋雖大，而中已空虛。

文字校正：大首首辭：「陰虛在內，陽蓬在外，物與盤蓋」，范本「在」作「其」，「陽蓬」作「陽逢」，按：當作「其內」、「陽逢」，范本是。其內、其外，文例一律，在內、其外，文例不一，蓬者，草名，《詩·騶虞》：「彼茁者蓬」，《傳》：「蓬，草名也」，《列子·天瑞》：「攓蓬而指」，《釋文》：「蓬，蒿也」，可知「蓬」與「逢」為二字，不可混一。逢謂大也，《書·洪範》：「子孫其逢」，馬注：「逢，大也」，《荀子·非十二子》：「其衣逢」，《儒效》：「逢衣淺帶」，注皆曰：「逢，大也」。《禮記·儒行》：「衣逢掖之衣」，注：「逢猶大也」，《列子·黃帝》：「逢衣徒也」，《釋文》：「逢猶大也」，「陽逢其外」，即陽氣大於外之意，與「陰虛於內」相對而言，亦正切合大首之義，然則當作「陽逢其外」可無疑也。范注訓「逢」為「迎」，未得《玄》意，不可從。

初一：淵潢洋，包無方，冥。

范望曰：一，水也，故稱淵。此金世，金生水，子母共位，故潢洋也。深大之淵，眾物所歸，包裹而藏之，無有方外，故冥也。

章詧曰：一畫，處大之世，若淵之深冥，潢洋然無所不受，莫測其際，故測曰資懷無方也。

司馬光曰：王本裹作懷，今從諸家。潢，音黃。一為水，又為思始而當畫，君子之心如淵潢洋，無所不包，所以為大也。居下體之下，冥者隱而未見也。

葉子奇曰：潢洋，廣大貌。一在大世居初，是猶淵之廣大，無所不包，而復泯然不見其跡也。

陳本禮曰：水，畫。

鄭維駒曰：天一生水，眾大之宗也。

鈴木由次郎曰：七月八日，畫，柳十度，小暑，水。潢洋，水深廣貌，浩蕩。淵深廣而湛，水來則包容，呈幽暗之色。此言包容物而無限。

測曰：淵潢洋，資裹無方也。

范望曰：所包者廣，故無方也。

鄭維駒曰：萬物資始，惟天一足以當之。

次二：大其慮，躬自鑢。

范望曰：二為平人，不隱不仕，故大其慮也。鑢以治邪，躬，身也，自治其身，以待升舉。今而陽消陰息，惟身未升階，故大守思慮，脩身而已。陰為思，陰當侵陽也。

司馬光曰：鑢，音慮。王曰：處大之時，失位當夜，乖於其意〔宜〕，徒欲廣大其慮，而智不能周，反傷其躬也。鑢者，錯磨之具。錯磨太過，必有所傷。光謂：二為思中而當夜，小人智小而謀大者也。《詩》云：無田甫田，維莠驕驕，無思遠人，勞心忉忉。

葉子奇曰：鑢，磨物使減削也。二居下位，乃大其慮，是空存出位之思，則徒自刻削而已，復何益哉？

陳本禮曰：火，夜。

鄭維駒曰：錯銅鐵為鑢。思慮煎熬，躬自銷鑠，如銅鐵之受錯而損也。在金行，故稱鑢。

鈴木由次郎曰：七月八日，夜，火。鑢，對物進行消磨之器具。徒自廣大其思，智卻不能普遍而行之，反而損減自身。

測曰：大其慮，為思所傷也。

范望曰：故為所思傷也。

次三：大不大，利以成大。

范望曰：三，木也，而在金行，恐見消克，雖在大家，不敢自矜，常自謙約，大利為大也〔故為大也〕。

司馬光曰：王曰：得位當晝，故能大不自大，以謙虛自保，利用積小以成其高大。光謂：三為思上而當晝，君子志大而心小，故能成其大也。

葉子奇曰：三居大世，在下之上，且有陽明之才，是以居大而能自小，居尊而能自謙，是大不大也。然自後者人先之，自卑者人尊之，所以利于成其大也。

陳本禮曰：木，晝。

鈴木由次郎曰：七月九日，晝，柳十一度，木。雖大而不敢自夸其大，常自謙遜，則能成大。

測曰：大不大，以小作基也。

范望曰：謙以致光，故以小作基也。

次四：大其門郊，不得其刀，鳴虛。

范望曰：金性剛彊，而在大家，故自夸張，大其門郊者也。刀為金利，徒自夸大，不守以謙，故不得其利也。有其虛名，故稱鳴。不守以實，故虛也。

司馬光曰：王曰：有聲無實，故曰鳴虛。光謂：門在外，郊在遠，刀所以斷。鳴者，名聞之謂也。四為外他而當夜，小人不治其內而務大其外，故曰大其門郊，言遺近而務遠也。不得其刀，不能斷也。雖聲名遠聞，其實內虛。

葉子奇曰：刀喻利，四在福，逢陰不明，是以不能如三之自小，乃侈大其門郊，以夸其盛，然驕則致危，滿則致覆，宜其不得其利也。不得其利者無他，由鳴夸於虛浮而已。

陳本禮曰：金，夜。刀，錢刀也。四值金世，小人恃其金多錢富，欲高大其門閭於郊坰之地，門閭雖大，而錢刀罄矣，猶自誇富於人，故曰其鳴虛也。

鄭維駒曰：乾為金為門為郊，四金，故取象於乾。離為戈兵，刀亦金也。門大而門無人，郊大而郊不守，故不得其刀，徒大則鳴而虛。鳴，兌震象。

鈴木由次郎曰：七月九日，夜，金。刀，錢刀，錢。鳴，名聞于外。恃于金錢，而在郊外造高大之門。金錢盡則只剩虛名。

測曰：大其門郊，實去名來也。

范望曰：無實有名，失道義也。

陳本禮曰：小人不務實德，而務虛名，雖金多何為。

次五：包荒以中，克。

范望曰：五，君位也，包有四荒，故曰包荒。《周禮》有荒服，朝見無常數，天位之所臨，亦由是也。克，能也。包有四荒，故能治天下之民事也。

司馬光曰：王本測辭九作四，今從諸家。范曰：克，能也。光謂：五居盛位而當晝，聖人執大中之道，能懷服四海者也。

葉子奇曰：五居大中，得道當陽之君也。故能大其度量，包含荒穢，無所偏詖，以中道而勝其任也。《書》曰：無偏無詖，尊王之義，無黨無偏，王道平平，以中之謂也。

陳本禮曰：土，晝。五屬土位在中，坤厚載物，德合無疆，故能包荒以成其大也。

鄭維駒曰：德合無疆，坤之大也。坤為包，五土為中。

鈴木由次郎曰：七月十日，晝，柳十二度，土。荒，極遠之地。包荒，極遠之地一併治之。統治極遠之地，用中正之道。故能招徠極遠之民。

測曰：包荒以中，督九夷也。

范望曰：謂四荒之外也。

葉子奇曰：督，治也。

陳本禮曰：包荒者，謂大荒之內四海之外皆其所包，聖人執大中之道以御六合，督謂統領而董正之也。

次六：大失小，多失少。

范望曰：六，水也，水之所失，在於隙穴，事從細生，禍由微起者也。

司馬光曰：王本測作禍中發，今從諸家。范曰：六，水也。水之所失，在於隙穴。事從細生，禍由微起。光謂：六過中而當夜，大之始失者也。

林希逸曰：凡事之大，皆因小而失之。凡物之多，皆因少而失之。此由微至著之意也。

葉子奇曰：六過中逢陰，已不能無偏，故致其戒，言事之大者由失于小，物之多者由失于少，皆以微而致著，由寡而至多。此君子所以凡事必謹于微也。

陳本禮曰：水，夜。

鈴木由次郎曰：七月十日，夜，水。堤防因隙穴而崩潰，大者敗于小，多者敗于少。凡事皆由細事生。禍起于微。

文字校正：大首次六測辭：「大失小，禍由微也」（范注本），《集注》本「由微」作「猶微」，按：當作「由」，范注：「水之所失在於隙穴，事從細生，禍由微起者也」，是其義也，《集注》引范注此語，而於字體並無校語，是證二本原同，並無異文也。「大失小」，即大失於小之意，亦與「禍由於微」意同，是亦可為證。

測曰：大失小，禍由微也。

范望曰：從微細而起之也。

鄭維駒曰：六以上為禍，柱梁仆於蠹喙，金隄潰於蟻穴，故微不可不慎也。

次七：大奢迂（原作逗，下同），自削以觚，或益之餔。

范望曰：觚，法也。餔，賜也。此本金行，七者火也，火盛金衰，故不宜自大。奢逗於法，能自削小，垂於法度，故有益之賜也。

司馬光曰：觚，音孤。餔，博孤切。范曰：觚，法也。光謂：奢猶哆也。迂，遠也。餔，食也。七為禍始而當晝，大已過甚，至于哆遠。君子見微，知禍將至，能以法自裁制，則更受福祿。故曰或益之餔也。

鄭氏曰：觚，注云：觚，法也，按：觚，酒器也。器以藏禮，則必有法，《語》曰：觚不觚，觚哉觚哉。言不以其法為之者，不可用之觚也。此其所以訓法也。

林希逸曰：奢，侈也。迂，遠也。方大而侈遠之法〔時〕，能以法自律，則其所養愈厚矣。觚，法也。削，自損約也。餔，食也。

葉子奇曰：奢迂謂過于侈大也。觚，有稜角之器，喻法度也。餔，食也。七已入禍，故不能無侈大之過，然幸逢陽，故能自治以法，是過而能改，終于無過，能不受餔養之益乎？

陳本禮曰：火，晝。

鄭維駒曰：二升曰觚，觚，寡也。飲當寡少，見《韓詩外傳》。觚而自削，則寡少之至，損而不已必益，故或益之餔。二七為酒，故言觚。餔，兌口象。

鈴木由次郎曰：七月十一日，晝，柳十三度，火。奢，放，迂，遠。觚，法度。餔，食。大而放縱不守法。若自削而小以合法度，則能受福祿。

測曰：奢迀斥削，能自非也。

范望曰：能自削小，自非責也。

葉子奇曰：自非即自責。

次八：豐牆峭阯，三歲不築，崩。

范望曰：豐，大也。峭，峻也。阯，足也，謂基也。三，終也。牆大基峻，若不終歲加之版築，故有崩墜之憂。猶君子之道，不隆其本，未必危也。

司馬光曰：阯與趾同。范曰：豐，大也。峭，峻也。阯，足也，謂基也。三，終也。牆大基峻，若不終歲加之版築，故有崩墜之憂。猶君子之道，不隆其本，未必危也。光謂：八為禍中而當夜，小人不知禍至，務自廣大而不顧其本者也。三者，數之成也。

林希逸曰：牆雖豐大，而削去其阯，三歲之久，不能更築，則崩壞矣。言自削其根本也。

葉子奇曰：上以下為基，國以民為本，基厚則上固，本固則邦寧，此必然之理也。八位禍中，處豐大之極，不能節用愛民，乃剝下以奉上，朘民以充君，曾無改悔之心，寧保其不危哉。是猶豐大其牆而削峭其基，復且三歲之久不加脩治，其荒怠如此，能無崩亡之及乎？

陳本禮曰：木，夜。

鄭維駒曰：互巽為墉，故稱牆。為高故峭。震為足，故稱阯。互兌毀折，故崩也。

鈴木由次郎曰：七月十一日，夜，木。豐，大。峭，峻。阯，山腳。大墻和峻山之阯，若一年之中不加培修以鞏固，則崩。

測曰：豐牆之峭，崩不遲也。

范望曰：基阯不固，故速崩也。

陳本禮曰：不遲者，猶言不及待至三歲也。

上九：大終以蔑，否出天外。

范望曰：家性為大，終於自大，益以否也。荒服之外，天恩不加，故為天外也。雖性自大，終守以小，故不出也。

章詧曰：九為晝，於贊數為極終，家性為大，在於極終，故言大終。終則有盡，所以言蔑，此亦時義之然，故曰否出天外。天之道惡盈滿，外則惡之義

也。《玄》之道，陽始則陰終，陰終則陽始，此陽氣滿大之家，既見終蔑，則成陰大之基也，故測曰小為大質也。

司馬光曰：王本無以字，測曰大終蔑否，今從諸家。宋、陸、范本資皆作質，今從虞、王本。

葉子奇曰：蔑，無也。九居豐大之終，乃能自將，以道處豐，大而自視如無，寧有不善之及哉。否出天外，言遠去也。顏子有若無，實若虛，所以幾于聖也。

陳本禮曰：金，晝。九為禍之終，過大而無救，則滅矣。否出天外者，言禍從天外飛來也。引范曰。

孫瀜曰：大終上九，位居禍極。蔑，小也，又削也，《易》曰：剝床以足蔑，貞凶。否出天外，言亂匪降自天也。凡物之理，終始相應，大小相生，數窮則變，變則通，不可以終窮也，故受之以未濟，故曰小資大也。

鄭維駒曰：蔑訓無，大無大，故利出。否云天外者，甚言否之遠去也。

鈴木由次郎曰：七月十二日，晝，金，柳十四度，蟋蟀居壁。蔑，滅。上九為禍終，故曰大終。上九當禍終，故滅。此為否。正象禍從天降。

測曰：大終以蔑，小為大資（原作質）也。

范望曰：積小為大之本質也。

陳本禮曰：小為救大之資也。自睟首起，至大首止，為地玄次九之九首，終。

文字校正：大首上九測辭：「大終以蔑，小為大質也」，《集注》本「質」作「資」，按：當作「資」，次八測辭：「豐牆以峭，崩不遲也」，「遲」「資」古皆脂部字，正相協韻，質屬質部，與脂稍遠，《史記·信陵君傳》：「如姬資之三年」，《索隱》：「資者，畜也」。「小為大資」，范注：「積小為大」，「積」「蓄」義同，是「資」訓積之證，然則范注原文亦作「資」也。

廓

☰ 廓：陰氣癋（原作應）而（上合下心，或作翕）之，陽猶恢而廓（原作廊）之。

范望曰：二方三州一部一家。地玄，陽家，一水，下下，亦象豐卦。行屬於水，謂之廓者，癋猶協也，忩猶合也，言是時陰氣和協而合同，當上而合同，

陽尚恢廓，未有衰損之氣，故謂之廓也。㾓㿁二字皆心者，故宜以和協言之也。廓之初一，日入柳宿十五度。

章詧曰：陰於是首柔順以漸進，陽尚恢張以自壯，物彙虛其內，廓其外，《衝》曰：廓外違，《錯》曰：廓無方也。

司馬光曰：陰家，水，準豐。入廓次四，日舍七星。宋、陸本作陰應匿而㿁之，今從范、王本。陳曰：㾓，苦協切。㿁，音合。是以㾓為愿字也。吳曰：㾓，於計切，靜也。然則字當從愿。宋曰：㿁之言翕也，謂是時陰氣應時，翳匿之於下，陽氣猶盛壯，而廓之於上也。《圖》曰：虛中弘外存乎廓。范曰：㾓，協也。㿁，合也。王曰：陰氣尚弱，潛㾓而㿁合之。㿁，古歙字。光謂：陰氣翳匿，閉合萬物，而陽氣尚務恢廓之，故曰廓。廓者，張大之也。

林希逸曰：準豐，大也。

陳仁子曰：廓者，陰雖生而陽尚闢也，陽性健，陰性順，陽主闢而出，其極也將消，而生物之功終不可遏，陰主翕而入，其生也漸息，而成物之功終不可抑。故《玄》象《易》之豐有二，曰大者於陰生之時見陽之體猶盛也，廓者於陰生之時見陽之用猶大也。大率天地之運，自子至卯，為陽中之陰，自午至酉，為陰中之陽，陽生於子，至巳位，乾卦六陽雖極而溫厚之氣未終，是以一陰雖生午而未害於陽，至未則氣方盡，故八月而薺麥生，猶陽之餘也。陰生於午，至亥位，坤卦六陰雖極而嚴凝之氣未終，是以一陽雖生子而未害於陰，至丑則氣方盡，故二月而榆莢落，猶陰之餘也。一廓以基，二廓以城，三廓以門，五廓以堂之階，陽之生物功用開闢，雖陰生之時，亦豈能固而閉之哉？

葉子奇曰：陰家。㾓音㿁。㿁音翕。㾓㿁，收斂之意。恢廓，開闢之意。言陰氣雖凝而陽猶盛也。廓之初一，日入柳宿十五度。

陳本禮曰：陰家，一，水，下下，卦準豐。㾓同翳。㿁同合。前之猶字，猶是惡陰，此則直是好大喜功而不自知其失矣。《傳》：㾓，匿，㿁，翕也。匿翕者，語云：將欲取之，必固與之。陰恐陽亡之不速也，故反匿其心而佯合之，大奸似佞，巧言似忠，陽受其愚而不悟，猶恢張而廓大之，正墮其計中矣。

孫瀜曰：準豐，元后以履中攸功，崇厥德而卑宮墉。

鄭維駒曰：謂六月二陰已斂於內，陽氣猶明而動也。

鈴木由次郎曰：第四十六首，陰，一水，二方三州一部一家。㾓，翳，蔽。㿁，合。廓，張大之，擴張。陰氣勢未弱，恐陽氣不速亡，故隱藏其真心而表面與陽氣妥協，但陽氣猶自擴張其勢力。

文字校正：廓首首辭：「陰氣癡而念之，陽猶恢而廓之」，范本「癡」作「庲」，「廓」作「廊」，范本《釋文》出「庲」字，曰：「一計切，靜也，安也」。按：當作「癡」、「廓」，《集注》本是。《說文》：「癡，靜也，從心，疢聲」，《漢書・外戚傳》：「婉癡有節操」，《集注》：「癡，靜也」，《集韻》：「癡，壹計切，《說文》『靜也』」，然則范本《釋文》所出當即「癡」字也，今作「庲」者，乃「癡」之形訛也。《廣韻》：「庲，靜也，安也」，亦屬此類形訛者。《正字通》：「癡，《說文》：『癡，靜也』，改作『庲』，非」，其說是。「廊」即「廓」之形訛，此為廓首，故云「恢廓」，可為證也。范注：「陽尚恢廓」，又曰：「故謂之廓也」，可證范本正文亦作「廓」也，《集注》於此二字無校語，知宋時猶未誤也。

初一：廓之恢之，不正其基。

范望曰：二〔一〕在水行，二水朋合，狀若江海，故恢廓也。廓大之家，其本宜固，水性不〔沄〕動，故不正也。

司馬光曰：王曰：處廓之初，而失位當夜，雖能恢廓之，而不能自正其始。光謂：一為思始而當夜，小人務自恢廓，而不正其基，故動則傾也。

葉子奇曰：大其事者，宜正其始，始正終猶不正，況于始之不正乎。一以陰邪，徒欲恢大其事，乃不正其基本，後欲無傾，胡可得乎。

陳本禮曰：水，夜。一在水世，二水奔流，匯合無定，且水性趨下，是其根基先不固矣。

鈴木由次郎曰：七月十二日，夜，水。只知擴張之，而不鞏固其基礎。

測曰：廓之恢之，始基傾也。

范望曰：基而不正，故危也。

次二：金榦玉楨，廓于城。

范望曰：金玉者，皆其美質也。火不好水，雖有美質，恐見克害，故廓于城以自固守也。

司馬光曰：范曰：金玉者，皆其美質也。王曰：二居下體之中，得位當晝，金玉以為楨榦，得賢之謂也。楨榦者，板築之具也。光謂：板築之具，旁曰榦，題曰楨。二為思中而當晝，君子能以賢哲為輔，恢廓其德以自衛者也。

林希逸曰：版築之旁曰榦，其題曰楨，題，額也。築城之具，其堅固如金玉，則其城可以高大矣。此人君得輔佐之喻。

鄭氏曰：榦以持版，楨以正堵。

葉子奇曰：二居下之中，得陽之盛，是以莫非貴重之物而為楨榦之用，宜其廓大于城也。夫楨榦美則城固，宰輔良則國安也。

陳本禮曰：火，晝。金榦玉楨，美器也。二以火在水世，恐被傷害，故堅築其城以自防固也。

鄭維駒曰：互巽為木，故曰楨幹也。為墉，故曰城。震玉，互兌金，故曰金玉。二為離火，得震木以生之，又得兌金為之財，是左右有輔，故云廓於城也。

鈴木由次郎曰：七月十三日，晝，柳十五度，火。榦，築牆之時，立於兩旁之木。楨，築牆時立於兩端之木。榦楨，喻人材。金之幹，玉之楨，共為築牆之具，用之筑城，加以固防。磨德以守身。

測曰：金榦玉楨，蕃輔正也。

范望曰：以城自衛，猶以賢自輔也。

次三：廓無子，室石婦。

范望曰：木生於水，為四所克，雖自廓大，不能生長，故無子也。婦而無子，陰不合也，故謂之石也。

司馬光曰：王曰：室於石女，無復嗣續之道。光謂：三為思上而當夜，小人思慮恢廓而後不能繼，故曰廓無子也。室石婦，謂求室而得石婦也。

林希逸曰：石婦，無所產也。其家雖大，而無繼承之子，以其室人乃石婦也。此輔佐不擇人而無益於國之喻。

葉子奇曰：石喻不長不育，三過中而不陽，是猶廓之無子，而復妻其不長不育之石婦，豈有望其資生之益哉？交友而非其類，托國而非其人，皆室石婦之謂。

陳本禮曰：木，夜。

鄭維駒曰：次三當豐二爻，離為大腹，宜有子也。然三時陰，無生育之氣，故廓而無子。四以三為財，故三者四之婦。金類為石，四之婦，石婦也。

鈴木由次郎曰：七月十三日，夜，木。子，長子，繼嗣者。石婦，不姙娠之女子。雖然廓大，但無繼嗣。以石女為妻。小人思慮大而後不能繼。

測曰：廓無子，焉得後生也。

范望曰：婦比之石，故無後生也。

鄭氏曰：復生，扶又切，作後者誤。

次四：恢其門戶，以禦寇虜。

范望曰：四為門，二為虜，家性為廓，每輒恢大，恐二克之，故大其門戶，以義為固。四為兵甲，門戶有之，故用御衛也。

司馬光曰：范本用圉作以禦，王本作用固，小宋本作用禦，今從宋、陸本。圉与禦同。四為外他而當晝，君子恢其禮義以禦小人者也。故曰恢其門戶，用圉寇虜。

葉子奇曰：門戶喻出入必由之道。四以陽明，故能大其所由之道，則無往而不服。縱雖不化如寇盜，豈不足禦之哉？

陳本禮曰：金，晝。

鄭維駒曰：離為戈兵，互兌為金，金類為門為賊，故以御寇虜也。

鈴木由次郎曰：七月十四日，晝，星一度。大其門戶，以防亂暴者。

測曰：恢其門戶，大經營也。

范望曰：廣恢門戶，自經營也。

陳本禮曰：不大經營其內而惟門戶是恢，徒恢張於外，無益而有損也。

鄭維駒曰：大其經營，非虛廓也。

次五：天門大開，恢堂之階，或生之差。

范望曰：五為天子，故稱天門，見在其位，故曰恢堂也。差，過差也。登階上堂，據有四方，非聖不立，故過差也〔之〕行，或可生也。

司馬光曰：王本恢堂作恢當，誤也。二宋、陸、王測無堂字，今從范本。五在廓家而當盛位，故曰天門大開。恢堂之階，言通達而尊高也。然當日之夜，小人不能享此盛福，德不能充其位，必有差失以致顛覆也。

葉子奇曰：差，等差不同也。天門大開，喻君位之崇也。恢堂之階，喻君業之隆也。位崇則德難稱，業隆則任難勝，惟聖人在天子之位則無慊也。五以陰暗之資，德不稱位，所以有等差之不同也。

陳本禮曰：土，夜。五居盛位而當日之夜，小人德不足以充其位，而乃欲大開天門以恢廓其堂階，無如所生之差也。五以土而水世，水不能生土，故曰生之差也。

鄭維駒曰：遯為六月辟卦，此依之取象。乾為天，為天故曰天門。艮為宮為庭，故曰堂階。大其天門，德宜配天，恢其堂階，德宜如地。而過差生焉，則不稱君位焉。

鈴木由次郎曰：七月十四日，夜，土。差，差失。德不當其位，反而大開天門，大其堂階。必有差失。

測曰：天門大開，德不能滿堂也。

范望曰：恢〔天〕堂至高，唯德能居也。

鄭維駒曰：言不稱其堂也。

次六：維豐維崇，百辟馮馮，伊德攸興。

范望曰：六為宗廟，故為〔維〕豐也。神靈高遠，故維崇也。辟，君也。馮，依也。伊猶是也。宗廟維敬，以禮奉神，故百辟卿士，莫不依歸，是德之所興也。

司馬光曰：王本茲作欲，今從諸家。馮，古憑字。馮馮，盛多貌。六為極大而當晝，君子恢廓其德以致太平，豐大崇高，萬邦率服，〔馮馮〕盛多而駿奔輻湊也。

葉子奇曰：馮馮，滿盛貌。六居福之極盛，故諸侯馮馮然其滿盛，豈無道以致之哉？蓋莫非由德以致其興隆也。

陳本禮曰：水，晝。六為極大而當晝，君子欲恢廓大業，必先以得人為主。馮，依也。賢臣依附而德日興，天下有不太平者耶？

鄭維駒曰：豐以德不豐以位，故伊德伊興。

鈴木由次郎曰：七月十五日，晝，星二度，水。百辟，諸多卿士。辟，君。馮馮，依附，附從。馮同憑。憑，依也。其德大而高，諸多卿士衷心附從之。德日盛而天下致太平。

文字校正：廓首次六：「經豐維崇，百辟馮馮」（嘉慶本、《備要》本），《道藏》本、范本「經豐」作「維豐」，按：當作「維豐」，測辭諸家皆作「維豐維崇」，可證也。

測曰：維豐維崇，茲太平也。

范望曰：此太平之道也。

次七：外大扢，其中失，君子至野，小人入宅。

范望曰：水克於火，火盛水消，故外扢扢也。君子之道，唯善是務，今在廓家，而失中道，故隱野也。君子不居，故小人進也。

司馬光曰：范、小宋本扢作扢，今從宋、陸、王本。宋、陸本入室作至室，王作在室，今從范本。陳曰：扢，音訖，摩也。王曰：扢者，斗櫟木也。吳曰：

杚與㮯同，柯愛切。《說文》：古沒切，平也。光謂：杚當作圪，魚乙切，高壯貌。七在廓家而居上體，故曰外大圪，言廓大而高壯也。然當日之夜，小人處大而驕，遠賢能，近不肖，亂自內興者也。故曰其中失，君子至野，小人入室也。一曰：杚，許訖切，喜也。

鄭氏曰：杚，若乙切，摩也，擊也。又公卒、古代、胡骨三切，訓釋並同，唯音訖乃叶韻。

葉子奇曰：扢，強壯貌。七居廓大將衰之際，徒知外則大其恢拓之強，不悟內有蹶其根本之失，是形雖強而元氣已弱，賢則遠而不肖是親也。《孟子》曰：入則無法家拂士，出則無敵國外患者，國恒亡，此之謂也。

陳本禮曰：火，夜。杚同圪。至野，當作在野。

鄭維駒曰：杚當作訖，至也。此亦依遯卦取義。豐六月大夫卦也。遯四陽在外，大之至矣。二陰方長，則其中失遯。乾為野，艮為宮，至野入室，外君子內小人之象也。

鈴木由次郎曰：杚，圪之誤，圪，高壯貌。外廓大高壯（喻小人在上驕狂），內則亂。賢人疏遠而在野，小人親近而在內。

測曰：外大扢，中無人也。

范望曰：無君子之人也。

次八：廓其外，虛其內，利鼓鉦。

范望曰：震為雷，故稱鼓。鼓之形象，內虛外廓，鉦以為節，故利也。

司馬光曰：八居外而當晝，君子廓外以昭德，虛內以納物，故能令名遠聞。譬如鼓鉦，亦外廓內虛而能有聲也。君子之德在外而恢廓者，惟令名也。

葉子奇曰：外既廓而內復虛，聲聞無所窒碍，可以其達，故利于皷鉦也。八居高廓，可以遠及。

陳本禮曰：木，晝。鉦，鐲也，所以節鼓。引范注，（略）。

鄭維駒曰：震為鼓，互兌為金，木類為恢聲，故曰鼓鉦。《說文》：鉦似鈴，柄中上下通，是鼓鉦皆以虛而有聞也。

鈴木由次郎曰：七月十六日，晝，星三度，木。鉦，銅鑼。大其外，以昭德，虛其心，以納人。故令名雖遠亦聞。恰如銅鑼與大鼓，其中空而能發出大聲。

測曰：廓外虛內，乃能有聞也。

范望曰：鼓以為節，聞遠之謂也。

上九：極廓于高庸，三歲無童。

范望曰：高而無民，極上則顛。三者終也，上處高庸，故終歲無童僕也。

司馬光曰：庸與墉同。王曰：虛廓之極，失位當夜，雖能恢廓其垣墉，而中無童役可使。高而無人，悔可知矣。光謂：九居上極而當夜，小人務自恢廓崇高，而不知止者也，故曰廓于高庸。不能降意接下，則下將叛之，故曰三歲無童。

葉子奇曰：庸墉同，牆也。童，僕也。九居廓之極，是至于高庸，然高無輔，故終至于無童也。

陳本禮曰：金，夜。

鄭維駒曰：遾象重巽，巽為高為墉，極其豐矣。然自豐越渙履遾三卦，而否用事，消其內卦之艮而無童矣。艮為童，為童僕。案：《易緯稽覽圖》有推得主歲之卦之術，故以三卦為三歲。

鈴木由次郎曰：七月十六日，夜，金。三歲同終歲。徒高大牆壁而傲慢，則終歲之時幼少僮僕亦心不服。

測曰：極廓高庸，終無所臣也。

范望曰：無僕故無臣也。

文

文：陰斂其質，陽散其文，文質班班，萬物粲然。

范望曰：二方三州一部二家。地玄，陰家，二火，下中，象渙卦。行屬於火，謂之文者，言是時陰氣斂其形質，陽氣發而散之，華實彪炳，奐有文章，故謂之文。文之初一，日入星宿四度。

章詧曰：陰猶戢斂，陽大章明，散布物儀，煥然可覩，《衝》曰：文多故，《錯》曰：粹文之道，或淳或班，悉其義也。

司馬光曰：陽家，火，準渙。揚子蓋以渙為煥，故名其首曰文。入文上九，日舍張。

陳仁子曰：文者陽內陰外，而聚然有章也。凡物專於一則文以隱，雜於二則文以彰。雲霞五色，錯落詭態，天之文生焉。山澤萬孤，低昂殊形，地之文生焉。皆自然而然也。至於陰陽二氣聚散之相盪也，昇降之相求也，絪縕之相

揉也,而文以生。《繫辭》曰:參五以變,錯綜其數,通其變遂成天下之文是也。《易》以風水不期而相遇為渙,天下之至文生焉。《玄》以陰陽之不約而相逢為文,而天下之至文寓焉。一之袟 ,二之文蔚,四之斐如,五之炳如,蓋粲然可觀於守(疑當作宇)宙間,豈有心於文哉?

葉子奇曰:班班,物相雜而適均之貌。文之初一,日入星宿四度。

陳本禮曰:陽家,二,火,下中,卦準渙。《傳》:文,華美也。是時陰將犯陽,猶懼亢陽之威,更收斂其質,以迎合陽意,陽性仁厚,不察其奸,信其樸實無華,猶極力敷文散彩,以冀其質有文也,而不知陰外若彬彬,內實欲空陽之府庫,而竭其天下之財也。

孫澍曰:準渙,陰陽亂縵,至人以經術師帝王。

鈴木由次郎曰:第四十七首,陽,二火,二方三州一部二家。文,華美。班班,明而顯著貌。陰氣(欲犯陽氣而懼其威),故收其本質而迎合陽氣。陽氣發散其文彩,於是文質共明。萬物粲然有文彩。

初一:袟襀何縵,玉貞。

范望曰:一為下人,隱於九品之中,下而懷文章,尚於素樸,人莫知之,自守如玉,故曰玉貞也。

章詧曰:一晝。袟,衣之領,襀,衣之紐縵,繒而無文者。一居文首,故曰領紐為義。文貴乎本,君子居是,修絜操行,不飾於外,若 袟之無文,如玉之隱璞而得其正,故測曰文在內也。

司馬光曰:袟,乞洽切。襀與繪〔繢〕同,音會。何,下可切。縵,莫旦切。袟,衿也。襀,晝也。何,被也。繒無文曰縵。一為思始而當晝,君子內文外質,如施晝於衿而被以縵服,純素含章,如玉之正,美之至也。《中庸》曰:衣錦尚絅,惡其文之著也。

林希逸曰:袟,乞洽切。襀與繪同,音會。何與荷同。縵,莫旦切。袟,衿也。以襀為衿,而乃被荷無文之縵,自晦之意也。衣錦尚絅是也。繒無文曰縵。

鄭氏曰:文袟,舊古合、何夾二切,又音劫,衣領也。襀,舊苦貴切,嘈也。按:襀衣紐縵,舊莫半切,繒無文也。衣,於既切,施諸身為衣。

葉子奇曰:襀,苦貴切。縵,莫干切。襀,文錦也。縵,外襲也。即《詩》衣錦尚絅之意,蓋惡其文之著也。玉,溫粹之物,言其美在中也。一在文初,能美其中而不驚乎外也。如此故粹然而得貞也。

陳本禮曰：水，畫。襀同繪。袷，衿也。襀，畫也。何，被也。縵，無文之繒。玉貞者，形容文之質素如白玉之貞也。

孫澍曰：袷，乞洽切，音恰，衣縫也，一曰衿也。

鄭維駒曰：何即如字讀亦可。《詩》：衣錦尚絅，絅，襌衣，襌在外則袷在中，縵，繒無文也。裕有　而何其無文尚絅故也。文而闇然，則貞矣。水類為玉，渙互震亦為玉。

鈴木由次郎曰：七月十七日，晝，星四度，鷹學習。水。袷，衿。襀同繪，畫。何，被。縵，無文采之繒。身穿繪有彩紋之美衿，上披無文采之白絹衣。（其本質含章），恰如玉之正。

測曰：袷襀何縵，文在內也。

范望曰：衣繡尚縵，故文在內也。

次二：文蔚質否。

范望曰：二為平人，不仕不隱，故文蔚也。文蔚守質，不樂進道，故否也。

司馬光曰：王曰：文之為體，當文質彬彬。二位當夜，既無其質，文雖蔚然，不足美也。睟，純美也。光謂：蔚，細縟貌。二為思中而當夜，小人文華雖美，而實不能副也。寧贏謂陽處父華而不實，怨之所聚也。

葉子奇曰：二以陰暗，雖其外之文蔚如，而其內之質實否，是蓋徒美于外而無實以繼之，此《中庸》所謂小人之道的然而日亡也。

陳本禮曰：火，夜。蔚，茂密貌。

鄭維駒曰：陰斂陽而成質，無陽則無質，而文亦虛文矣。

鈴木由次郎曰：七月十七日，夜，火。蔚，茂密貌。外則文華盛美，實則並無此質。

測曰：文蔚質否，不能俱睟也。

范望曰：文質不同，故不純睟也。

次三：大文彌樸，孚似不足。

范望曰：木故稱樸，樸而質素，故似不文也。言似者非不足，故稱大文也。

司馬光曰：王本彌作珍，樸作璞，今從諸家。孚，大信也。三為思終而當晝，君子大文似樸，大信似不足。

葉子奇曰：文之至者若無文，誠之至者若不足，皆言其厚有餘也。三以陽明之才，故能自厚如此。

陳本禮曰：木，晝。樸者，質素也。大文者，帝王詔誥聖賢經籍之文也。孚似不足者，《法言》曰：虞夏之書渾渾爾，商書灝灝爾，周書噩噩爾，書不盡言，言不盡意，故似不足也。

孫潚曰：《老子》曰：大智若愚，大巧若拙。

鄭維駒曰：樸，木素也。三為木，故稱樸。

鈴木由次郎曰：七月十八日，晝，星五度，木。外有極大之文采，而更愈質樸，初看似不足信。

測曰：大文彌樸，質有餘也。

范望曰：文如不足，故有餘質也。

葉子奇曰：此語用《老子》大辯若訥之意。

鄭維駒曰：常若不足，故有餘。

次四：斐如邠如，虎豹文如，匪天之享，否。

范望曰：家性為文，四，西方也，故稱虎豹。虎豹，獸類也。虎豹之獸，以其文貴。斐邠者，文盛貌也。雖其文盛，猶不及天文，以五行也。

司馬光曰：邠與彬同。否，音鄙。范曰：虎豹之獸，以其文貴。斐邠者，文盛貌。王曰：四失位當夜，蓋同虎豹以文害其躬，匪天所享，故曰否也。享之為言饗也。

葉子奇曰：斐邠，皆文盛貌。此則文有餘而實不足，故不為天之享而致否塞也。

陳本禮曰：金，夜。邠同彬。否音鄙。虎豹之革，雖以文見貴，然究屬凶殘之物，必不為天所饗，終以文害其躬也。

鄭維駒曰：金屬兌，革五六稱虎豹，上卦兌也。祭天用犢，貴其質也。文如虎豹而無質，故匪天之享。

鈴木由次郎曰：七月十八日，夜，金。斐如，有文采貌。邠如，同彬如，有文采貌。享，受。虎豹之皮有文彩而貴重，但實為兇暴之獸，非天所能受容。終以文而害其身。

測曰：斐邠之否，奚足譽也。

范望曰：不足以比天文也。

次五：炳如彪如，尚文昭如，車服庸如。

范望曰：五處天位，車服以庸，據位正炳如也。順其本性，彪炳有文，為國之光，故昭如也。

司馬光曰：王本尚文作質文，今從宋、陸、范本。王曰：五居中體正，得位當晝，為文明之主，煥然可觀也。光謂：尚文昭如，聖王貴上〔尚〕禮文，昭然明辨也。車服庸如，言以車服表顯賢者之功庸也。用文之大，莫過於此。《舜典》曰：敷納以言，明試以功，車服以庸。

葉子奇曰：炳彪，亦文貌。五在文明之中，故極其文明之盛而無過，宜其為用于天子者也。

陳本禮曰：土，晝。五居天位，炳如彪如者，國家之典制禮樂文章也。天子行而世為天下法，言而世為天下則，故尚文昭如也。車服庸如者，車如金根玉輅，服若山龍藻火，皆所謂文也。

鄭維駒曰：五為衣為輿，故稱車服。

鈴木由次郎曰：七月十九日，晝，星六度，土。炳如，明亮貌，此言文采之美。庸如，形容賢者之功。庸，功。次五為天位，故贊美天子之文。國家典禮制度燦明而有文采，天子以文明治人，以車服表彰賢者之功。

測曰：彪如在上，天文炳也。

范望曰：文章奐然，彪炳可法也。

陳本禮曰：天文謂如日月星辰之燦然麗乎天者也。

鄭維駒曰：坤為文，尊居君位，則以地配天，故坤文炳如天文。

次六：鴻文無范，恣于川。

范望曰：鴻，大也。范，法也。六為宗廟，宗廟之中，禮以輔成，在文之世，故曰文。文章奐然，故無法也。

司馬光曰：范曰：范，法也。光謂：鴻鴈之飛，偶有文字之象而無法也，遇川則自恣而已。六過中而當夜，小人之文，無法而妄為者也。

葉子奇曰：范、範同。范，法度也。六過中而大于文，初無法度，旁行而流，不循軌道，是恣于川也。

焦袁熹曰：鴻雁之文，無有規範，恣行於川也。《管子》云：鳥飛準繩，還山集谷，鴻飛恣川，則異於此也。鴻文若後人言雁字。

陳本禮曰：水，夜。范，法也。

鄭維駒曰：得坎之精水之用，天風相遭，照耀雲日，故稱鴻文恣於川，其如湖如海乎。案：《玄》中贊、測皆臧否其間，此獨不然者，以在文家，文如水，則文之盛故也。

鈴木由次郎曰：七月十九日，夜，水。范，法。鴻雁飛而成文字之形，好像很有法度，其實無法，一遇川河，則馬上亂其形。

測曰：鴻文無范，恣意往也。

范望曰：如川之流，從所投也。

陳本禮曰：六為水，故曰恣於川。水隨意往，故曰恣。

次七：雉之不祿，而雞藎穀。

范望曰：七為雉，雉有文章，而遠在野，雞而穀食，退而錄縵，違其家性也。

司馬光曰：宋、陸本而雞藎穀作而不雞藎穀，王本無而字，測不祿皆作不雞，今從范本。藎，徐刃切。王曰：七雉過滿而得位當晝，如翟雉有文采而懷耿潔之性，不受人之馴養，故云不祿。終不若雞之進食其穀也。藎，進也。光謂：七在外體而當晝，君子有文而耿介，避世而不仕者也。七為禍階，故賢人隱也。

林希逸曰：藎，進也。雉不得穀，而以穀養雞，言失所養也。

葉子奇曰：雉，文明之禽。雞雖有文，不及于雉，然雞惟馴可家養，雉性野不可家養，是以雉反不祿而雞藎穀也。此狷者為高，而不屑仕。和者，或通而可以仕歟。

陳本禮曰：火，晝。

鄭維駒曰：火屬離，離為雉，巽為雞，互震為百穀，《方言》：藎，餘也。雉有文采而不祿，家雞無文反有餘穀，與《楚辭》鳳凰在笯兮雞鶩翔舞同意。鴻文無範，賦於天也。雉之不祿，厄於時也。贊、測雖別而意實一串，此《玄》中變體也。其子雲自謂乎！

鈴木由次郎曰：七月二十日，晝，火，星七度。藎，進。雉有堅守節操之性，不受人之馴養。（此言避世賢者，難以招養。）而雞則自己進而食穀，不待人招。

測曰：雉之不祿，難幽養也。

范望曰：質勝文則野，故養難也。

陳本禮曰：天下固多蠹穀之騙錢，而欲求不祿之雉，見亦罕矣。

鄭維駒曰：傷其為文累也，難者深悼之詞也。

文字校正：文首次七測辭：「雉之不祿，難幽養也」，嘉慶本「不祿」作「不穀」，按：嘉慶本「不穀」，蓋涉贊辭「而雞蠹穀」而誤者也。當作「不祿」，贊辭：「雉之不祿」可證。各本測辭皆作「不祿」，次七：「雉之不祿，而雞蠹穀」，以雉、雞對言，性野者難以幽養，性順者易於馴養，此蓋以雉、雞喻人。王涯、司馬光以為雉喻賢人君子，其性耿介，不受人之馴養，故避世隱遁而不仕，雞喻無能小人，居然在位食祿，其說非是。文首次七，依《玄》例當為休辭，若依此說則為賢人不得其位，不得見用，是為咎辭也，故知其說非是。蓋測辭曰：「難幽養也」，亦為是雞非雉之意，與王氏諸說不合，亦證其非。此贊之意當謂性野而文者不如性順而樸者，雉，身有文采而性野者也，雞，身無文采而性順者也，野則難以幽養，順則易於馴養，此為文首，然不止重外表之文，亦重內中之質，以文質俱晬，文質相當者為善為優。次二：「文蔚質否，不能俱晬也」，次四：「斐如邠如，虎豹文如，斐邠之否，奚足譽也」，皆此意也。此贊之意謂雉文而性野，有文無質，是文質不能俱晬者，亦不足譽也，故不如性順之雞，寧其少文而有質也，是質猶重于文也。雉之文而不祿，猶虎豹文如而天不享之譽之也，范以質勝文則野說之，亦非。質勝文者，文不足也，與虎豹雉之有文而無質者非一事也。

次八：雕（原作彤，測同）鐵穀布，亡于時，文則亂。

范望曰：八，木也。穀，善也。木見彤刻，為鐵麗之事，雖見小善，傷於農，故布政亡也（此兩句《四庫》有異文）。苟尚文飾，以階於亂，故言亂也。

司馬光曰：王曰：八居將極而失位當夜，若務其彫鐵之文，無事費日，俾穀之與布俱亡於時，其文之弊乃為亂也。光謂：八為耗而當夜，故有是象。

葉子奇曰：彤，鏤，鐵，小，穀，善也。八居文之將極而尚彤鏤鐵小極弊之文，曾無實善可以施布于當時，而區區之文果何益哉？此文勝之弊，已極于亂矣。

陳本禮曰：木，夜。彤，刻鏤也。鐵，纖巧以求悅世之文也。穀布者，穀粟布帛之文也。漢文自司馬文園及枚乘、鄒子樂等，一時競尚新奇浮華靡麗，文體一變，遂使古人穀布質樸之風，全然泯沒，是乃自亂其體也。

鄭維駒曰：聖賢之言，如穀與布，日用飲食，為民之質，而天下之文無以加之。自用纖尚而其文亡，子雲之時如此，況六朝乎？子雲謂賦者極麗靡之詞，非法度所存，意蓋如此。

鈴木由次郎曰：七月二十日，夜，木。彫鐵，彫琢而纖麗。穀布，穀物與布帛，此喻質樸之文章。雕琢華麗之風行，質樸之風亡，於時文體發生混亂，尚文而無樸。

測曰：雕鐵之文，徒費日也。

范望曰：彫文刻鏤，傷農事也。

陳本禮曰：彫鐵之文，費日勞功，而不適於用也。

鄭維駒曰：費日，本招魂費白日些。

上九：極文密密，易以黼黻。

范望曰：九在文家而為之終，終極文飾，以妨於農事，故易以黼黻。黼黻，祭祀之服，而致美乎黼冕，此之謂也。

司馬光曰：王曰：九居文極而得位當晝，能易極文之弊者也。文工之極至於密密然，至鐵至微而能易之，使如黼黻之有制度也。光謂：九為盡弊而當晝，故有是象。白與黑謂之黼，黑與青謂之黻。黼黻雖文，校於彫鐵，則為質也。

葉子奇曰：黼黻，先王法度之章服也。九居文之極，是極其文密密然，無一之或遺，莫若易以先王法度之文為得其中也。

陳本禮曰：金，晝。

鄭維駒曰：金屬兌，兌為密。《月令》：季夏命婦官染采，黼黻文章必以法，故是文而法者。密密亂法，故當易以法。

鈴木由次郎曰：七月二十一日，晝，張一度，金。黼黻，古之禮服刺繡花紋，黼為斧形，半白半黑，黻為兩己相背形，黑與青色。此喻文章之有藻彩，但比彫鐵則為素樸。文采之極則變得纖細，善加變之則如黼黻（天子禮服），既素樸又有法度。

測曰：極文之（原文無之字）易，當以質也。

范望曰：祭服雖〔彫〕文，孝子質也。

陳本禮曰：收到質字，正是文章妙訣。

鄭維駒曰：文而法，則文而質矣。

文字校正：文首上九測辭：「極文易，當以質也」（范本），《集注》本「文」下有「之」字，按：《集注》本是，當作「極文之易」，贊辭：「極文密密，易以黼黻」，測辭：「極文之易」，即贊辭二句之省括，若無「之」字，則為不辭。且《集注》於此並無校語，可證范本原文當同《集注》本作「極文之易」，今作「極文易」者，當是後人抄寫脫誤。

禮

䷑ 禮：陰在下而陽在上，上下正體，物與有禮。

范望曰：二方三州一部三家。地玄，陽家，三木，下上，象履卦。行屬於木，謂之禮者，小暑節終於此首之次二，大暑氣起於此首之次三，斗指未，林鍾用事。陽在上將退，陰在下將進。進以諭賓，退以為主，主下以（《四庫》作於）賓，賓主之義，獻酬以禮，故謂之禮。禮之初一，日入張宿二度。

章詧曰：陽為君父，陰為臣子，君父居上，臣子處下，位得其正，禮之義也。《衝》曰：禮方也，《錯》謂禮也都，方，正也，悉其義矣。

司馬光曰：陰家，木，準履。入禮次四六分三秒，大暑氣應。小宋本陽在上作陽益高，今從諸家。

陳仁子曰：禮者陽內陰外，而粲然有別也。蓋禮者出於禮之自然，而不可以一毫增損，《記》曰：天高地下，萬物散殊，而禮制行焉，故陽為君，陰為臣，則君臣之禮寓。陽為夫，陰為婦，則夫婦之禮寓，陽為主，陰為賓，則主賓之禮寓，皆天秩天序而生，非人力可加者也。《易》以柔躡剛之後，跡有所隨，故曰履。《玄》以陰乘陽之後，跡有所接，亦曰禮。測曰穆肅、曰貴賤位、曰出禮不畏禮，亦天子哉。

葉子奇曰：禮之初一，日入張宿二度。小暑節終此首之次二，大暑氣起此首之次三。斗指未，林鍾用事。

陳本禮曰：陰家，三木，下上，日入張，斗指未，律中林鍾，大暑氣應，卦準履。孺子居攝元年三月，莽立孺子為帝，帥群臣北面而朝之，故有是譽。《傳》：陰既質有其文矣，於是遂假托周官，附會王制，置大尹州牧，分六卿六屬，總為萬國，上下相維，以為正體。而劉歆等更附和之，故物皆謂之有禮，其實非也。曷不觀初一之辭曰：履於跂，後其祖禰，則直躐尊而進，目無宗祖矣。又上九之辭曰：戴無首，焉用此九。則直目無君上矣。且下首之名曰逃，則是君無容身之地矣。猶得謂之物與有禮乎？

孫澍曰：準履，君子以修己正名，一耳目，措手足。

鄭維駒曰：《釋名》：禮，體也。故體正則有禮。六月辟卦為遯，陰在下，陽在上，亦以辟卦言。

鈴木由次郎曰：第四十八首，陰，三木，二方三州一部三家。陰氣在下，陽氣在上，上下正其體，萬物皆受之而有禮儀。

初一：履于跂，後其祖禰。

范望曰：一為下人，而在木行，在下稱足，陽道將退，故稱履足。履大木，故跂也。二為禰，三為祖，一最在後，故曰後其祖禰也。

司馬光曰：宋、陸本跂作跋，今從范、王本。王曰：居禮之初，失位當夜，是始而乖禮者也。履于跂，非敬之道也。光謂：跂，舉踵也。一居下體之下，履之至卑者也。乃欲舉踵強高，居下而僭上之象也。凡臣之事君，猶事父也，事大君猶事祖也。在下位而禮僭於上，是猶退祖父使居己後也，不亦悖乎？

葉子奇曰：跂，足蹻進也。一以陰躁，故其蹻等而進，反後其祖禰而先之，其為不弟甚矣。

陳本禮曰：水，夜。履著於足，所以便行也。跂，足後跟也。今履不著於足而著於跟，是以後為前，倒行而逆施矣。祖禰者，我身之所從出也。今乃欲後之，是宗祧亂矣。在禮世而後其所先，先其所後，如此足以見其無禮矣。

鄭維駒曰：乾為宗為父，一類為鬼，故曰祖禰。舉踵曰跂，祖父之成跡，履之可也，履之而舉其踵，則後其祖禰，欲越而過之矣。《荀子·非十二子》：以不俗為俗，離蹤而跂訾者也，注：跂訾謂跂足遠式而恣其志意也。

鈴木由次郎曰：七月二十一日，夜，水。跂，足。祖禰，先祖之廟，我身之所從出。舉踵而以足尖行走（此喻強欲求高，在下而僭上），退其先祖，置於己後。

文字校正：禮首初一：「履于跂，後其祖禰」，測辭：「履於跂，退其親也」，宋、陸本「跂」作「跋」，《集注》本從范、王本作「跂」，按：當作「跂」，跂、禰古屬支部，協韻，跋屬歌部，於韻不協，可證當作「跂」。又，禮首首辭：「上下正體，物與有禮」，言上下有別是為禮也，《玄數》：「九人：一為下人，九屬：一為玄孫」。皆為在下者也。在下而履於跂，跂謂舉足也，引申而有進登之義，《老子》：「跂者不立」，注：「跂，進也」，《方言》一：「跂，登也，梁益之間或曰跂」，是其例也，在下者而欲舉足進登，是不甘於在下而欲升上也。下人、玄孫，禮當據於下，今而欲升登於上，則必置其祖禰於後，所以退其親

也,是為非禮,禮之初一,其辭依例當咎,履於跂,退於親,語意皆咎,合乎
《玄》例,若作「跂」,則義有不符,例有不合矣。

測曰:履于跂,退其親也。

范望曰:不及其祖,故親退也。

陳本禮曰:此豈有禮者之所為。

鄭維駒曰:退其親者,己欲進也。

次二:目穆穆,足肅肅,乃貫以棘。

范望曰:二為目,二畏於水,故穆穆也。肅肅,敬也。家〔性為〕禮,揖
讓有度,故足肅肅也。棘,赤心也。敬由心出,故以棘諭也。

司馬光曰:王曰:棘,取其赤心也。光謂:穆穆肅肅,皆恭謹貌。二為思
中而當晝,外貌之恭,必貫之以誠,然後善也。

葉子奇曰:穆穆,深遠貌。肅肅,嚴敬貌。棘,木名,赤心。二在禮之中,
故外有以極其嚴敬之體,而內有以貫其中赤之心,蓋誠于中而形于外,自然之
符也。

陳本禮曰:火,晝。此祀於祖廟之祀也。穆穆如見其形,肅肅如聞其聲。
棘木其心赤,敬之至,出於中心之誠也。

鄭維駒曰:履互離為目,卦名履,故言足。火色赤,二思中,在木行,故
取象於赤心之棘也。

鈴木由次郎曰:七月二十二日,晝,張二度,火。穆穆肅肅,皆恭謹貌。
棘,木名,其芯赤,而有敬之義。在祭祀先祖時,目穆穆而恭,足肅肅而謹。
且其中心之誠敬一貫而不變。

測曰:穆穆肅肅,敬出心也。

范望曰:肅誠之意,貫於中誠也。

次三:畫象成形,孚無成。

范望曰:三為木,木為貌,家性為禮,禮合必以貌,故以形象言之也。孚,
信也。畫以成形,故信無成也。

司馬光曰:王曰:忠信,禮之本。既乖於本,何禮之有?光謂:三為思末
而當夜,飾外貌而無內實者也,故曰畫象成形,孚無成。女叔齊謂魯昭公:屑
屑焉習儀為亟,不可謂禮。

葉子奇曰：感人以實不以文。三以陰虛，故言徒畫成形，象虛而不實，是果何所孚通而有成乎。

陳本禮曰：木，夜。三在木世，似木而非真木也。猶祖宗畫象面目雖是，而神氣則非，焉能望子孫之精誠而上孚乎祖宗在天之靈乎？故無成也。

鈴木由次郎曰：七月二十二日，夜，木。為宗廟繪圖畫，外形雖美，但祭祀卻無誠敬之念。忠信為禮之本。

測曰：畫象成形，非其真也。

范望曰：畫以為形，故非其真也。

次四：孔鴈之儀，利用登于階。

范望曰：四為毛類，故稱孔鴈。孔鴈，孔（《四庫》、《大典》無此字）鳥之知禮者也。正取二鳥為論者，言其行則有儀，飛則有次，動不失法，故利登于階也。

司馬光曰：虞曰：鴈飛成行，孔雀亦成行也。光謂：孔雀有文章，鴈有行序，皆威儀之象。階論進而登位也。四為下祿而當畫，君子居位以臨其民，有威可畏，有儀可象，其下畏而愛之，則而象之，是以政教不肅而成，不嚴而治也〔是以其教不肅而成，其政不嚴而治也〕。

林希逸曰：孔，孔雀也。其羽毛有文。鴈飛有行列，喻人之有儀也。登階，可進而仕也。即鴻漸於陸，其羽可用為儀之意〔象〕。

葉子奇曰：鴈，有序之禽。四在福初，得陽之正，是以如有序之鴈，得其禮儀，豈不利于進乎？

陳本禮曰：金，畫。

鄭維駒曰：《山海經》：南方多孔鳥，互離為鳥，故稱孔雁。

鈴木由次郎曰：七月二十三日，畫，張三度，金。腐草化螢。大暑。孔雁，孔雀與雁。孔雀有文彩，雁飛有秩序。（若能與孔雀和雁一樣有威儀，）則能如登階梯一樣，進而上升高位。

文字校正：禮首次四：「孔雁之儀，用登於階」（《道藏》本），嘉慶本、范注本「用」上皆有「利」字，按：當作「利用登于階」，范注：「故利登於階也」，可證當有「利」字，《道藏》本脫「利」字，誤。

測曰：孔鴈之儀，可法則也。

范望曰：容止有度，故可法則也。

次五：懷其違，折其匕，過喪錫九矢。

范望曰：違，不正也，匕所以撓鼎。五為天位，行反克之，行令不王〔正〕，於禮不備，不列諸侯，九錫而已也。

司馬光曰：王本過喪錫九矢作過罍錫，今從諸家。范、小宋本貶其祿作貶天祿，王本作敗其祿，今從宋、陸本。

葉子奇曰：違，不正也。匕，挽鼎肉之匙也。五陰邪不君，內存不正，所以致折其所用之器。毋寧惟是，復過而喪其在先所賜之九矢，蓋傳國之器俱亡之矣。《孟子》所謂其失天下也以不仁，斯之謂歟！

陳本禮曰：土，夜。懷其違，暱私人也。折其匕，敗禮器也。喪九矢，失直臣也。五居天位，而受世克，陰邪不正，所以有折匕喪矢之失也。

孫澍曰：違猶背也，有二心也，違而去之也。匕，玉篇：匙也，易曰：不喪匕罍。夨，古矢字。有功元臣，天子賜之以弓矢鈇鉞，今有過失，奪其采地，故曰折匕。《孟子》曰：一不朝則貶爵，再不朝則削地。

鄭維駒曰：禮莫重於祭，匕所以載鼎肉而升於俎。五，主器者也，乃內有違心，無禮而折其匕，是不能主器，過喪必及之矣，總為毀折。九天者，玄有九天也。

鈴木由次郎曰：七月二十三日，夜，土。匕，匙。九矢形容直臣多。心懷不正，折其匕而壞禮器，有過錯而喪失先王所賜之九矢。喻失去直臣。

測曰：懷違折匕，貶天祿也。

范望曰：貶損天祿，列於諸侯也。

陳本禮曰：九矢，先王所賜，故曰貶天祿也。

文字校正：禮首次五測辭：「懷違折匕，貶天祿也」（范注本），《集注》本「天祿」作「其祿」，按：當作「天祿」，《玄數》：「五為中祿，六為上祿」，范注：「謂天子也，五為土，土為宮，宮為君，居中食祿，莫過於天子也，六為陽位而尊者，莫過宗廟，故上祿為宗廟，天子所不敢先也」。其說是。五為天子，六為宗廟，故《太玄》各首次五次六之贊多有言天、言王、言主之辭，如中首次五：「日正於天」，礥首次五：「宜於大人」，上首次五：「階天不怸」，干首次六：「干干於天」，事首次五：「王假之食」，毅首次六：「利安大主」，密首次五：「嬪於天」，測辭：「並天功也」，彊首次六：「于天無疆也」，盛首次六：「天賜之光」，應首次五：「龍翰於天」，次六：「熾承於天」，廓首次五：「天門大開」，文首次五測辭：「天文炳也」，禮首次六：「帝用登於天」（次五即此「貶

天祿也」），唐首次六：「代天班祿」，常首次五：「天地之常」，測辭：「君臣常
也」，度首次六：「于天示象垂其范」，永首次五：「天永厥福」，翕首次六：「翕
於天」，飾首次五：「實以天牝」，沈首次六：「明利以正于王」，去首次六：「天
遺厥名」，割首次五：「割其股肱」，測辭：「割其股肱，亡大臣也」（亦對「君」
而言，故曰股肱、大臣），成首次五：「中成獨督天」，勤首次六：「勤有成功，
幾於天」，測辭：「天所來輔也」，養首次五：「上得天也」，皆其例也。禮首次
五言「天祿」，猶謂天子之祿，亦屬此類。且禮首次六言「帝用登於天」，正承
次五而言，可以互證。又，次五贊辭：「錫九矢」，此亦天子所用之禮，皆可證
而無疑也。

次六：魚鱗差之，乃矢施之，帝用登于天。

范望曰：矢，陳也。六為宗廟，宗廟之事，動有禮儀，差次如鱗也。不相
陵越，陳施以度，不違於道，故帝用登于天，施祿及下也。

司馬光曰：范、小宋本大作矢，今從宋、陸、王本。六為極大而當晝，君
子制禮，使貴賤有序，差若魚鱗，執此道而大施之於天下，天下莫不治也。帝
者用此，則可以格于皇天矣。

林希逸曰：差，次也。魚鱗有次序，制禮制法，秩然有次而施之於國，可
以格天矣，故曰帝用登於天。

葉子奇曰：魚鱗言其比次有序。矢言其施為簡直。六以陽明，得禮之正，
故其比次有序如魚鱗之差，其施為之簡，如矢之直。有次序而且簡直，此帝王
所以登進于天之道也。

陳本禮曰：水，晝。此禮之用於宗廟者也。魚鱗差之者，見駿奔走者之次
序不紊也。乃矢施之者，牲牢俎豆之陳設如矢之直一也。登，享也。此下引范
曰，略。

鄭維駒曰：六為水，互巽為魚，六有安上治民之責，本天秩以為禮，故用
登於天。

鈴木由次郎曰：七月二十四日，晝，張四度，水。矢，陳。魚鱗比次而列，
與此相似，制禮而使貴賤秩序不亂，以此施於天下而治民，則帝能登天而祭。

文字校正：禮首次六：「魚鱗差之，乃大施之，帝用登於天」，測辭：「魚
鱗差之，貴賤位也」，范本「大施」作「矢施」，《集注》本從宋、陸本作「大」，
嘉慶本「貴」作「責」，他本皆作「貴」，按：當作「矢」、「貴」，范注：「矢，
陳也，施亦陳也」，《國語・晉語》：「為大戮施」，韋注：「施，陳也」，又曰：

「秦人殺冀芮而施之」，注：「陳屍曰施」，是其例也。矢、施二字義通，故「矢」亦可訓「施」。《詩·江漢》：「矢其文德」，毛《傳》：「矢，施也」，矢、施義近，故上言「魚鱗差之」，此言「乃矢施之」，皆謂矢陳排比之義，文意相貫通，測辭：「魚鱗差之，貴賤位也」，亦為高低貴賤上下排列有序之義，皆與「矢」「施」之義通，是其證也。「貴」、「責」形近故易訛也。「貴」「賤」對言，「責賤」則為不辭，《集注》：「君子制禮使貴賤有序」，亦謂「貴賤」，可證嘉慶本之誤也。

測曰：魚鱗差之，貴賤位也。

范望曰：差次若鱗，故貴賤各得其位也。

次七：出禮不畏入畏。

范望曰：七為失志，志失行張，多不以法，家性為禮，違出其表，未有所畏，故曰不畏。出禮入刑，刑以正邪，故曰入畏也。

司馬光曰：七為禍始而當夜，小人踰越禮法而不顧者也。由其不畏，所以入畏，謂陷刑戮也。《書》曰：弗畏入畏。

葉子奇曰：七為失志，故出于禮。然出禮則入于刑，故不畏而入于畏也。蓋禮之所去，刑之所取也。

陳本禮曰：火，夜。七為火而在木世，木盛火烈，遂越禮犯分，而不畏也。不知木盡火滅，故依然入於畏也。

鄭維駒曰：七為火，於性為禮，出禮則出於性之外，是大可畏者也。可畏不畏，則畏及之矣。

鈴木由次郎曰：七月二十四日，夜，火。若禮紊亂而犯分，且無所畏，則可畏之刑戮就會加於身。

測曰：出禮不畏，人所棄也。

范望曰：人之所棄，刑之所取也。

鄭維駒曰：出禮則自棄，故人棄之也。

次八：冠戚胆，履全履。

范望曰：八為冠，一為履，上下言之，上下尊卑，各有其儀。戚胆以諭敗也，冠雖敗，宜加之首，履雖全，宜踐之足。八為疾瘀之主，有君之尊，故在上也。

司馬光曰：二宋、陸、王本全作金，今從范本。宋、陸本測曰冠戚履賤，不可不正也，范本冠戚朏，明不可上也，王本冠戚朏，不可不上也，今從小宋本。范曰：戚朏以諭敗也，冠雖敗宜加之首，履雖全宜踐之足。光謂：八在上體而為禍中，冠敗之象也。當日之晝，故下不能陵也，故曰不可不上也。

鄭氏曰：戚，子陸切，與蹙同。

葉子奇曰：朏，女九切。戚朏，冠敗貌。冠履喻上下之體，八居剝落之時，言冠雖弊終不可以苴履，履雖全則亦惟可履而已。下固不可居上也。

陳本禮曰：木，晝。金舊作全。戚朏，喪冠也。喪冠則宜菅。履，金履錦履也。冠戚朏而履金履，履雖賤然非有喪者之服也。八為敗木，故其不明於禮也如此。

鄭維駒曰：《詩》：葛屨五兩，冠緌雙止，正與此反。賈生云：冠雖蔽，不以苴履，與此意同。

鈴木由次郎曰：七月二十五日，晝，張五度，木。戚朏，破敗，破碎。朏通蚏，敗。冠雖破敗也必須戴在頭，履雖完整也必須穿在腳。

文字校正：禮首次八：「冠戚朏，履全履」，測辭：「冠戚履賤，不可不上也」，此贊諸本文字異同頗多，此為《集注》本，范本贊辭與《集注》本同，測辭：「冠戚朏，明不可上也」，二宋、陸、王本「全履」作「金履」，宋、陸本測辭作「冠戚履賤，不可不正也」，按：此贊辭測辭當作「冠戚朏，履金履」，測辭：「冠貴履賤，不可不上也」，范注：「戚朏以喻敗也，冠雖敗，宜加之首」，「金履」與「戚朏」對言，謂履雖美而宜踐之於足，「履金履」，猶逃首次二「足金舄」也，若作「全履」，則與「戚朏之冠」不對。次六測辭：「貴賤位也」，以貴賤對言，此言「履賤」，然則當言「冠貴」以相應也，次八之辭與初一、次六、上九文意皆有呼應，初一言「履於跂」，次八言「履金履」，一為最下，故言「履」以喻足也，次八言「履」，承一而言也，上九：「戴載首」，次八言「冠戚朏」，上九最上，故言「戴」以喻「首」也，次八言「冠」，與上九之「戴」、「首」相應也。次六言「貴賤位也」，次八言「冠」言「履」，亦上下貴賤之意，正承次六而言，八之承六，猶八之承一應九也。然則次八既言「履賤」，亦當言「冠貴」也，「戚朏」一語當為連綿之詞，范注統而言之可證，然則此語不可分釋亦可知也。既然，若作「冠戚」則為不辭矣。測辭：「不可不上也」，蓋謂冠雖敝敗，不可不在上首也，猶言履雖金美，而不可不在下足也，至此可知當作「金履」、「冠貴」、「不上」也。

測曰：戚肚，明不可上也（司馬作冠戚履賤，不可不上也）。

范望曰：雖微而尊，不可陵也。

次九：戴無首，焉用此九。

范望曰：九最在上，故曰無首。為極當顛，下求於四，四為人臣，不能尊五，進退不立，故曰焉用此九也。

章詧曰：九居夜，在九體之中為首，在禮之首居贊之終，而小人居之，故曰無首。首既非人，則何用此九也。不見所用，故測曰焉所往也。

司馬光曰：焉，於虔切。九，陽之盛也。禮主卑讓，故雖天子必有尊也。九為六極而當夜，上無所戴，高而必危，譬如戴冠而無首，焉用此盛極之位哉。

葉子奇曰：九居至極，更無以加，是尊戴而無復有上也。九為數之窮，人無能逃焉，故反而恨之，曰焉用此窮數為也。

陳本禮曰：金，夜。九為數之窮，禍之極，以木末而遇金傷，是無首也。戴無首，喻平帝被弒也。焉用此九者，《易》曰：用九，見群龍無首，吉。今戴九無首，又何吉之有耶？

鄭維駒曰：乾為首，九為顙，純乾用九在於無首，此非純乾而時陰，則與比之無首同矣。又何以用此九乎？

鈴木由次郎曰：七月二十五日，夜，金。九為數之窮，當禍之極。上九處最高位而危，如同戴冠而無首。上九盛極不成用。

測曰：無首之戴，焉所往也。

范望曰：在上恐顛，就四失臣，故無所往也。

陳本禮曰：舊君遇弒，子嬰未立，此為臣子者正仰天慟哭之時，故無所往也。

逃

䷠ 逃：陰氣章彊，陽氣潛退，萬物將亡。

范望曰：二方三州二部一家。地玄，陰家，四金，中中〔下〕，象遯卦。行屬於金，謂之逃者，言是時陽氣當退而未訖，陰氣當上而未騰，猶與陽為難，故章彊。彊梁，傷敗之貌也。陰陽之氣，更相避逃，故謂之逃。逃之初一，日入張宿六度。

司馬光曰：陽家，金，準遯。宋曰：謂萬物與陽盛衰者也。次於七分消卦為遯，微陰在內，欲出地矣。王曰：章，明，彊，大。

陳仁子曰：逃首陰生而陽若退也，夫舜之竊父而逃，其逃也以跡，《莊之》（當為子）不可以形逃，其逃也以形。《玄》象《易》之遯而曰逃，非畏而退也，蓋極而似退也，一氣在天地間，陽向上而漸消，陰生下而益長，故有不逃之逃而非真逃者。《易》於二陽之生為遯，《玄》於二陰之生為逃，一以逃水言，二（當作三）以逃利言，五以逃凶言，九以逃絣絣言，氣之消息然也，逃云乎哉，逃云乎哉。

葉子奇曰：陽家。餘同范。章，盛明也。逃之初一，日入張宿六度。

陳本禮曰：陽家，四，金，中中，卦準遯。不曰逃而曰潛退者，天王狩於河陽之義也。《傳》：此時陰氣壯盛，明章其彊，勢欲凌君犯上，陽至是而始悔，前此被陰之惑，受陰之愚，以致國帑空虛，不能禦敵，故懼而潛退。亡，逃亡也。君既退避，則百姓皆聞風走矣，故曰逃。

孫澍曰：準遯，君子以固志自肥。

鈴木由次郎曰：第四十九首，陽，四金，二方三州二部一家。陰氣明而強，陽氣潛而退。萬物將欲逃亡。

文字校正：逃首首辭：「陽氣章彊，陽氣潛退」（《道藏》本），既言「章彊」，又言「潛退」，知非皆為陽氣也，范本、嘉慶本作「陰氣章彊」，是，《道藏》本作「陽」，形訛也。

初一：逃水之夷，滅其創迹。

范望曰：夷，平也。一為水，水之平施小危，則動物逃於水，水合於物，不可迹求，故曰滅其迹也。

司馬光曰：一為思始而當畫，君子避禍於未萌，逃惡於未形，用之於思慮之初，人不見其跡，則患難何由及焉。譬如避逃於水中，水從而平夷其創跡，皆令人不能見其際也。

鄭氏曰：創，初良切，傷也。

葉子奇曰：一在逃初，逃之最先者也。逃之最先，早見預待，泯然無跡可尋，如逃于水，水隨平合，滅沒其創跡之處也。

陳本禮曰：水，畫。夷，平，創，傷也。君子避禍於未萌，逃惡於未形，滅其創跡者，如避逃於水，水合則平，不可以跡求也。

鄭維駒曰：夷，傷也，《參同契》曰：姤始紀序，履霜最先，井底寒泉，

曰姤而遯。陰長至二爻，寒泉益甚，是水之夷也。初陽在水中，不受其責，故云逃水之夷。入之而化，何創之有。

鈴木由次郎曰：七月二十六日，晝，張六度。水。夷，平。創，傷。君子避禍於未萌，逃惡於未形。逃於平夷之水中，使其形跡不現出。

測曰：逃水之夷，迹不創也。

范望曰：水之滅跡，無創痕也。

陳本禮曰：此時君民皆逃，惟欲早滅其跡，使敵人莫知其所之，故物莫能傷也。

次二：心惕惕，足金舄，不志溝壑。

范望曰：二為心，亦為平人，而家性為逃，居金之行，反克其本，故其執心常惕懼。足金於舄，無隱逸之志，故不志溝壑也。

司馬光曰：范本惕作惕，王本作愿，云古惕字，今從二宋、陸本。宋、陸金作含，王本作望，今從范、小宋本。愿亦古惕字。宋曰：將，行也。不能以義斷心而行也。光謂：金者堅固之象也。二為思中而當夜，小人雖睹禍之將至，惕惕而懼，不能以義自斷，懷其寵祿，滯留不去，不知溝壑在於足下，俄則顛躓也。孔子曰：見義不為無勇也。故曰義不將也。

鄭氏曰：愿，舊音惕，按此古惕字，今作惕者，猶慼与慚也。金舄，先儒云：諸侯赤芾金舄，又云金舄，黃朱色也。

葉子奇曰：二在逃世，以其陰邪，而不知逃，故心惕惕然而履其金舄，專寵固位，惟患其失，不思隱退也，故曰不志溝壑。金舄，貴者之服也。

陳本禮曰：火，夜。心惕惕，寫出欲逃不得本懷。不志溝壑，謂不肯自經於溝壑，比於匹夫匹婦之為諒也。此子雲自寫照，言去既不得，死又不能，其所以然者，總為膝下童烏所累。金舄，指其子，言非為戀祿也。

鄭維駒曰：二思中故以心言，見陰而懼，故惕惕。乾為金，互巽伏震為足，震得乾之金，在足為金舄，自陰用事，巽見震伏，早亡其金舄矣。乃二貪戀爵祿，心雖懼而足猶金舄，視履霜不戒者又有甚焉。不志溝壑，將亡而不知也。

吳汝綸曰：范注：足金於舄，金疑含字之誤。宋、陸本足含金當是足含舄，范本經文恐亦當為足含舄也。

鈴木由次郎曰：七月二十六日，夜，火。舄，履，木制的二層履。金舄，堅固之象。志與知同意。小人見禍欲來而心懼，但思其寵祿，步履重遲，不願離開。不能以義決斷而出行。

文字校正：逃首次二：「心惕惕，足金舄，不志溝壑」（范本），《釋文》出惗字，曰：「音惕」，當是「惗」字之訛，嘉慶本「惕惕」作「惗惗」，王涯本作「愬愬」，云：「古『惕』字」，按：《集韻》：「惕，《說文》『敬也，或從狄』，亦作『愬』、『惗』」，然則「愬」、「愬」、「惗」，皆「惕」之異體。吳汝綸曰：「『金』疑『含』字之誤，宋、陸本『足含金』當是『足含舄』，《詩·車攻》：『赤芾金舄』，《小爾雅·廣服》：『達履謂之金舄，舄而金鉤也』，逃之『金舄』同此，『足金舄』猶禮首次八『履金履』也。」盧校：「『不志』當作『忘』」，又曰：「處金行之下，故云『足金舄』，注以『金舄』為隱逸之志，案：既『心惕惕』矣，以平人而潛履金舄，不與『惕惕』大相反乎？若作『不忘』，則文義相貫矣」。按：盧說非，范注：「無隱逸志，故不志溝壑也」，蓋范氏無隱逸之志之意，由不志溝壑來，與「足金舄」無涉。《集注》：「小人雖睹禍之將至，惕惕而懼，不能以義自斷，懷其寵祿，滯留不去」，是其意也。「足金舄」謂懷祿也，「不志溝壑」謂滯留不去，無隱逸之志也，故不可據「足金舄」而疑「不志溝壑」也。又，逃首次二為陽首陰贊，辭例當咎，「不志溝壑」喻不欲離去，無隱逸之志（測辭：「義不將也」，將，行也，文義相貫可證），正與逃首潛退逃亡之旨相反，是為咎辭，若作「不忘」，則義相反，而為休辭，不合《玄》例，亦證當作「不志溝壑」也。

測曰：心惕惕，義不將也。

范望曰：平人不隱不仕，故無義不行也。

陳本禮曰：宋曰將，行也。至而行也。

鄭維駒曰：將即詩鮮我方將之將，壯也。

次三：兢其股，鞭其馬，寇諲（望之異體字）其戶，逃利。

范望曰：三，震也。震為馬。兢，動也。諲，責也。四為三寇，家性為逃，見寇在前，故馬鞭〔鞭馬〕而去之也。雖諲其戶，見而不入，逃家之利，故言逃利也。

司馬光曰：范本望作諲，今從諸家。陳曰：諲，古望字。宋曰：近有見，謂寇已近也。光謂：三為思終而當晝，逃得其宜者也。兢其股，懼也。鞭其馬，欲速去也。寇望其戶，患將至也。當是〔之〕時，利於逃也。

葉子奇曰：諲音望。二在逃世，雖不如初之見幾而作，然亦見時將亂，能兢動其股，鞭策其馬，縱然雖寇已近，無能追之，宜逃之利也。

焦袁熹曰：競其股，鞭其馬，凡乘騎欲疾，前者必兩股強力而鞭馬也。

陳本禮曰：木，晝。諲同望。競，強也。凡乘騎欲疾前，必兩股強力夾擊其鞍，而急鞭其馬也。望其戶，寇將至也。戶近禍速，逃之為利。

鄭維駒曰：逃互異，又象重異，故贊中多取異象。異為股，乾為馬。諲，《說文》云：責望也，三競其異股而鞭其乾馬，以二陰方為寇而責望其戶也。逃而去之故利矣，鞭，艮手象，三為戶。

鈴木由次郎曰：七月二十七日，晝，張七度，木。競，強。兩股用力夾鞍，鞭馬使快跑。賊正欲至，宜于速逃。

文字校正：逃首次三：「競其股，鞭其馬，寇諲其戶，逃利」（范本），《集注》本「諲」作「望」，陳漸曰：「諲，古『望』字」，按：當作「朢」，《說文》：「朢，月滿與日相朢以朝君也，從月，從臣，從壬，壬，朝廷也」。《說文》又有「望」字，曰：「出亡在外，望其還也，從亡，朢，省聲」。此二字聲近，大義可通，細分之則有別，「朢」謂觀朢，「望」謂盼望，後人不加區分，以二字為一字，通作「望」，而以「朢」為古體，反而不用，楊雄喜用古字，此當用「朢」。

測曰：競股鞭馬，近有見也。

范望曰：觀諲其戶，故有見也。

葉子奇曰：近有見，徵色發聲而後喻者歟。

陳本禮曰：三在逃世，見幾之早雖不及初，然寇至思避，愈於縋之加頸也。近有見三字，危甚。

次四：喬木維摐，飛鳥過之，或止（原無止字）降。

范望曰：上撩稱摐，上撩之木，鳥所不集，故過之而去。君自尊高，眾士亦望之而去也。

司馬光曰：宋、陸、王本摐作樅，今從范本。或止降，宋、陸本作止之，范本作或降，今從王本。范曰：上撩稱摐，上撩之木，鳥所不集，故過之而去。光謂：摐，長密之貌。四為下祿而當夜，小人逃逃之志不堅，遇美祿則止而不去，故未免於患也。

葉子奇曰：摐音衝，摐，上挺茂盛貌。逃以遠逝為得。四以陰暗，不能高舉遠逝，如飛鳥見喬木之盛茂，輒降而不去，蓋其志有所係吝，不復知潔身之高，能無及乎。夫物欲深則天機淺，此之謂也。

陳本禮曰：金，夜。

鄭維駒曰：上撩之木鳥所不集，取《詩》不可休息之義。《漢廣》詩毛傳云：喬，上竦也，樅義或如竦，俟考。巽為木為高，故云喬木，為鸛，故有飛鳥象。

鈴木由次郎曰：七月二十七日，夜，金。樅，聳峙貌。喬木高聳，飛鳥欲止其上，但此處有捕鳥之網正待其降。利欲引誘其心，而不能高潔。

文字校正：逃首次四：「喬木維樅，飛鳥過之，或止降」（《集注》本），范本「樅」作「摐」，「或止降」作「或降」。按：當作「摐」、「或止降」。《集注》：「宋、陸、王本『樅』作『摐』，今從范本」。是《集注》本原同范本，皆作「摐」也，今從木者形訛也。《道藏》本猶作「摐」，可證也。嘉慶本、《備要》本正文及注皆訛為「樅」。范注：「上撩稱摐」。按：「摐」當讀為「聳」，謂高也。摐、聳皆從從聲，聲近可通。《華嚴經音義》一引《切韻》：「聳，高也」。聳之訓高，亦為假借。《說文》：「生而聾曰聳，從耳，從省聲」。《方言》六：「聳，聾也，生而聾，陳楚江淮之間謂之聳，荊揚之間及山之東西雙聾者謂之聳」，是聳之本義為聾。《禮記‧學記》：「待其從容」，注：「從或為松」，從、松通，故「聳」可通「崧」，《桐柏碑》：「宮廟嵩峻」，《三公山碑》：「厥體嵩厚」，《唐扶頌》：「嵩如石傾」，「聳」皆作「嵩」，「嵩」為「崧」之異體，是「聳」「崧」（嵩）可通之證。《爾雅‧釋詁》：「嵩，高也」。《釋山》《釋文》：「崧即嵩也」，俱是高大之貌。知「聳」之訓高，蓋假為「崧高」也。喬木亦高木之意，正與聳高之義相應，測辭范注：「故從高也」，皆可證也。「或止降」者，測辭：「喬木之鳥，欲止則降也」。可證贊辭當作「止降」。

測曰：喬木之鳥，欲止則降。

范望曰：非思所好，故從意〔高〕也。

陳本禮曰：喬木維樅，林固美矣，而不知虞人之網專以俟其止而降也。

鄭維駒曰：艮為止。

次五：見鷺躑于林，獺入于淵，征。

范望曰：此二物者，時之候也。五為天位，征行有時，是以鳥隼擊而蔚羅張，獺祭魚而後漁，豺祭獸而後田，各須其候，君乃征行。蒐狩以時，不刳胎卵也。

司馬光曰：范本鷺作鷪，王本作鷺，今從二宋、陸本。王本征作利征，今

從宋、陸、范本。鷻，古隼字，一本作鷹。踤，慈卹切。宋曰：鷻害鳥，獺害魚。吳曰：踤，蹜也。光謂：五為中祿而當晝，君子雖居顯位，食厚祿，見小人用事於朝，知其必為禍亂，則行而去之矣。

鄭氏曰：隼，舊說一作鷹，又作鷻，夷小切，《詩》云：有鷻雉鳴，雌雉鳴曰鷻，此非踤于林者，蓋鷹字之誤也。

葉子奇曰：鷻一作隼，踤一作萃，今俱從之。鳥隼擊而罻羅張，獺祭魚而後漁，此皆肅殺慘夷之候，以喻時將亂也。今隼萃林，獺入淵，當此之時，惟行而隱去則吉耳。此張翰思蓴之秋也歟。

陳本禮曰：土，晝。鷻踤林，獺入淵，凶危急矣。禽魚畏難，惟深居疾走之為愈也。

鄭維駒曰：《詩》：有鶹萃止，踤萃音義同。陽生陰殺，故見害物者，至則征也。巽為魚，故稱獺。

鈴木由次郎曰：七月二十八日，晝，張八度，土潤溽暑。土。鷻，隼之古字，害鳥。踤，集。獺，水獺，害獸。隼集于林，獺入于淵，此喻小人在朝廷用事當道，若見此則知必有禍亂，而去之。

測曰：見鷻及獺，深居逃凶也。

范望曰：時候未至，君處重門之中，故逃凶也。

次六：多田不婁，費我膎功。

范望曰：六為宗廟，征行須時，以奉神靈。孰〔熟〕食為膎，征田多獲，歸之於宗廟，賞不失勞，故曰膎功也。

司馬光曰：宋、陸本費作會，今從范、王本。膎，戶佳切。范曰：熟食曰膎。王曰：六居過滿，失位當夜，不得處逃之宜。若田於多田而不婁理之，徒費食與功而無益也。光謂：六為上祿，為盛多，為極大而當夜，小人德薄位尊，力小任重，雖有盛大之資業，不能修治，賢者皆棄之而逃，徒費食力，安得成功也。

鄭氏曰：婁，郎侯切，讀作腰，漢以立秋日祭獸，田以出獵，還祭宗廟，名曰貙腰，注言征田多獲，歸之宗廟者，此也。舊力在切，則讀作屢，失其義矣。

林希逸曰：婁音樓。膎，戶佳反。田雖多而不樓理之，徒費膎食之功也。熟食曰膎。

葉子奇曰：婁，力住切。腜，戶皆切。婁，獲也。腜，乾脯熟食也。六以陰暗不能有成，猶多田而不獲，徒費齎糧之功也。

陳本禮曰：水，夜。蹊，舊訛腜。田，獵也。婁，獲也。蹊，田間徑道也。不婁見，鳥獸知幾早逃，故人不能獲。費我蹊功者，凡射欲疾得禽，不惜縱馬以蹊人之田，田被蹊而不得耕，故費我修蹊之功也。

鄭維駒曰：六在五土上，故言田。處遯之時，當從廉儉。六為上祿，雖遯而多其田，田多則不能屢治，徒費食力而已。

鈴木由次郎曰：七月二十八日，夜，水。田，田獵。婁，獲。腜功，食物與勞力。腜，煮好的食物。屢屢田獵而無所獲，費我食物與勞力。此喻小人德薄而位尊，力少而任重，徒費食與力，而不能建功。

測曰：多田不婁，費力亡（原作忘）功也。

范望曰：田不獲牲，故費功也。

陳本禮曰：亡，荒也。荒誤農功也。

孫詒讓曰：范注云：六為宗廟，征行須時，以奉神靈，熟食為腜，征田多獲，歸之於宗廟，賞不失勞，故曰腜功也。王涯云：若田於多田而不婁理之，徒費食與功而無益也（《集注》）。案：范蓋讀婁為腰膂之膂，然於文義殊不順。今考多田義當從王，而訓婁為婁理則不塙，疑婁當為耬之假字，《玉篇》耒部云：耬，犂也，言多田而不犂耕，則徒費播種之力，故云費力忘功也。

次七：見于纍，後乃克飛。

范望曰：累〔纍〕，索也。克，能也。火性熛揚，故以飛言之。七為系繳，故為索也。見索在前，飛能避之，故曰克飛也。

司馬光曰：幾，音畿。宋曰：幾，近也。已見纍索，僅然得免，此用明近也。王曰：逃難之時，而七居禍始，逃而後時者也，故見于纍。然得位當晝，能保終吉，故後乃克飛，免其患也。君子雖見糜綴，然亂邦不居，終當自引遠去，故曰後乃克飛也。

葉子奇曰：纍，索也。七在禍初，不能知幾早退，及事勢窘蹙，已見于縶縛，幸逢晝陽之明，雖見困辱，後尚能去也，此醴酒不設白生，不如穆生見幾而作，終不免雅春之辱也歟。

陳本禮曰：火，晝。纍，索也。知幾不早，及被困於縶繫，乃始奮翩潛逃，固是倖而免耳。

鄭維駒曰：《易》遯卦上九肥遯，《淮南子九·師道訓》作蜚遯，云遯而能蜚，吉孰大焉。張平子《思玄賦》亦稱飛遯，蓋見幾而作，象鳥斯舉，故此亦屢言飛也。纍與下矰繳，皆異繩象。

吳汝綸曰：幾，豈也。

鈴木由次郎曰：七月二十九日，晝，火，張九度。纍，索。見鳥已被繩繫，始奮羽而高飛遠去。喻能先見禍發之兆。危邦不居。

測曰：見于纍，幾不足高也。

范望曰：當見拘纍，故不足高也。

鄭維駒曰：巽為高。

次八：頸加于矰，維紲其繩。

范望曰：八為疾瘵，故有加頸繩矰之旨，入〔八〕為禍中。紲，繳也。繳加於頸，非可卒除，故言維也。謂當思惟而逃也。

司馬光曰：王曰：紲與翼同。八失位當夜，不能避患，故首加于矰。雖鼓翼于繩網之中，終無克飛之理。光謂：矰，弋射之矢也。八為禍中而當夜，不能遯逃遠禍，矰已加於頸矣，雖復奮翼掣曳其繩，安得去哉，徒自勞也。

鄭氏曰：矰，咨騰切。繳射飛鳥曰雊，矢曰矰。維，依注當作思惟之惟。紲，舊音翠，按：《集韻》翼同輔也，今注云：紲，繳也，則是讀作矰雊之雊。繳音灼，按：矰謂其矢，繳謂其繩，總名為雊，通作雊。

葉子奇曰：紲音翠，紲，繳也。生絲繫矢而射。八入禍中，居時之極，不能有脫，如鳥頸之加于繳，復見射而繫于繳，禍已至此，雖有智者亦無如之何矣。此李斯黃犬之歎之時歟。

陳本禮曰：木，夜。

吳汝綸曰：王以紲為翼，然則是繫其翼以繩也。

鄭維駒曰：乾為德，艮為城中，四九亦為城，趽，散走也。二陰在下，寇也。見冤魂則利於散走而逃，然當遯之時，奸雄盜乾之德，嬰城而守，猶為人所依附，亦逃者之利也。趙佗錢鏐似之。

鈴木由次郎曰：七月二十九日，夜，木。矰，有繩之矢，其矢與繳相結。紲同翼。矰矢已加於頸，翼已受繩所繫而不能逃。

測曰：頸加維紲，無自勞也。

范望曰：矰〔繳〕之所加，勞不能去也。

上九：利逃跰跰，盜德嬰城。

范望曰：家性為逃，九為其終，終始逃遁，故跰跰也。道德者，君子之所尚也。九能盜之，王者所賞，故言嬰城。道隆德盛，必有城郭也。

章詧曰：九晝，在逃之世，故利終於逃。跰跰謂其足堅勁而跰胅，固可逃也。君子之道，知極必變，故逆逃之時，獨以德守城，示無逃意，能通乎變也。故測謂何至逃也。謂知其極而以德自守也。盜喻其逆取也。

司馬光曰：王本作德盜，小宋本作盜得，今從宋、陸、范本。陳曰：跰，音缾，又蒲賢切。字書：跰胅，皮堅也。

葉子奇曰：跰，補爭切。跰跰，足拘攣而不行之貌。盜德嬰城，謂姦雄據國。九居逃之極，大奸根據，勢不可搖，雖利于逃，然天下莫非其所有，雖欲行何之乎。

陳本禮曰：金，晝。德同得。嬰同攖。跰跰，足拘攣難行也。嬰，據守也。九居禍之終，雖利於逃，然盜已攖城，無路可走，逃亦死，不逃亦死，故曰何至逃也。

孫澍曰：跰，《集韻》：北孟切，音迸。《玉篇》：散走也。盜，竊也，非其有而取之謂曰盜。充類至義之盡也。嬰，加也，繞也，《後漢書‧卓茂傳》：嬰城者相望，言盜德之人自美山河之固，嬰城固守，宜其傳之子孫必無害矣。而乃終至於逃亡，救死不瞻，亦為不善計矣。測曰何至逃，若曰盜德之人，不自意其至是而終至是也噫。

鈴木由次郎曰：七月三十日，晝，張十度，金。跰跰，足被繫而難行貌。嬰通攖，擾亂。上九當禍之極。雖欲逃，足被繫而不得前行。賊蹂躪道德而亂城邑。

測曰：盜德嬰城，何至逃也。

范望曰：何有逃道德也。

陳本禮曰：此時大盜業已據國，天下皆其所有，雖欲逃，得乎。

唐

▦ 唐：陰氣茲來，陽氣茲往，物且蕩蕩（原作溋溋）。

范望曰：二方三州二部二家。地玄，陽家，五土，中中，亦象遯卦。行屬於土，謂之唐者，言是時陰氣日盛，陽氣日損，萬物損落溋溋然，故謂之唐。唐之初一，日入張宿十一度。

司馬光曰：陰家，土，準遯。陸曰：唐蕩天下皆遯。遯亦蕩蕩也。光謂：唐猶盪盪無拘檢，有喪失之意也。宋曰：茲，益也。陸曰：盪盪，空盡之貌也。

鄭氏曰：盪，待朗切，放也。《玄錯》作蕩。

陳仁子曰：唐者陰生陽退而蕩無心也，夫退而避其人者，孰若退而樂其天，遯以人，則《易》九三繫遯九四好遯，道不合則卷而去之，猶以人而遯也。遯以天，則九五嘉遯上九肥遯，若考槃在澗，碩人之邁，直以天而遯者也。故既曰逃又曰唐，逃有退然潛避之義，是毋固也，唐有蕩然太公之心，是毋我也，是之謂遯以天而非人。

葉子奇曰：陰家，餘同范。唐，蕩也。盪盪，空貌。唐之初一，日入張宿十一度。

陳本禮曰：陰家，五，中中，卦準遯。盪盪，茫無所之之象。《傳》：陰家茲來，謂急欲嬰城也。陽氣茲往，欲疾往而逃也。唐，荒唐。《莊子》所謂唐子喪亡之子也。此正寫其喪亡景象。物且盪盪者，萬物與君同逃而更為震盪播越也。故曰盪盪。

孫澍曰：準遯，聖人以弭暴纘緒，振育蒸庸。

鄭維駒曰：《玉篇》：堯稱唐者蕩蕩，道德至大之貌。唐蕩義蓋近。以唐準遯，是陰氣在內推陽而盪於外。《京房易傳》云：遯陰爻用事，陰盪陽，此其義也。

鈴木由次郎曰：第五十首，陰，五土。二方三州二部二家。唐，荒唐，大而無邊。盪盪，空盡貌。陰氣愈益來，陽氣愈益去，萬物更凋落而將空盡。

初一：唐于內，勿作厲。

范望曰：在下稱內，厲，危也。唐者，盪盪無所拘限，內無拘而外無危也。

司馬光曰：一為思初而當夜，內無所守，動則危矣。

葉子奇曰：一為思始，陰暗不明，是以悾悾然于內，蕩然無思，雖勿作厲，然亦無所執守也。

陳本禮曰：水，夜。荒唐之子作事多舛，勿作尚且有厲，況於作乎？

鄭維駒曰：勿作而盪於內，如齊襄公之志大心勞，危之道也。

鈴木由次郎曰：七月三十日，夜，水。厲，危。內茫漠而無檢束。不能做事。危。

測曰：唐于內，無執守也。

范望曰：盪盪之義，終不見拘執也。

次二：唐處冥，利用東征。

　　范望曰：二為日，日尚隱潛，故冥也。唐者，盪盪之貌也。大〔天〕征於地，無所隱蔽，故唐冥也。日之隱蔽，必當東出，故利以東征也。

　　司馬光曰：冥，昧也。東者日所出也。二為思中而處下體之內，故曰唐處冥。言其中心蕩蕩，迷所適也。然當日之晝，君子能求明道以自進者也。

　　葉子奇曰：二居思中，未能上進，故尚處冥嘿而利用東征，以就生方也。

　　陳本禮曰：火，晝。冥，暗也。東征，向明也。

　　鄭維駒曰：互巽伏震，帝出乎震，震，東方也。二得陽時，故利用東征。

　　鈴木由次郎曰：七月三十一日，晝，張十五度，火。冥，暗。東征，向明而行。中心茫漠而暗昧。迷於所行方向。宜求明道而自進。

測曰：唐冥之利，利明道也。

　　范望曰：日之東征者，道之明也。

次三：唐素不貞，亡彼瓏玲。

　　范望曰：瓏玲，金玉之聲。三為木，木者樸素，故亡聲也。四為金，金有聲音，土克於木，故不貞也。

　　司馬光曰：王曰：瓏玲，玉聲也。

　　林希逸曰：瓏玲，玉也。荒唐樸素而不守以正，自喪其德，以玉比德，故曰瓏玲。

　　葉子奇曰：瓏玲，通明貌。三以陰暗不中之才，素懷不正而自蔽自陷，喪其通明之道也。

　　陳本禮曰：木，夜。唐素不貞者，俗所謂襪襬子也。瓏玲，通明貌。木質樸濁固，不及玉之瓏玲溫潤，故曰非爾所能也。

　　孫澍曰：素者質之始也，蕩然弗自檢束，入於回邪，故不貞。而亡其佩玉之聲，唐之不可致詰者也，非爾所即，《詩》云：期我桑中，要我上宮，送我淇上之意。

　　鄭維駒曰：乾為玉，故稱玲瓏。玲，范注金玉聲，《玉篇》：玉聲，當是。段曰：《甘泉賦》：和氏瓏玲，皆謂玉聲。人身之玉垂下而有聲者，珮也。今三一木素耳蕩乾而不貞，是亡其在下之玉矣。

　　鈴木由次郎曰：七月三十一日，夜，木。瓏玲同玲瓏，如玉一樣光輝。茫漠而本質不正。喪失玲瓏玉般的本性。次三當木，木之質樸濁，不及玉之玲瓏溫潤。

劉按：亡彼瓏玲，是說沒有那種玲瓏之質。

測曰：亡彼瓏玲，非爾所也。

范望曰：瓏玲之聲，非木所也。

鄭維駒曰：次三當遯二交陰也，然此本陽之所，非陰之所也，爾指陰言。

次四：唐無適，道義之辟。

范望曰：辟，君也。四為公侯而在唐家，盪盪無所適，莫不尊奉道德以事其君，不違於法也。

司馬光曰：適，丁歷切，下同。辟，必益切。予，余呂切。王曰：四得位當晝，得唐之宜，蕩蕩然無適無莫，惟以道義為辟，知所之往，唐之美也。辟，君也。光謂：適，必然也。四為條暢而當晝，孔子曰：君子之於天下也，無適也，無莫也，義之與比。故曰道義之辟，言其最尊高也。

葉子奇曰：適，入聲。適，專主也。辟，從也。四以陽明之資，故其心不偏不倚，無所專主，惟道義是從而已。此取《論語》義之與比之文。

陳本禮曰：金，晝。適，專主也。辟，從也。金得土而王，庚金為義，唐子雖執中無主，然能徙義崇德，不為無義之事，故可取也。

鄭維駒曰：乾為道，四金，於性為義，乾為君，故曰辟。遯六月辟卦，四當遯之時而維乾是從，以乾為道義之辟乎，從乎乾則無適而有主矣。

鈴木由次郎曰：八月一日，晝，張十二度，金。適，專主。辟，君。范漠而無所專主。但善守道尊義而不行不正。

測曰：唐無適，惟義予也。

范望曰：無所適莫，予有義也。

葉子奇曰：予，去聲。

次五：奔鹿懷鼷，得不訾。

范望曰：鹿以諭賢，鼷以諭不肖。懷，來也。賢不肖不別，賢奔亡，不肖者來，故言不訾。不（《大典》無此不字）得不訾，毀於賢者也。

司馬光曰：范、王本不足功作奚足功，今從宋、陸本。吳曰：鼷，戶雞切，小鼠也。王曰：五居盛位，當首主而失位當夜，無君之德，蕩然無守，迷於利害之鄉，逐鹿而奔，又鼷鼠是顧，則其所得不足以為資。訾與資同。

林希逸曰：鹿失不顧而以鼷鼠為懷，所得者不足以為訾矣。訾與資同，言棄大而見小也。

焦袁熹曰：奔鹿懷貔，奔鹿，賢人遁也。懷貔，小人濫食也。鹿得草則呼其朋，有君子之道，貔貪而傷物，《春秋》志之。

葉子奇曰：五陰暗不君，棄賢而任不肖，是猶鹿之是逐而反貔鼠之懷，所得不償其所失也，悖道甚矣。

陳本禮曰：土，夜。

鄭維駒曰：震為鹿，艮為鼠，《漢書・司馬相如傳》：以訾為郎，注：讀與貲同，財也。言伏震之鹿已亡，而貪戀逐之艮鼠，是所得不足為財也。五為君，故以失鹿為喻，為土，故取艮象。

鈴木由次郎曰：八月一日，夜，土。貔，小鼠。訾通貨，財貨。逐鹿而奔，又見貔鼠而欲得。雖得貔鼠，也不足成為財寶。此喻次五陰暗不得君道，棄賢人而任不肖。

測曰：奔鹿懷貔，奚足功也。

范望曰：言不足功治之也。

次六：唐不獨足，代天班祿。

范望曰：六為宗廟，其世濛濛，故曰不獨足。下所敬奉，天神報應，以示百姓，代天班祿，以養人也。

司馬光曰：王曰：得位當晝，為唐之主。蕩然無私，不求獨足，與天下同美其利，故可代天班祿，為時明君。處唐之美，莫過是矣。光謂：六為上祿，為盛多而當晝，君子不獨享天祿，與天下賢俊共之也。

葉子奇曰：獨足，自足。六居尊大之位，處福祿之極，是人君代天為治，非自足于一已而已。蓋以一人治天下，非以天下奉一人，惟當求天下之賢，置之天位，班天之祿以享之也。

陳本禮曰：水，晝。六為水，水能潤下及物，故己不獨足也。天一生水，六之水乃天一所生，以之施予及人，是代天班也。無私容，見唐能以道義自辟，故處己待人亦公而無私也。

鄭維駒曰：乾為天，六為上祿，大臣輔君，故代天班祿。

鈴木由次郎曰：八月二日，晝，張十三度，大雨時行。水。班，分。廣大無私，不謀己之獨利，與天下人們同其利。

測曰：唐不獨足，無私容也。

范望曰：代天傳命，不容私意也。

鄭維駒曰：祿不私於小人，遠之也，亦非私於君子，嘉之也。

次七：弋彼三飛，明明于征，終日不歸，亡。

范望曰：七為飛兵，兵而飛者矢，故弋射也。陽稱王（原作三，據下文知當作王），十〔七〕為失志，王而志失，畢弋無度，故不歸也。

司馬光曰：王曰：居過滿而失位當夜，不明於道，自取危亡。若一弋而求三飛，無所適從。自明而行，至暮忘返，蕩然昏昧，復何益矣。光謂：七為失志而當夜，小人二三其德，從此失彼，蕩無所守，徒自勞苦，自幼至老，終無所得者也。

林希逸曰：一弋豈能中三飛鳥，平明而去，至暮不歸，無所得也。此求不以道之喻。

葉子奇曰：三為陽數，三飛謂晝飛之鳥也。七居衰禍，是人荒于田獵，不知反期，必致敗亡之禍也。

陳本禮曰：火，夜。

鄭維駒曰：離為飛鳥，三為離，弋，巽繩艮手象。離，南方之卦，至遯六月，離已征而不歸，離為明為日，故曰明明，曰終日。七為火，故以離言。言遯之時，火德衰也。

鈴木由次郎曰：八月二日，夜，火。弋，矢繫絲射鳥者。一弋欲射三鳥，此言無所執守。朝出而忘暮歸，雖勞而無所得。

測曰：弋彼三飛，適無所從也。

范望曰：征行無度，何所從也。

次八：唐收祿，社鬼輟哭，或得其沐。

范望曰：輟，止也。八為木而在土上，條幹茂大，得土之力，猶士遇明君，得其榮祿也。言或得其沐者，取其潔清也。社稷之神，所以止哭，哭其衰世，世治故哭止也。

司馬光曰：復，符目切，下同。王曰：得位當晝，善於處唐之道，故能復收其祿。光謂：八為禍中，福祿已散，然當日之晝，能興衰起廢者也，故曰唐收祿。社稷之靈復得血食，故輟哭。民已枯悴而復蒙潤澤，故曰或得其沐。

林希逸曰：唐遯之後而能收其祿，謂廢而復興也。社稷有主，則其鬼不哭矣。沐，澤也，言得其福也。

葉子奇曰：八居禍敗之將極，所幸逢陽得中，故為祿已失而復收，鬼已哭而復輟之象。然亦或得其膏沐之澤者，此蓋因禍致福之占。

陳本禮曰：木，晝。唐在土世，為三所克，失去其祿，今幸八木枯槁，不能克土，故唐得復收其祿。社鬼，土神也。神自春分出奧以來，廟壇冷落，今幸時逢秋社，正來方禮祀之期，《詩》曰：以其騂黑，與其黍稷，以享以祀，所以報秋賽也。鬼得食，故輟哭，而唐亦得食其祭醑合醻之餘，故曰或得其沐。沐，膏澤也。

孫瀜曰：漢家二百一十載而中天，收祿輟哭，赤帝子之鬼，庶免餒而，至誠之道，可以前知，揚子於此，庶乎不失其正矣。

鄭維駒曰：乾為祿為神，乾下消為艮土，而神而社鬼矣。然陰雖盈陽於外，而乾得收其祿，國猶祀社，故鬼輟哭，而為臣者，亦不至失其湯沐也。

劉按：此八所言即孔子所謂興亡繼絕之義。

鈴木由次郎曰：八月三日，晝，張十四度，木。唐，即莊子徐無鬼篇所見之唐子。喪亡之子，故唐又有喪亡之意。社鬼，社穀之神，土神。沐，潤澤。次八為禍中，福祿已散。但當晝，故能興其衰而起其廢。唐子收取此前已失之福祿，社稷之靈復可祭祀，故止哭。唐子亦得祭終之肉而浴惠澤。

測曰：唐收祿，復亡也。

范望曰：先亡後復也。

葉子奇曰：亡而復得。

陳本禮曰：復其喪亡之祿也。

鄭維駒曰：復謂返而還之也。

上九：明珠彈于飛肉，其得不復。

范望曰：明珠，重寶也。飛肉，輕欲也。九為金，故稱明珠。飛肉，禽鳥也。珠至重，鳥至輕，以重求輕，故不復也。

司馬光曰：當，丁浪切。范曰：飛肉，禽鳥也。珠至重，鳥至輕，以重求輕，故不復也。王曰：九居六極而失位當夜，蕩蕩然闇于大數者也。如以珠彈雀，所得不復其所亡也。光謂：九為禍極而當夜，小人縱情極欲，蕩然忘反者也。

葉子奇曰：九居唐之極，迷之至者也。以明珠而彈鳥，其所得者小，而所喪者大也。

焦袁熹曰：《鹽鐵論》：昆山之旁以璞玉抵鳥雀，言多故賤之，子雲言明珠彈於飛肉，彈肉之人非產饒珠之地，是則貴而賤用之之比也。

陳本禮曰：金，夜。

孫澍曰：所得者小，所失者大，猶以璧抵鼠也。子雲穢跡莽朝，要是不以明珠彈於飛肉，或曰氾鄉抗節，全其貞也。黃門不死，為道計也，然則《玄》之作也，其有憂患乎，不然何思之深也。

鄭維駒曰：四九為重寶，故曰明珠，亦乾金玉類也。《易》象以陰為肉，觀噬嗑爻詞可見。上九處遯極，以逐於陰之故，而喪乾之寶，則所得者不足以復其所失矣。

鈴木由次郎曰：八月三日，夜，金。飛肉，指禽鳥。上九禍極而當夜，正懷小人之情，極其欲而蕩然忘返。貴重明珠以射飛鳥，所得不償所失。

測曰：明珠彈肉，費不當也。

范望曰：費貴得賤，故得不復也。

陳本禮曰：五之懷鑯逐鹿，七之弋飛亡歸，九之明珠彈肉，皆形容喪亡子失志落魄之象。

鄭維駒曰：舊讀當，丁浪切，案：當讀平聲，謂費不能相當也。

常

常：陰以知臣，陽以知辟，君臣之道，萬世不易。

范望曰：二方三州二部三家。地玄，陰家，六水（原作木，誤。注云行屬於水可證，《大典》作水），中上，象恒卦。行屬於水，謂之常者，大暑氣終於此首之次五，立秋節起於此首之次六。辟，君也。以陰陽知之，故萬世不易，道之常，故謂之常。常之初一，日入張宿十五度。

司馬光曰：陽家，水，準恒。入常次七二十三分二十六秒，立秋氣應，日次鶉尾，斗建申位，律中夷則。次九日舍翼。辟，音璧。宋曰：辟，君也。此立秋之首也。秋承夏，天常之常，故於是時陰知為臣，陽知為君。光謂：以秋承夏，以陰承陽，以臣承君之象也。

林希逸曰：陰陽，君臣之道也。

陳仁子曰：常者陽繼以陰而不可易也。夫常非一定之位，晝則夜，夜則晝，故為晝夜之常，暑則寒，寒則暑，故為寒暑之常，此非一定而然也。君尊臣卑，體之常也。君臣不交則不可常，天高地下，體之常也，天地不交則不可常，故

體之常所以為用之變，用之變所以為體之常。《易》以二體六爻陰陽相應為恆，《玄》以六陽已消三陰方息亦為常，陽陰相乘，非一定之謂也。二之內常微，三之日常其德，四之月不常，若日月一定而不移，則不能常矣。

葉子奇曰：陽家，六木。辟，君也。臣，陰道也。君，陽道也。故陰以知臣，陽以知君也。萬世不易，所以為常也。常之初一，日入張宿十五度。大暑氣終于此首之次五，立秋節起于此首之次六。

陳本禮曰：陽家，六，水，中上，日入張，斗建申，律中夷則，立秋氣應，卦準恒。《傳》：常，倫常，辟，法也。秋為刑官大司寇，掌建邦之三典以佐王刑邦國，若諸侯之不率者，則有九伐之法以正邦國，兩知字正為當時賊臣說法。臣知畏法，則賊殺其親放弒其君者鮮矣，萬世不易，則明章其彊者可以自省矣。

孫澍曰：準恒，《太玄》以君臣一德，孚佑下民，民亡大厲。陰知陽，知君臣之義，振古如茲，紫陽《綱目》書曰：莽大夫揚雄卒，過矣。信若所云，則有殷箕子泏陳疇范于武王，若不經聖人論定，《書》曰周大夫，抑又何辭？

鄭維駒曰：恆節同人損否，七月卦，皆陽卦在上，陰卦在下，陽為君，陰為臣，所以定貴賤之分也。恆卦居先，君臣分定，為恆久之道，故備揭其旨。

鈴木由次郎曰：第五十一首，陽，六水，二方三州二部三家。陰氣知為臣，陽氣知為君，君臣之義，萬世不易之常道。

初一：戴神墨，履靈式，以一耦萬，終不稷。

范望曰：一在水行，晝夜不休，潛墨如神，故稱神墨也。式，法也。萬多一少，故不可耦稷而合也。

司馬光曰：王、吳皆云稷與吳同。墨、式皆法也。神靈，尊之也。一為思始而當晝，君子之心執一以為常法，應萬物之變，終無虧戾也。《易》曰：天下之動，貞夫一者也。

林希逸曰：神墨，妙法也。靈式，善法也。以一耦萬，執一而萬事畢也。稷，日夜稷也。稷與戾同。終不稷者，言用不窮也。

葉子奇曰：墨，法也。稷，戾也。一以陽明而在常世，故能盡常之道，其上所戴則得神之法，下所履則得靈之式。言其上下表裏，莫非此道之用，宜其以一理而貫萬事，是以自始至終，無有傾戾之弊也。

陳本禮曰：水，晝。墨、式，皆法也。水至平，故稱神，水至清，故稱靈。稷，傾戾也。一以陽明而在常世，君子之心清平如水，故能治萬民而無傾戾之弊也。

鄭維駒曰：戴者天，履者地，陽為神，陰為靈，神道正直，地道方正，故曰墨曰式。陽在上，陰在下，故戴神墨履靈式。二者一之對，自二而萬，皆一之對也。無偏黨反側，故終不稷。

鈴木由次郎曰：八月四日，晝，張十五度，水。墨，式，皆法之意。神，靈，皆言尊之。耦，配偶。耦萬，根據萬物變化而應之。稷通昃，日傾。守法而履行法。君子者以純一為常法，應于萬物之變化，終無所傾覆。

測曰：戴神墨，體一形也。

范望曰：一者道德之形體也。

陳本禮曰：禮刑舊訛體形，以字體相近而訛也。（劉按：陳作禮刑一也）神墨，體也，靈式，刑也。出乎禮則入於刑矣，故曰禮刑一也。

鄭維駒曰：體天一以為形也。

次二：內常微，女貞厲。

范望曰：貞，正也。厲，危〔利〕也。二為少陰，故稱女。言內常微者，陰中之火，微微〔而〕不隆，故言微也。女能幽微，故貞。貞女所在，常自危懼，故厲也。

司馬光曰：王本作常內微，誤也，今從諸家。王曰：處常之時，當正君臣夫婦之道。二失位當夜，是常以微賤之女處內，不正之象，且近於危，故曰貞厲。

葉子奇曰：二以陰邪，猶婦人之中心之常道尚微，外雖尚正，安能保其久而不變哉，故危也。

陳本禮曰：火，夜。內常，壼德也。微，無也。婦無壼德，不成其為婦之道，即貞亦厲，況於不正乎？二失位當夜，是以微賤之女處內不正之象，且近於危，故曰貞厲。

鄭維駒曰：恆內巽女，二時數皆陰，陰過盛，故常道微，女以陰盛為貞，故厲。

鈴木由次郎曰：八月四日，夜，火。內，宮中。微女，微賤之女。微賤之女常在宮中。幽微而不失其正，但仍危。

測曰：內常微，女不正也。

范望曰：陰道待唱，不敢自正，許當人也。

陳本禮曰：元始五年，平帝年十四，以衛後故怨莽，莽懼，因於臘日上椒

酒，帝遇弒，時太皇太后既臨朝，何以駕不之未央宮，親臨看視，亦不究問致疾根由，及臨崩形狀，乃聽信莽金縢身代之辭，遽詔莽居攝踐祚，則是莽之篡弒明係太皇太后有心成之。《綱目》不直書太皇太后故縱養奸釀惡之罪，似未得其書法之平。內常微，女不正，斯為定案鐵筆。

次三：日常其德，三歲不食。

范望曰：日日行一度，是其常也。三為日出，故稱日也。三為終，常其德，則不薄食也。

司馬光曰：三為自如而當晝，日常其德，故免薄蝕之災。君常其德，故無狂僭之咎。伊尹戒太甲作《咸有一德》。

葉子奇曰：日，太陽，君象也。三為陽中之陽，是太陽常于其德，故至于三歲之久，終無薄蝕之災也。

陳本禮曰：木，晝。

鄭維駒曰：恆外震，三木為東方，震方也，震為日門，此本鄭《易》。三時數皆陽，陽盛而明，日之常也。故三歲無日食之咎。

鈴木由次郎曰：八月五日，晝，木，張十六度。次三為日出，故曰日。太陽運行每日一度而不變，則終歲無日蝕之災。太陽，君之象，此言君無狂妄之行，君道明正。

測曰：日常其德，君道明也。

范望曰：如日不虧，故道明也。

次四：月不常，或失之行。

范望曰：月有虧盈，故不常也。四為公侯，上臣於五，故以月論。不常者，行有遲疾，或進或退，非臣之節，故言或失之行。行，道也。不得常道，故為變異也。

司馬光曰：行皆如字。月有盈虧，故曰不常。行，道也。四為外他而當夜，臣德不常，則失道也。

葉子奇曰：月，太陰，臣象也。四逢夜而為陰，是大陰不常其德，或贏或縮，失其所行也。

陳本禮曰：金，夜。

鄭維駒曰：四金為西方，月初生象震，震納庚，西方也。月不常而失行，亦陰盛故也。易言月日，得天而能久照，故三言日，四言月，從其陰陽分屬之也。

鈴木由次郎曰：八月五日，夜，金。行，道。月或虧或盈，故有失常道。月為臣之象，此言臣失其道。

測曰：月不常，臣失行也。

范望曰：月之不常，為臣失也。

陳本禮曰：太皇太后當平帝立，雖屬國母，固在臣位，臨朝稱制，一切委之王氏，故曰臣失行也。

次五：其從其橫，天地之常。

范望曰：天從地橫，是其常道也。五為天位，據上臨下，不違陰陽之道，先天而弗違，各得其所也。

司馬光曰：從，即容切。范曰：天從地橫，是其常道也。王曰：五居中位，為常之主，得位當晝，故從橫經緯皆合天地之常，得萬世不易之道。光謂：五為中和，常之盛也。君臣之道相經緯也。故曰其從其橫，君臣常也。

葉子奇曰：日月星辰，錯綜運行，天之從橫也。土地山川，流峙相因，地之從橫也。從橫所以為天地之常也。

陳本禮曰：土，晝。從者為經，橫者為緯，經緯從橫，在天成象，在地呈形，萬世不易，故曰天地之常。

鄭維駒曰：天以緯經為常，地以廣輪為常。

鈴木由次郎曰：八月六日，晝，張十七度，土。從橫經緯，各得其所，此天地不變之常。不止是天地之常，亦是君臣不變之常道。

測曰：其從其橫，君臣常也。

范望曰：天從地橫，是其常也。

葉子奇曰：人道亦然。

鄭維駒曰：五土為君，然以配天言則地道也，妻道也，臣道也，故兼言君臣。

次六：得七而九，懦撓其剛，不克常。

范望曰：陽盛於七，極於九，陽生於子，盛於午，至酉而消，故極於九。陰懦陽剛，陰稱撓，宗廟之中，懦撓為先，故言不克常也。

司馬光曰：七，陽之盛也。九，陽之衰也。六過中而當夜，棄盛乘衰也。小人懦弱，撓敗其剛，不能守其常道也。

林希逸曰：七，陽之盛，九，陽極而衰也。以柔亂而自撓其剛，則不能守其常矣。言處盛不自強，則必衰也。

葉子奇曰：得七而九，言其所執之不常，懦撓其剛，言其所守之不固，故不能常也。六以陰躁故然。

陳本禮曰：水，夜。六在水世，值申金水王，其氣甚銳，其志甚驕，故欲上而滅七之火，七為陽之盛，九為陽之衰，水陰火陽，陰懦陽剛，是以小人之柔懦，而欲上撓七九之陽剛，以逞其陰惡，是不自諒其力之不克，不能常也。

鄭維駒曰：次六當恆四爻，震之爻也，震少陽，七數，然自二至四到乾，乾老陽，九數，是得七而九，亢不能常也。次六時數皆陰，不能保其剛體，水懦，故云懦撓其剛。

鈴木由次郎曰：八月六日，夜，水。次六當水，志甚驕，欲滅次七之陽、火，更欲及于上九之陽。以此懦弱而欲敗剛強，非常道。

測曰：得七而九，棄盛乘衰也。

范望曰：委七乘九，故不克常也。

次七：滔滔往來，有常衰如，克承貞。

范望曰：滔滔，往來貌也。七為失志，滔滔而行也。王之失志，故衰如也。克，能也。能承貞者，承受善道，不失於義，故貞也。

葉子奇曰：七居衰謝之始，故不能安，滔滔然不停其往來，適當消長有常之衰運，然能執德不貳，承之以正也。

陳本禮曰：火，晝。滔滔往來者，形容次六之水時來侵侮也。七為失志，被小人往來撓克，故常衰如也。

孫澍曰：滔滔往來，眾多雜沓貌，莽時天下大亂，炎火幾熄矣。後光武龍飛白水，是克承而正也。卒禽赤眉，剪新莽，斬劉盆子之亂，光赤伏符，興復漢家，故曰正承非。

鄭維駒曰：在水行，水滔滔則火衰，然盛衰以相承為常，所謂變化而能久成，貞之道也。

鈴木由次郎曰：八月七日，晝，張十八度，涼風至，火。滔滔，行進貌。衰如，勢弱貌。次六之水勢激而往來侵侮，次七又似常衰，但善以正道對之，故危而無害。

測曰：滔滔往來，以正承非也。

范望曰：六克於七，故以六為非也。

鄭維駒曰：火為水克，似乎非常，然在水行，以正承之，非常而後為有常也。

次八：常疾不疾，咎成不詰。

范望曰：八為疾瘵，故常疾也。常疾而不以為疾者，明其疾至也。疾以成咎，害於身體，非復可詰問之也，故言咎成不詰也。

司馬光曰：八為禍中而當夜，常道久而有敝者也，故曰常疾。不疾者，自知其疾則尚可治也。若不知其疾而惡聞之，則必不可治矣。小人不知其禍而惡聞之，至於凶咎已成，不可復詰也。

林希逸曰：常疾而不以為疾，言病而不治也。詰，問也。有病而不治，其禍既成，何所歸咎。此安其危、利其菑之意。

葉子奇曰：八為瘵疾，復逢陰禍，故雖常有疾而不自以為疾，不復加將養之力，馴而至于災成而不救也。此占為忽事者之戒。

陳本禮曰：木，夜。疾承上有常衰如來，八木下有暴烈之火，上遇堅剛之金，以敗落之木，而居金火之意，是常有隱憂之疾者，當延醫早治，乃不以為疾，迨至日益加劇，始悔從前之失於治理也。噫，誰之過歟！

鈴木由次郎曰：八月七日，夜，木。詰，責問。常有疾病者，自不以之為病。如此一來，疾病逐漸加重亦不能責問之。不能自治其病。

測曰：常疾不疾，不能自治也。

范望曰：疾以至咎，故不能自治也。

上九：疾其疾，巫醫不失。

范望曰：九為巫，亦為金，金者鍼刺所用，醫之謂也。八有疾而不為疾，故咎也。九有疾而疾之，故巫醫而治之，無所失也。

司馬光曰：王曰：九居六極而得位當晝，能疾其疾者也。善於自徹，則醫巫治之不失也。醫巫，諭賢者耳。光謂：九為禍終而當晝，君子能思患而豫防之，納忠求賢以自輔，禍故可解也。

葉子奇曰：九居常之終，能以其疾為疾，必兢兢業業致其將養之功，雖其能盡事神治人之道者，亦無以加焉。言其致養之至也。

陳本禮曰：金，畫。九以衰金之氣，為家水所洩，是虛而得疾者也。然能巫竪不失，俾羸弱之體得以復痊，不致不救也。

鄭維駒曰：互兌為巫，四九類為醫，論語人而無恆，不可以作巫，常準恆，故以巫醫言。

鈴木由次郎曰：八月八日，畫，翼一度，立秋，金。巫，事神治病。《呂氏春秋・躬勿》篇：「巫彭作醫。」《輟耕錄》：「歷代醫師，周有巫彭。」以自己的疾病為病而誠之，若以求醫，醫者可予適當治療。

測曰：疾其疾，能自竪也。

范望曰：苟能疾惡，能自治身，巫竪不遙，不失其治也。

度

≣ 度：陰氣日躁，陽氣日舍，躁躁舍舍，各得其度。

范望曰：二方三州三部一家。地玄，陽家，七火，上下，象節卦。此合在次永首之後，今且據舊本不易也。行屬於火，謂之度者，言是時陰氣躁上，陽氣舍下，重言躁躁舍舍者，上下欲速之謂也。上下消息各有度數，故謂之度。度之初一，日入翼宿二度。

司馬光曰：陰家，火，準節。法者為之模範，度者為之分寸也。舍，音捨，又如字。宋曰：躁，動也。舍，藏也。王曰：舍，止也。光謂：躁謂陰進盛也，舍謂陽退去也。躁者益躁，舍者益舍，各守常度也。

林希逸曰：舍音捨，躁動也。舍，止也。陰氣動而陽氣止，各得其所也。

陳仁子曰：度者陰乘乎陽而各有則也，凡物大小高下輕重，莫不皆有當然之則，日月之運行曰纏度，國家之紀綱曰法度，皆則也。《易》之節曰：澤上有水，節，君子以制度數，議得行，《易》之節非冒然減之也，亦慮其過中而以度節之也。故陽失其度尚流於亢，而況陰乎？故《易》之節自泰而變者也，八九三之五以節其上之柔，分六五之柔以節其上之剛，故節以裁其過。《玄》之度近否而言者也，六陽以極而皆消，三陰方長而益息，故度以制其過。《玄》曰：大度檢檢，不次於陽之盛而次於陰之長，君子之憂深矣。

葉子奇曰：陰家。躁，進也。舍，止也。度之初一，日入翼宿二度。

陳本禮曰：陰家，七，火，上下，卦準節。《傳》：度，躔度，躁，進，舍，退也。此時陰知陽已逃亡，內外空虛，欲乘勝長驅入據國都，收其文書圖籍，

籍其府庫倉廩，故急圖躁進。陽為陰氣所逼，其土地人民力難固守，不得不舍而他往，故陰日進一度，則陽日退一度，躁躁舍舍，各自欲速之意。

孫澍曰：準節，《太玄》以圭黍子律呂，差四時。

鄭維駒曰：節互震為決，躁互艮為止，七月雷未收聲，兌氣已隨震而躁，陽氣止舍，水歸於澤，是陰陽各得其度也。舍訓止，即月令耕者少舍之舍。

鈴木由次郎曰：第五十二首，陰，七火，二方三州三部一家。度，法度。躁，動，進。舍，止，退。陰氣日進而盛壯，陽氣迫於陰氣，日退而衰弱。進者益進，退者益退。陰陽消息，各有度數。

初一：中度獨失。

范望曰：水平不齊，故曰中度。一為法度，中心不正，在火之行，反見消滅，故獨失也。

司馬光曰：一為思始而當夜，小人在心之度已先乖失，安能有成也。《商書》曰：若虞機張，往省括于度，則釋。

葉子奇曰：一以陰邪，是獨失其節度之中，始而即失，終豈有成乎？

陳本禮曰：水，夜。一以陰邪而在火世，以杯水何能克車薪之火，是中心之度已失，以之臨事，焉能有成也？

鄭維駒曰：思始而不中，故失度。始失則後可知，是其失為獨失矣。

鈴木由次郎曰：八月八日，夜，水。心之法度，背而違之。度首為火，初一為水而當夜。此以小水而欲勝大火者。故曰中度獨失。

測曰：中度獨失，不能有成也。

范望曰：法度而失，故無所成也。

次二：澤不舍，冥中度。

范望曰：二為火，地為澤，澤不舍者，水不舍火也。處中居正，故言中度，度以正邪，故冥也。

章詧曰：二畫在地之中，為陂澤，故稱澤。有所受不止，故曰不舍。在度之世，居下位，德之未彰，故冥。居下體之中，法度得乎中道，曰中度，故測曰乃能有正也。

葉子奇曰：二以剛中之德，自強不息，如川之逝而不舍，其深淺遲疾，莫不隨地勢之宜，豈不冥合于道體之節乎。按《論語》：子在川上曰，逝者如斯夫，不舍晝夜。程子說此章謂此乃道體也。又曰：自漢以來儒者皆不識此義，

揚子此言雖出于摸擬，卻與川上之旨同，而程子直不之許，豈不以其語大本之性乃曰善惡混，所以知其無純一不已之功也乎？

陳本禮曰：火，晝。二以重火而含澤水，體陰而用陽，離象也。冥中度者，水在初而人不見，故曰冥。二居中體正，陰麗於陽，而得其正，故曰中度。

孫瀄曰：澤，下濕之地，舍，築室也，冥中猶云心腹，隱微處也。度，忖也，《詩》曰：予忖度之。二為思中，而能擇能守如此，仁榮誼正孰甚焉。或曰冥度，如工不踰閫，車成轢轍。

鄭維駒曰：二為火，又在火行，可謂盛矣。然七月火衰之時，苟舍兌澤之中，必兩相克而失其度，不舍者，相時而保其盛也。默以自全，故冥中度。

鈴木由次郎曰：八月九日，晝，翼二度，火。澤，水。澤不舍，初一之水不舍次二之火。冥，暗。水在初一，人無所見，故冥。次二中體正當，陰從陽而得其正，初一之水（澤）不舍次二之火。初一之水（冥）而合乎法度。次二能善於正之。

劉按：此似言二能糾正一，而使一也正合法度。但所就混亂。既去水冥合法度，則二呢。其實應是二冥中度，而不是一。澤不舍當讀為不舍澤，即不拋棄一水，而在冥中使之合法度。測曰：澤不舍，乃能有正，是說因為不舍之，而能有所正之。

測曰：澤不舍，乃能有正也。

范望曰：中於法度，故能有正也。

陳本禮曰：火若中不含陰，便不得其正矣。

次三：小度差差，大欟之階。

范望曰：木在火行，母子之道，差次以度，故曰差差。以金次之，必見克害，家性為度，被克失度，故大傾〔欟〕也。

司馬光曰：小宋、陳、吳本欟作傾，王本作傾，今從宋、陸、范本。范本測差差作之差，今從宋、陸、王本。欟，音賴。光謂：欟，毀裂也。三為思終而當夜，思不中度則事乖失矣，故曰小度差差，大欟之階，皆言所失雖小，所毀將大也。

林希逸曰：欟音賴，毀裂也。差，失也。小法差失，乃大法毀裂之階也。此不謹小而失大之喻。

葉子奇曰：欟音賴，欟，壞也。此言忽小而害大，欲人謹于微也。

陳本禮曰：木，夜。木在火世而先受克，則母子之道差矣。且上近於四，由小漸進被克於金。攦，傾也。小克失度，故為大傾之階也。

鄭維駒曰：攦音孋，方言壞也。

鈴木由次郎曰：八月九日，夜，木。差差，違錯。攦，傾。小違法度，此為大傾之階梯。

測曰：小度之差，大度傾也。

范望曰：事之飢攦，故傾危也。

次四：榦楨利干城。

范望曰：金性剛彊，故稱榦楨。榦楨彊則城之利也。五為土，城之象，金則土子，子母之道，故利于城。亦公侯之位，國之榦楨也。

司馬光曰：范、王于作干，今從宋、陸本。四為下祿而當晝，君子既得其位，當以法度為榦楨，則可以保衛其民，有所營為矣。

葉子奇曰：四以剛正而處大臣之位，宜其有輔于君也。蓋有其具則易其備，有其人則易其治，此楨榦所以利于城，蕃輔所以利於國也。

陳本禮曰：金，晝。榦楨，版築之具。

鄭維駒曰：互震木承，互艮土，故稱榦楨。當牆兩端為楨，在牆兩邊為榦，榦楨者築牆之度也。故利於城。艮為城，金類亦為城。

鈴木由次郎曰：八月十日，晝，翼三度，金。榦楨，參照廓首注。榦楨共為築墻之具，二者堅固，於筑城有利。

測曰：榦楨之利，利經營也。

范望曰：言臣經營於君事也。

陳本禮曰：經營者，籌謀治國之法度也。

次五：榦不榦，攦于營。

范望曰：五為天位，當榦舉萬機，以正營壘，而為火子，始建母業，不敢自專，故曰榦。榦於事，故攦于營也。

司馬光曰：王曰：失位當夜，不能為首之主，榦而非榦之材，則必傾其所經營矣。光謂：不度之人，民無則焉。猶榦之不榦，將毀所經營，不能有安也。

林希逸曰：榦，本也。所本非本，則其經營者皆毀裂之矣。攦，毀裂也。

葉子奇曰：五以陰暗之君，是君輓之任，而有不輓之材，不勝負荷，如此寧不壞于所搆乎？

陳本禮曰：土，夜。

鄭維駒曰：幹而不幹，與無幹同，五土無幹，則失其度，而不可以有營也。

鈴木由次郎曰：八月十日，夜，土。輓非輓之材，用之筑城城必傾覆。

測曰：幹不幹，不能有寧也。

范望曰：寧，安也。營而飢懶，故無安寧也。

鄭維駒曰：坤得一以寧，土無幹則失其安固之性，故不能有寧。

次六：大度檢檢，于天示象，垂其範。

范望曰：六為宗廟，神靈制法，故大度也。既檢天下，亦檢己及人，聖王象之，故曰於天示象也。示之以象，故垂其范也。

司馬光曰：范與範同。王曰：六居盛位，度之大者，得位當晝，明于法制，以度檢物，則天之象，而垂法於人也。光謂：君子之立法度，非取諸心也，乃觀象于天以垂範於世，故曰天示象，垂其範。《易》曰：天垂象，聖人則之。

林希逸曰：檢檢猶整整也。范，法也。天垂象而聖人法之，其為大法，整整然可以垂後。此雲漢猶天子法度之意。

葉子奇曰：六以福隆陽德之才，得度之至美者也。故其大度檢檢然，其謹嚴如天象，昭然以示人，無待于言，莫非至教，所以垂其法也。

陳本禮曰：水，晝。檢，式也。儀表，模範也。

鄭維駒曰：范通範，度莫大於天，天垂象而四時成，欽若昊天，大臣之道也。

鈴木由次郎曰：八月十一日，晝，翼四度，水。檢，法式。范同範，法之意。優良法度為世之法則，效法天象，垂示其法于人。

測曰：大度檢檢，垂象貞也。

范望曰：貞，正也。為天下之正也。

次七：不度規之，鬼即訾之。

范望曰：七為盛陽，六為七鬼，七當以道規謀天下，失志之謨，故鬼訾之也。

司馬光曰：訾，音紫，又即移切。王曰：七居過滿，失位當夜，是以不度之度為規制者也。訾，毀笑也。贊云鬼訾，測云明察者，幽明同笑，故互文見

義也。光謂：七為敗損而當夜，小人驕溢，不以法度自規，鬼所毀笑，將降之禍也。明察者莫若鬼，人之愚者或未之知，而鬼之明察先見其禍也。

林希逸曰：規，圓也。訾，笑也。所為不以法度，則鬼笑之矣。訾音子。

葉子奇曰：七陰邪不中，乃以不度是謀，跡雖未形，而鬼已有訾責之譴矣。《傳》曰：勿謂無聞，神將伺人，此之謂也。陰受鬼責，明受人非也。

陳本禮曰：火，夜。

孫澍曰：《書》曰：世祿之家，鮮克由禮，以蕩陵德，實悖天道，鬼之揄揶也久矣。不度之夫，猶曰莫子雲覯，謂之何哉？

鄭維駒曰：七為火，坎為鬼，規為不度而鬼即訾之，言火德失度而坎水當克之也。

鈴木由次郎曰：八月十一日，夜，火。規，規制。訾，訾笑。小人驕淫不以法度而自為規制。此為鬼神之所毀笑。

測曰：不度規之，明察笑也。

范望曰：為鬼所訾，故可笑也。

鄭維駒曰：火屬離，離為明，笑亦離象，觀同人旅可見。明察失度，故取笑於明察者也。

次八：石赤不奪，節士之必。

范望曰：陰稱石，八，東方也，艮亦為石，石不可奪堅，猶丹不可奪赤也。守志如是，若節士之必專也。

司馬光曰：要，一遙切。范曰：石不可奪堅，丹不可奪赤。王曰：八居度之將終，得位當晝，必能有所執守，不改其度者也。光謂：要，約也。八為禍中而當晝，君子雖遇禍亂，不改其度，秉志堅明，不可移奪，故可以與之有約，謂寄百里之命，托六尺之孤也。

林希逸曰：石赤，丹砂也。丹砂之色，不可變移，猶人之守節而可必信也。有要，有約也。有節之人，必不負所約也。

葉子奇曰：石喻心之堅，赤喻心之忠。八居上中，能處禍變，守其堅貞之忠節，死而莫奪此節，士必然之志，豈威武所能屈乎？

焦袁熹曰：石赤不奪，可與有要也。要，約也。謂久要不忘。要，去聲。

陳本禮曰：木，晝。

鄭維駒曰：坎為赤，互艮為石。

鈴木由次郎曰：八月十二日，晝，翼五度，白露降，木。石赤，石喻心堅，赤喻心誠。心如石堅，又有誠，不可移奪。此忠節之士必須有。

測曰：石赤不奪，可與有要也。

范望曰：執志堅固，故可與有要也。

葉子奇曰：要，約信也。

鄭維駒曰：處禍之中而不奪，故可與有要。

上九：積善之貣，十年不復。

范望曰：金為利，大度之家，積利振急，貣與不足。十，終也。賴者也〔已〕倦，施者無厭，故其終年不得復也。

司馬光曰：范本差作善，今從二宋、陸、王本。王本十作七，今從諸家。陸曰：造，至也。王曰：居度之終，而失位當夜，失度之極者也。積其差失，浸以乖遠。貣者寬緩後於時也。雖十年之久，亦不（《大典》有可字）復其度也。光謂：貣當作貣，吐得切，與忒同，差之甚者也。《易》曰：迷復，凶。至于十年，不克征。

葉子奇曰：貣，不足也。十者，數之終。積善之道，苟或不足，至于終則不能復行矣。九居度終，故尤勉人以及時遷善，至于衰落，其將能乎。

陳本禮曰：金，夜。貣同忒，舊訛貣。貣，差之甚者。九居度之終，凶人積惡不悛，流而至於大逆，亦猶天度歲差，積久不修，必至於寒暑易節也。十者數之終，《易》曰：迷復凶，有災眚，至於十年不克征，象曰：迷復之凶，反君道也。此正為強陰戒也。

孫澍曰：十者數之終，積差之貣，謂不度之人不知節用，為王國愛財，以致舉措乖違，失其常度，終不能有大造於民也。

鄭維駒曰：差積於不覺，積至十年，遂失其常度而不可復也。言十年者，終其數。

鈴木由次郎曰：八月十二日，夜，金。貣通忒，變，差，甚。積差之貣，言差之甚。法度有違，積久則有大差，長久而不可返正。

測曰：積善之貣，不得造也。

范望曰：造，成也。不得成其正事也。

葉子奇曰：造，成也。

陳本禮曰：造，作也。積差既甚，不能有所作為也。

永

永：陰以武取，陽以文與，道可長久。

范望曰：二方三州三部二家。地玄，陰家，八木，上中，亦象恒卦。此合在（《大典》在下有次字）常首之後，今且據舊本不易也。行屬於木，謂之永者，言是時陰氣日進，陽氣日退。兵，陰物也，故謂之武。春陽生物，煥有文章，故謂之文。文武之道，無墜於地，永濟於世，故謂之永。永之初一，日入翼宿六度。

司馬光曰：陽家，木，準同人。二宋、陸、范、王皆象恒。吳曰：常首象恒卦，次七起立秋，初一當二百二十六日，行張十五度，於《易》暬日，恆卦九四。次度首，象節卦，初一已行翼二度。次永首，次七當二百三十八日，行翼九度，於《易》暬日，同人卦。今從之。宋曰：陰者刑氣，故以武言之。陽者德氣，故以文言之。武以濟文，文以濟武，陰陽取與之道也。故其道可以長久。

陳仁子曰：永者陽繼以陰而容己也，恆有二：有不易之恆，有不已之恆，故以不易言，則晝之有夜，暑之有寒，窮天地而不容易者也，故《易》之恆利貞以之。自不已言，則晝夜遞遷，寒暑遞運，亙古今而不自已者也，故《易》之利有攸往以之。《玄》象《易》之恆曰常，言不易也，曰永，言不已也。三之永其道，五之永其綱，七之永厥體，非今日而然明日而不然也，今歲而然明歲而不然也，常其至矣哉。

葉子奇曰：陽家。武屬陰，文屬陽。永之初一，日入翼宿六度。

陳本禮曰：陽家，八，木，上中，卦準恒。《傳》：陰以武取者，是陰以霸力強據其國都而有之，陽知力弱，情甘退避，故文以與之。如太康畏羿，避位斟鄩，倘得一成一旅，半壁可棲，猶可祀夏配天，故曰道可長久也。

孫澍曰：準同人，元后以恒德建中於民。

鄭維駒曰：《玄》中兩首準一卦者，皆前後相次，常、永皆準恆而中間以度，何也？意者陰陽不外於時數，時數相合為道之恆，若以永繼常，則陰數得陽時，陽數得陰時，非恆之道，必間以度，而後晝夜巡環，時數相合，以恆道如此，故變例歟。震當以乾之武用事於外，巽當以坤之文相應於內，此久道也，反是則不長久，正言之恐與常首意復，故變之也。乾為武人，坤為文，恆有乾在坤中之象，故言武文。

鈴木由次郎曰：第五十三首，陽，六水，二方三州三部二家。武、文，指

陰為刑氣，故曰武，陽為德氣，故曰文。陰氣日進而以武力取之，陽氣日退而以文道與之。陰取陽與，互救對方。如此一來，道則永久不衰。

初一：不替不爽，長子之常。

　　范望曰：五行之道水先王，故稱長子。替，施也。爽，差也。水以平施，一無過差之行，故長子之常道也。

　　司馬光曰：王本替作㬱，云：古替字，今從宋、陸、范本。長，知丈切。永，長久也，有繼嗣之象。替，廢也。一當日之晝，得永之道者也。先王之制，立嫡以長，所以安宗廟，重社稷，不替不廢，萬世之常法也。永久之道，莫大於此。

　　葉子奇曰：替音㬱，㬱爽皆差也。一居永始，能永其道，不至乎㬱差，其得長子之常道乎。

　　陳本禮曰：水，晝。天一生水，水先王，故稱長子。

　　鄭維駒曰：數得天一，是為長子，恆外震，亦長子也。

　　鈴木由次郎曰：八月十三日，晝，翼六度，水。替，廢。爽，差，錯。立長子為繼嗣，此安宗廟、重社稷之所以，不可廢，不可違，此為萬世之道。

測曰：不替不爽，永宗道也。

　　范望曰：宗，尊也。長尊道德之事也。

　　陳本禮曰：平帝崩，元帝世絕，宣帝曾孫有見王者五人，列侯廣戚侯等四十八人，莽皆惡其長大，詭曰兄弟不相為後，乃於玄孫中選其最幼者，得孺子嬰，時年始二歲，卜以為吉，遂立之，此豈永宗道耶。

　　鄭維駒曰：互乾為宗。

次二：內懷替爽，永矢貞祥。

　　范望曰：火在木行，從其父母，可以長大〔久〕。火性炎上，三〔二〕親據之，盛則害母，故內替差，永未自改，故失貞祥也。

　　司馬光曰：二當日之夜，失永之道也。昏惑之君違禮立愛，以孽代宗，內懷替爽之心也。於其長子如此，則長失正善之道者也。

　　葉子奇曰：二以陰躁，不能永于其道，乃內懷其不正，宜其永失貞祥也。天道禍淫，抑豈誣乎。

　　陳本禮曰：火，夜。莽之所以選立幼君者，蓋內懷替爽之心，陰有不臣之志。永失貞祥者，自孺子之立，符命遂起，武功浚井得白石，有丹書，文曰告

安漢公莽為皇帝，群臣白太后，遂以莽居攝踐祚，如周公故事，是以漢室永室之道，一旦失於莽之禎祥競起也。

鄭維駒曰：陰不從陽，故替爽。

鈴木由次郎曰：八月十三日，夜，火。內懷廢禮違禮之心，如廢長子而立庶子，永失正道者也。

測曰：內懷替爽，安可久也。

范望曰：內自克害，故不可長久也。

陳本禮曰：此可謂直書莽事矣，安可久，逆億之辭。

次三：永其道，未得無咎。

范望曰：三為進德之人，進德修業，未得居官，故言未得也。修業不倦，雖未得祿，其要無咎也。

司馬光曰：三為成意而當晝，君子道業已成，未躋祿位者也。夫君子不患無位，患所以立。日新其道，久而不倦，雖未得福祿，又何咎哉？

葉子奇曰：三以陽明，故能永于其道，雖當蒙福，然尚居下，時有未通，故猶未得無咎也。君子在此時，當居易以俟命，不可以小有挫屈，遂息其所永之道也。

陳本禮曰：木，晝。三在木世，得木之助，受水土之精，飽春生之氣，故能永遠其道，而與世無爭，然上近於四，斧斤可虞，故未得免於無咎也。

鄭維駒曰：三為木，震巽皆木，故永其道。陰陽以取與有得，而咎亦隨之，今以道自守，故雖未得而無咎也。

鈴木由次郎曰：八月十四日，晝，翼七度，木。日新其道，久而不倦。雖未得福祿，亦不受禍。

測曰：永其道，誠可保也。

范望曰：永進其道，故可保也。

陳本禮曰：木能生火，金畏火然，故可保也。

鄭維駒曰：保其陰陽之道，不相取與也。

次四：子序不序，先賓永失主。

范望曰：四承於五，故稱子。賓謂三也。然見克害，賓眹〔後〕於四，四據存〔有〕之，故先賓也。子序其父，敬從於五。主謂一也。土克於水，故永失也。

司馬光曰：王曰：四近於五，而以陰居陽位，且當夜，失其可久之道。子而不居子之次序，則祭祀賓客長無主矣，故先賓永失主也。

林希逸曰：為子而不得子之道，言不知小大之序，則賓主先後之義皆失之矣，此非可久之道也。

葉子奇曰：父先子後，主先賓後，乃其序也。四以陰僭，不能無差，故子當序而不序，賓反先而失主，反常悖道，寧可久哉！

陳本禮曰：金，夜。四承於五為父，金為子，今乃不序父子之禮，而序賓主之禮，是以父為賓而子為主，子既為主，則當讓賓先行，今乃先賓而行，又失主道矣。悖禮滅倫，豈永久之道耶？

俞樾曰：子序不序，樾謹按：上序字疑衍文，蓋即子字之誤而衍者。王云：子而不居子之次序，則祭祀賓客長無主矣。疑王涯所據本正作子不序，而溫公不言有異同，蓋寫者改從既衍之本矣。居次三：長幼序，子克父，宋、陸、王本並同，而范本作長幼序序，誤亦類此。

鄭維駒曰：四者五之子，子從父後，乃其序也。今四得秋令，欲先其父，故序而不序。三者四之婦也，昏禮婦昇自西階，以賓禮待之也。陰當從陽，故先則迷而後則得。主今先賓失主，則婦先夫矣，父子夫婦失其常道，故測云非永方也。

吳汝綸曰：序緒通訓，子不承父之緒，則父客永失主矣。

鈴木由次郎曰：八月十四日，夜，金。次四（金）承于次五（土），以次五之土為父。賓，次三之木。守父子之序，從賓主之禮，以父為賓，以子為主。子若為主，當先行，反而讓賓先行，失主道。

測曰：子序不序，非永方（原作木，誤）也。

范望曰：方猶常也，永失其主，故非常也。

次五：三綱得于中極，天永厥福。

范望曰：五為君位，君上臣下，君臣父子，夫婦道正，故三綱得也。三綱得正，故為中極。極，中也。必得其中，故天長其福也。

司馬光曰：王曰：居中體正，為首之主，得位當晝，有君之德，是能使三綱皆得其中，天之所助，故永厥福也。光謂：三綱者，君為臣綱，父為子綱，夫為妻綱。五為中和而當晝，王者正三綱以建皇極，永保天祿也。

葉子奇曰：三綱：君為臣綱，父為子綱，夫為妻綱。五以陽德之君，故于三綱之道中，正而無偏，極至而無加，所謂皇建其有極，宜其天永厥福也。

焦袁熹曰：三綱得於中極，天永厥福，然則三綱斁棄者，禍有不踵乎？草《玄》之智，何以不如逢萌？將所處之勢有殊，抑遜於不虞，與彼掛冠者，跡異而心同也。

陳本禮曰：土，晝。

鄭維駒曰：次五曰建用皇極，三綱所賴以立也。互乾為福，故天永厥福。

鈴木由次郎曰：八月十五日，晝，翼八度，土。三綱，君臣、父子、夫婦之道。君為臣綱，父為子綱，夫為妻綱。君臣父子夫婦之道，得中和，故永自天受福祿。

測曰：三綱之永，其道長也。

范望曰：三綱之正，人道大倫，故永福也。

次六：大永于福，反虛庭，入酋冥。

范望曰：六為上祿，故稱大也。上祿之人，故永于福也。虛庭入冥，幽隱求志，故酋（《大典》酋下冥字）也。

司馬光曰：范本入于酋冥作入酋冥，小宋本作於酋冥，今從宋、陸、王本。六過中而當夜，小人恃福之永，驕淫矜誇，福終則禍至，故反虛庭，言無所獲也。入于酋冥，言不知悔懼，禍釁既就，則至于晦冥也。

葉子奇曰：六居福盛，故大永其福也。然福有盡時，盛有衰日，及福盡反至于空虛其庭，則日入于枯寂空冥之地矣。雖欲救之，其將能乎？

陳本禮曰：水，夜。

鄭維駒曰：七月辟卦為否，否坤為虛，互艮為庭，不永於道，而永於福，是以福自大也。如此則恆五六爻必反於內而成否，內乾之福將消於以坤互艮之虛庭，而入於秋斂之時，以至於冥也。七月卦，故曰酋，坤為冥。

鈴木由次郎曰：八月十五日，夜，水。虛庭，無人空虛之庭。反虛庭，言無所得。酋冥同晦冥。小人恃福祿之永而驕淫，其故福祿終則皆失而無所得，陷于闇昧。

測曰：大永于福，福反亡也。

范望曰：不守以約失之，故亡其福也。

次七：老木生蒔，永以纏其所無。

范望曰：七，火也，八為老木，九贊之中〔木〕，三少八為〔老〕，火死復

然，猶木老復生，故居七言八也。八陰為老陰，謂陰中之木，潤澤所高（《四庫》作濡，是），故能蒔生，永相續也。

司馬光曰：蒔，時吏切。王曰：七居過滿，老木之象。然得位當晝，得其永道，故生蒔。蒔者，旁生之義也。既有華葉，復得長久，始無今有，故云纏其所無。

鄭氏曰：蒔，舊辰至切，更種，按：疏穀更種，則必換葉，老木如此，謂之生蒔。

葉子奇曰：蒔，更生也。七在衰謝而逢陽，如老木更生，生意相續，永以纏綿，其所無而復有也。

陳本禮曰：火，晝。

孫瀗曰：蒔音侍，《方言》：更也，注為更種也。纏，縣也。繼，續也。故曰永厥體，王注旁生云云，當因誤會纏字之義。

鄭維駒曰：乾為老震，巽為木，故云老木。

鈴木由次郎曰：八月十六日，晝，翼九度，火。蒔，植。此指旁生之枝。老木之上出現旁生之枝，開出以前未見之花葉而與其木同在，永久生存下去。

測曰：老木生蒔，永厥體也。

范望曰：枯故復生，長有其身也。

次八：永不軌，凶亡流于後。

范望曰：八為禍中，故凶亡也。亦為老木，木老則枯，故不得長為軌法也。不得為法，故後凶也。

司馬光曰：劑，才詣切。宋曰：劑，翦也。王曰：居將極之位，而以陰居陽，時且當夜，是則永不法之事，豈止禍其身而已，凶亡之事乃流於後也。光謂：八為禍中而當夜，小人長為不法，身既凶亡而餘殃流於後也。

葉子奇曰：八居禍中，過時將極，故其所為悖道，乃獨永于不軌，是以禍患非獨被于當時，至于凶亡，抑且流于後世。小人為國之禍，其烈如此，可不監哉！

陳本禮曰：木，夜。不軌，不法也。

孫瀗曰：劑，《說文》從刀齊聲，《爾雅疏》：截也。

鄭維駒曰：八為木，又在木行，恃其盛而不軌於道，以振動為恆者也。時秋金司命，將無以流及於後矣。

鈴木由次郎曰：八月十六日，夜，木。不軌，不法。長久行不法之事，其身必至凶亡，殃流于後。

測曰：永不軌，其命劑也。

范望曰：劑，剪也。剪，絕也。

葉子奇曰：劑，剪絕也。

陳本禮曰：劑，翦也。

鄭維駒曰：劑訓剪齊，從刀齊聲，當受金克也。

上九：永終馴首。

范望曰：永，長也。馴，順也。首，始也。家性為永，九為之終，始終相順，故言終其順也。

司馬光曰：馴，順也。愷，樂也。悌，易也。九在永終而當晝，君子之道永長樂易，慎終如始，首尾若一，永道乃全也。

葉子奇曰：正始然後可以永終，苟正其始矣，猶有不永終者，況于始之不正乎？九之永終，由能馴其首也。

陳本禮曰：金，晝。馴，順，首，始也。正始然後可以永終，始謂長子之常，家有長，君國之福也。乃立孺子嬰，是意在謀為不軌也。

孫濟曰：首，《爾雅·釋訓》：始也。

鄭維駒曰：馴以坤言，恆有乾在坤中之象，坤初爻在內，五六仍在上而為首，馴順之德內外交孚，是乃永終之道也。

鈴木由次郎曰：八月十七日，晝，翼十度，寒蟬鳴。馴，順。首，始。慎終如始，終始相順，則永遠存續。

測曰：永終馴首，長愷悌也。

范望曰：永順於首，故長樂易也。

陳本禮曰：長愷悌則三綱得乎中極而天永厥福矣，何至凶亡流於後耶。

鄭維駒曰：長愷悌者，和順之積也。

昆

昆：陰將離之，陽尚昆之，昆道尚同。

范望曰：二方三州三部三家。地玄，陽家，九金，上上，象同人卦。行屬

於金，謂之昆者，言是時陰氣已盛，將散萬物之枝葉，陽氣未去，與物同昆，無益無損，故謂之昆。昆之初一，日入翼宿十一度。

司馬光曰：昆，戶衰切，又如字。陰家，金，準同人。陸曰：昆亦同也。宋曰：陰氣尚殺，故離散萬物，陽氣將藏，故萬物同歸也。王曰：陰氣主殺，將離萬物，陽氣仁愛，猶尚昆而同之。

陳仁子曰：昆者陰盛而陽將毋同也，凡以人同者合乎欲，以天同者合乎理，君子之於小人當否之世，彼勢方盛而難圖，吾力尚微而不可制，異則傷，同則比，故同其當同，則不失之傷，同而不輕同，則不失之比。同難，而得所以同者猶難。《易》於三陰為否之後，而繼以同人，蓋以五陽而同一陰也。《玄》為三陰為否之世，而先以昆，蓋以九經而同二陰也。若昆於井市，昆於危難，昆於死，蓋以天同而非以人同者也。

葉子奇曰：陰家。離，分也。昆，同也。昆之初一，日入翼宿十一度。

陳本禮曰：陰家，九，金，上上，卦準同人。《傳》：陰將離之，此陰之詭計也。陰恐陽之遜位，暫避於外，而黎民百姓從之者尚眾，日聚日多，勢將復逞，故乘白帝行秋，金風殺物之際，一齊搖落而離散之，則陽之勢孤矣。然有不能孤者，漢之遺愛在民，且誼屬舊君，不忍坐視，民之日離而日疏，故欲昆而同之。昆者親合之也。同者，同其患難甘苦，而一德一心也。

孫澍曰：準同人，《太玄》以仁育物，善善惡惡。

鄭維駒曰：同人卦一陰得位，用事於內，而五陰之情趨於一陰，故言昆道尚同也。

鈴木由次郎曰：第五十四首，陰，九金，二方三州三部三家。昆通混，同，親而合之。陰氣主刑殺，離散萬物。陽氣主仁愛，使萬物合一。昆道以親而合之為尊。

初一：昆于黑，不知白。

范望曰：金生水，一亦為水，家性為昆，水性又黑，故同於黑而不知白也。和其光，同其塵，不可以自別白也。

司馬光曰：宋曰：白，智也。黑，愚也。光謂：黑以諭垢濁，白以諭廉潔。一為思始而當夜，小人自同於垢濁，而不知廉潔之為美者也。

葉子奇曰：初以陰暗，不能公其所同，是以同于黑而不知白，猶同于彼而忘于此，是不公同而黨于一偏也，胡能偏及哉？

陳本禮曰：水，夜。

鄭維駒曰：陽明陰昧，故晝白夜黑，一得陽數，宜知白矣，而初為夜人，遂昆於水之黑而不知有白也。

鈴木由次郎曰：八月十七日，夜，水。黑白，黑喻垢濁，白喻廉潔。自愿同流合污，不知廉潔之美。

測曰：昆于黑，不可謂人也。

范望曰：昆同之家，不可別以人物也。

葉子奇曰：不可謂人，言其私也。

陳本禮曰：謂非人類也。

鄭維駒曰：初為夜人，則同於否之匪從矣。

次二：白黑菲菲，三禽一角同尾。

范望曰：二為朱鳥，故稱禽也。陽稱三，南方大陽，故三禽也。角以諭害也。角尾昆同，故知不為害也。菲菲，雜也。白黑相雜，諭賢愚不別也。

司馬光曰：菲，敷尾切，與斐同。王曰：得位當晝，白黑菲菲，分別明白之義。三禽諭三人，一角同尾，終始皆同，無乖異也。光謂：菲菲，白黑相雜貌。角在首而拒鬪者也。尾，體之終也。二為思中而當晝，君子與人交，廉而不劌，濁而不污，菲菲然群居而不亂。一角者，共禦侮也。同尾者，全其終也。孔子曰：君子和而不同。

林希逸曰：白墨菲菲，羣而不亂也。譬如三禽以一為之首，而餘皆尾之，尾隨其後也，故曰一角同尾。言人之羣聚必有所長則不亂，故其心無得而相害也。

葉子奇曰：菲菲，相和采粲貌。二得中逢陽，故以能同為義。言于白于黑，莫不菲菲然相和，無有不均，蓋禽雖三而角尾則一，喻形雖異而心意則同也，此同之善者也。

陳本禮曰：火，晝。菲同斐。

鄭維駒曰：數陰時陽，故白黑雜。離數三，古者謂獸亦禽，《爾雅》：麠，麕身牛尾一角。漢武祠五時獲白麟，終軍對曰：野獸並角，明同本也，此正用其意。言一角同乎其本，自能及乎其末，推而同之也。故又以同尾言。《詩》毛傳云：麟信而應禮，二為火，性禮，故以麟言。

鈴木由次郎曰：八月十八日，晝，翼十一度。火。菲菲，白黑相雜貌。角，在頭而拒鬪者。一角，共同御侮之意。尾，在體後者。同尾，全其終之意。如

白與黑相雜一樣，三獸群居，一角同尾，始終一心而御外敵，以全其終。互無害他之心。

測曰：三禽一角，無害心也。

范望曰：昆然同，故無所害也。

鄭維駒曰：麐不履生蟲，不踐生草，故無害心。

次三：昆于白，失不黑，無除一尾三角。

范望曰：三為進人，故昆於白也。黑以諭愚，其明曰〔白〕者，失於不愚，故有道則知，無道則愚，愚不可及。昆同之世，故失不愚也。尾以諭濡，角以諭害，無除尾角，則有害也。

章詧曰：三夜，在昆之世，昆貴大同，而三惟昆於白，故不於黑，非昆之理。尾角相異，終始不同，不能相昆，故曰無除，測謂不相親也。

司馬光曰：范、王本際作除，今從宋、陸本。

林希逸曰：昆，同也。白不同黑，而自為分別，無交際之道，羣聚而無為之首，此一民二君之意。角者眾而尾者少，宜其不相親也。

葉子奇曰：三以陰暗，亦滯于一偏，故同于白而不同于黑，曾不知其非同于後而不同于前，不能除其病，此所以于公溥之道有所不足乎？

陳本禮曰：木，夜。除，去也。三以陰暗，能同於白而不同於黑，固為美德，然其失即在於不同黑，蓋知其黑而不能除而去之，是同於後而不同於前，其能免於一尾三角之譏乎？

孫瀜曰：際，交際也。一尾三角，則其心各異，白黑不菲，則同而不和。

鄭維駒曰：次三當同人二爻，為離主爻，明察太過，故白不黑。泰九三象云：天地際也，陰陽交相際，故能昆同。二過於明察，爭競必起，故無際。同未異本，故一尾三角。

鈴木由次郎曰：八月十八日，夜，木。混於白而混於黑，其缺點在於不混於黑。此因知黑而不除去之。混於白而不混於黑，混於後(尾)而不混於前(角)，此以尾為一而以角為三者。爭鬪猶不止。

測曰：昆白不黑，不相親也。

范望曰：無除此害，則不得相親愛也。

陳本禮曰：《老子》曰：知其黑，守其白，則可與相親矣。今乃滯於一偏，失其菲菲之義也。

次四：鳥託巢于菆，人寄命于公。

范望曰：三，木也。木在四上，稱巢，巢故叢也。四為雞，故稱鳥。鳥之歸巢，猶人之歸於公家也。無私為公，君無私，民所寄也。

司馬光曰：范、小宋本菆作叢，今從宋、陸、王本。菆，古叢字。宋曰：公，均也。光謂：公者道大同無彼我也。四為下祿而當晝，君子能推大同至公之心以待人，則皆歸往而寄命焉。故曰鳥托巢，公無貧也。

葉子奇曰：叢深而無害，故可託巢。公正而無私，故可寄命。此以上句興下句。

陳本禮曰：金，晝。

孫澍曰：鳥猶小民也，公，均也，子曰：蓋均無貧，菆鳥所托，公命所寄，救民於彫弊之後者，富之而已。

鄭維駒曰：離為鳥，互巽木，故曰叢。叢者鳥所同，公者人所同也。

鈴木由次郎曰：八月十九日，晝，翼十二度，金。次三為木，次四在木之上，故曰巢。次四為雞，故曰鳥。公，大同無私。如鳥托其巢於草叢一樣，人寄其命于大同無私之君。

測曰：鳥託巢，公無貧也。

范望曰：均之以公，故無貧也。

葉子奇曰：公則均，所謂均無貧也。

鄭維駒曰：乾為利，巽亦為利，故無貧。

次五：轂不轂，矢疏數，眾氂毀玉。

范望曰：穀，祿也。五為天子，疏數，不平也。祿而不以祿於賢者，故失在不平也。氂而毀玉，猶積毀消金。雖其居高，不可不慎也。

司馬光曰：范、小宋本穀失疏數作穀不穀失疏數，王本作轂不轂失疏數，今從宋、陸本。穀轂古字通。陸曰：旬，均也。王曰：五居盛位，當為物主，而以陽居陰位且當夜，不得混同之道。轂為眾輻所湊，五既失道，不能包容，故曰轂不轂也。眾氂之輕，積以成多，必至毀玉之患。如眾口鑠金也。光謂：轂之受輻，疏數必均乃能運行。五以小人而居盛位，無至公之心，好惡任私，故讒慝並進而眾氂毀玉也。

林希逸曰：穀與轂同，為車轂而失疏數之度，不足為眾輻之所容，言為主不得其道也。眾氂毀玉，猶積羽沉舟也。立〔主〕心不均，則毀言日至，賢者無所容矣。旬，均也。氂，毛也。

葉子奇曰：穀，祿也。夫祿以養賢，五居尊位而蔽于陰邪，失其班爵之公，譬人之賢才當得祿而反不祿之，豈不失其疏數之宜乎？蓋君子當親而反疏之，小人當疏而反親之，然其倒置之如此者，蓋由眾輕眇之小人而毀至貴重之君子也，故曰眾氂毀玉。

陳本禮曰：土，夜。穀為眾輻所湊，疏數均則同心運轉而行也。五居尊位，於君子當親而反疏之，小人當疏而反親之，親疏倒置，如穀之不均，必有僨車敗轅之患。氂，牛也。玉，輿上之飾，人君御下不以法，故玉輿被其傾毀也。氂牛喻小人。

孫澍曰：氂，里之切，音氂，馬尾也。《淮南子‧說山訓》：馬氂截玉。

鄭維駒曰：五為稼，故曰穀。氂，馬尾也。《淮南子‧說山訓》：馬氂截玉，五為君而穀於不宜穀，或失之疏，或失之數，厚薄不均，賢否倒置矣。如此則小害大，賤凌貴，氂之眾可以毀玉矣。乾為玉。

鈴木由次郎曰：八月十九日，夜，土。穀通轂，車轂，輻之所集。疏數，同疏密。眾氂毀玉，微細之物多集則可毀玉。氂通氂，小數之名。玉，至堅之喻。眾多之輻集於車之轂，輻的疏密均同，則車能運行。如今輻之疏密不均，轂即不能發揮其功能。喻君主不公平，疏遠應親近之君子，親近應疏遠之小人。其弊積重，終至覆車。讒言並行，則國家傾覆。

測曰：穀失疏數，奚足徇也。

范望曰：徇猶徇也，言不足徇慕也。

葉子奇曰：均也。

陳本禮曰：徇舊訛徇。徇，從也。

次六：昆于（原作干，誤）井市，文車同軌。

范望曰：六為水，故稱井。為眾，故稱市。上施於福，下歸以信，故同于市井。市無二價，路不拾遺。家性為昆，故書而同文，而車同轍也。

司馬光曰：井市者，人所聚也。六為盛多而當晝，君子道隆德盛，四海會同，書同文，車同軌，無有遠邇，混為一類也。

林希逸曰：井市，人所居也。昆而同之，則天下皆同文同軌矣。一倫者，一其倫類也。

葉子奇曰：井市輻湊之所，喻眾同也。六以福隆陽德之才，故能公同于眾。文車同軌，言天下莫不同也。

陳本禮曰：水，晝。

鄭維駒曰：一六為井，離為日，日中為市，故言市。人無不同，故昆於市井。而乾之大車，且以離文之同軌於天下矣。

鈴木由次郎曰：八月二十日，晝，翼十三度，水。井市，人多聚集之處。君主道德隆盛，四方之人則聚集於中央之都。書同文，車同軌，混然一體，而為一類。

測曰：昆于（原作干，誤）井市，同一倫也。

范望曰：倫，正也。皆正合之也。

鄭維駒曰：《中庸》：言行同倫，見文軌之同，必本於同倫也。

次七：蓋徧不覆，晏雨不救。

范望曰：七為失志，恩不濟遍，故蓋不覆也。晏雨以諭盛也，雨盛不救，君德之不隆也。

司馬光曰：覆，敷救切，下並同。晏，晚也。晚而得雨，則稑者昌而稙者傷矣。七為敗損而當夜，小人之德不能大同，用心頗僻，有愛有惡，如蓋之偏則物有不覆者矣，雨之晚則禾有不救者矣。

葉子奇曰：晏，晚也。七居衰暮不能公同，猶傘蓋之偏不能遮覆，忽遇晚雨之及，曾無正救之功，蓋有其器，雨偏其用，則亦無及人之功也。

陳本禮曰：火，夜。晏，晚也。蓋，車蓋也。偏謂在上不仁不普，徧亦猶蓋之偏而不能覆車也。晏雨，不及時之雨，故晚禾不救也。

鄭維駒曰：天如倚蓋，蓋覆乾象，離伏坎，離日過甚則坎雨晏，蓋大則均覆，雨時則均，救偏與晏，故不均也。

孫詒讓曰：范注云：晏雨以喻盛也，雨盛不救，君德之不隆也。司馬云：晏，晚也（《集注》）。案，晏謂天殄也，《說文》日部云：晏，天清也，《漢書·天文志》云：日晡時天星晏，如淳云：三輔謂日出清濟為晏，是星晏即謂殄晏。《淮南子·繆稱訓》云：暉日知晏，陰諧知雨，此晏雨亦謂殄雨也。蓋所以蔽雨殄則亦以蔽日，今偏而不能覆，則殄與雨皆不能蔽，故云晏雨不救，諸說並誤。

鈴木由次郎曰：八月二十日，夜，火。蓋，車蓋。晏，晚。車蓋偏而則不能覆蓋以遮陽。遲於時節而降之雨，不能救草木。

測曰：蓋徧不覆，德不均也。

范望曰：如蓋不覆，故不均平也。

次八：昆于危難，乃覆之安。

范望曰：八，木也。家性為昆，恐同於九，昆以金為危難也。覆愛均同，故安也。

司馬光曰：八為禍中，為耗，為剝落，有危難之象，然當日之晝，君子素以昆同之道汎愛容眾，一視同仁，故危難之際能庇覆於物，使之就安。

葉子奇曰：八居禍中，是同于危難也。其患則彼此之心如一，所謂同舟共濟，胡越一心，乃覆之安，由均及也。

陳本禮曰：木，晝。八在金世而上近九，是進退皆為危難之地，然當日之晝，君子素以昆同之道泛愛容眾，故遇危難之際，得受人之庇覆，免於禍而獲安也。

鄭維駒曰：八禍中，故昆於危難。

鈴木由次郎曰：八月二十一日，晝，翼十四度，木。遭遇危難，但因平時以混同之道泛愛眾，故能受人庇護，而免禍安泰。

測曰：危難之安，素施仁也。

范望曰：世素〔數〕均同，故不畏於九也。

葉子奇曰：襄子走晉陽，由尹鐸之保障，即其事也。

鄭維駒曰：乾為施，八為木，性仁，故云施仁。

上九：昆于死，棄寇遺。

范望曰：九，金也。金克於木，故為八寇也。家性為昆，同死生之事，欲齊其志，以防於難人。九既素與八為寇，七來抑之，八盛金衰，為母報仇，則遺其寇也。

司馬光曰：遺，以醉切。王曰：棄身遺寇，凶之甚也。光謂：為惡不同，同歸於亂。九居禍極而當夜，故有是象。

葉子奇曰：棄寇，眾所同棄之寇也。九居盡弊之地，是同于死也。然死非其人，乃獨于區區眾所同棄之寇而遺之死，蓋死非其所，徒輕生也。如新室廉丹等能為賊莽死節，《綱目》特書曰：赤眉討廉丹誅之，不惟不與其死節之義，復正其斧鉞之誅，由其棄寇是遺也。故太史公曰：為人臣不知春秋之義，必陷誅死之罪，此之謂也。

陳本禮曰：金，夜。九為八之寇，八欲借七之火以克金，佑火發木先受焚，是同於死也。棄寇遺者，與其棄身而先就焚，毋寧死於寇，或不至盡傷，得遺我以餘生也。

鄭維駒曰：死棄本離九四爻詞，四九類為寇，遺，餘也，謂棄於寇之餘也。

鈴木由次郎曰：八月二十一日，夜，金。隨便去死，不是為滅寇而死，雖舍身，而留下賊寇，國更亂。

測曰：昆于死，棄厥身也。

范望曰：見急無救，故身棄也。

陳本禮曰：死於兵或可逃，死於火是徒輕生而先棄厥身也。自廓首起，至昆首止，為地玄三九之九首，終。